Widmann/Seibt   Zukunftsmodell Kooperation

Stefanie Widmann, Wege der Kooperation, München, selbständige Trainerin und Beraterin, zertifizierte Transaktionsanalytikerin (Beratung), bietet Trainings und Einzelberatung mit den Schwerpunkten Führung, Persönlichkeitsentwicklung, Kommunikation und Kooperation, Konfliktmanagement, Zusammenarbeit im Team und Trainerausbildung.

Martin Seibt ist Biologe, Medienpädagoge, Kommunikationstrainer und Organisationsentwickler. Seine Schwerpunkte sind Interpersonelle Kommunikation, Medientrainings, Train the Trainer, Ressourcenaktivierung (ZRM®) sowie Kooperationsberatung und Mitarbeiterzufriedenheit. In seinem zweiten beruflichen Tätigkeitsfeld ist er Geschäftsführer einer Medienbildungseinrichtung, mit der er vielfache Kooperationen gestaltet und fördert.

Zukunftsmodell Kooperation

Leitgedanken und Erfolgskriterien
für Unternehmen und Organisationen

von Stefanie Widmann
und Martin Seibt

2., überarbeitete Auflage, 2016

Bibliografische Information Der Deutschen Nationalbibliothek
Die Deutsche Nationalbibliothek verzeichnet diese Publikation in
der Deutschen Nationalbibliografie; detaillierte bibliografische Daten
sind im Internet über http://dnb.d-nb.de abrufbar.

Autoren und Verlag haben alle Texte in diesem Buch mit großer Sorgfalt
erarbeitet. Dennoch können Fehler nicht ausgeschlossen werden.
Eine Haftung des Verlags oder der Autoren, gleich aus welchem Rechtsgrund,
ist ausgeschlossen. Die in diesem Buch wiedergegebenen Bezeichnungen
können Warenzeichen sein, deren Benutzung durch Dritte für deren Zwecke
die Rechte der Inhaber verletzen kann.

www.publicis-books.de

Lektorat: Dr. Gerhard Seitfudem
gerhard.seitfudem@publicispixelpark.de

Print ISBN 978-3-89578-463-7
ePDF ISBN 978-3-89578-951-9

2. Auflage, 2016

Verlag: Publicis Publishing, Erlangen
© 2016 by Publicis Pixelpark Erlangen – eine Zweigniederlassung
der Publicis Pixelpark GmbH

Das Werk einschließlich aller seiner Teile ist urheberrechtlich geschützt.
Jede Verwendung außerhalb der engen Grenzen des Urheberrechtsgesetzes
ist ohne Zustimmung des Verlags unzulässig und strafbar. Das gilt
insbesondere für Vervielfältigungen, Übersetzungen, Mikroverfilmungen,
Bearbeitungen sonstiger Art sowie für die Einspeicherung und Verarbeitung
in elektronischen Systemen. Dies gilt auch für die Entnahme von einzelnen
Abbildungen und bei auszugsweiser Verwendung von Texten.

Printed in Germany

Wir Menschen kooperieren von Natur aus

Mit dieser Theorie startet Joachim Bauer, einer der populärsten Neurowissenschaftler, ins 21. Jhdt, gefolgt von zahlreichen Autoren wie Richard David Precht, die glaubhaft argumentieren, dass es sich nicht lohnt, ein „Egoist" zu sein. Die nun vorliegende 2. Auflage dieses Buchs greift diese Thesen auf, vertieft sie und entwickelt daraus ein Modell für die Zukunft.

In der heutigen Wirtschaftswelt ist es notwendig zu kooperieren, um erfolgreich Geschäfte zu führen und beständig am Markt zu bleiben. Durch Kooperationen ergeben sich neue Geschäftsideen, Innovationen, kreative Produktlösungen und neue Wege. Kooperationen realisieren all das, was ohne Kooperationspartner um einiges langwieriger, kostenaufwändiger oder gar unmöglich wäre.

Die Natur hat dies bereits lange erkannt, so kooperieren Tiere, zum Beispiel Delfine, Faultiere und Piranhas, um zu überleben. Sich die Strategien der Tierwelt zunutze machen, sie anzupassen für unsere Geschäftswelt und weiterzuentwickeln, davon können Unternehmen, Organisationen, Selbständige, Führungspersonen, Angestellte, Trainer/Berater wie auch Privatpersonen profitieren. Dieses Buch bietet Möglichkeiten, Kooperationen vielfältig zu entdecken, aber es will auch auf mögliche Fallen hinweisen, um daraus geeignete eigene Wege zu entdecken.

Co-operare meint im Lateinischen „zusammenarbeiten", aber dahinter verstecken sich ungeahnte Möglichkeiten, sich selbst und andere zu entfalten: persönlich wie fachlich.

Kooperationen sind heutzutage nicht nur „nice to have", sondern fast eine Grundvoraussetzung, um in der Liga der Besten mitzuspielen. Netzwerke, Gruppen und Teams können gelungene Formen sein, die die Methode der Kooperation nutzen. Diese Methode anzuwenden und gelungen umzusetzen, setzt ein hohes Maß an Selbstbewusstheit voraus.

Ich schätze es dringend erforderlich ein, dem ständig steigenden Konkurrenzdruck ein Buch entgegenzusetzen, das Mut macht,

- Kooperationen einzugehen,
- sich auf Kooperationen einzulassen,

- Kooperationen aktiv zu gestalten,
- Kooperationen auch sinnvoll zu beenden und
- eigene Wege für Kooperationen zu entdecken und zu entwickeln.

Den Leserinnen und Lesern wünsche ich viele nützliche Anregungen für die eigenen Kooperationen!

Prof. Dr. Dieter Frey
Ludwig-Maximilian-Universität München, Department Psychologie

Koopernikanische Wende

Im Regierungsprogramm der deutschen Bundesregierung 2009 kommt das Wort „Wettbewerb" 86-mal vor, das Wort „Kooperation" 16-mal. Wettbewerb scheint zum Leitwert der Gegenwartsgesellschaft geworden zu sein, obwohl er in keiner Verfassung der Welt bei den Grundwerten aufscheint und von keiner globalen Geistesschule oder Religion als Kernwert gewürdigt wird. „Wettbewerb ist in den meisten Bereichen die effizienteste Methode, die wir kennen", meinte der Ökonom Friedrich August von Hayek, ohne Belege für diese kühne These vorzulegen. Interdisziplinäre empirische Forschungsergebnisse – von der Spieltheorie zur Neurobiologe, von der Sozialpsychologie bis zur Pädagogik – kommen zu einem anderen Ergebnis: Konkurrenz motiviert zwar, aber schwächer als Kooperation. Der Grund: Während Kooperation über gelingende Beziehungen motiviert, ist der primäre Antriebsfaktor in der Konkurrenz – die Angst. Angst ist ein sinnvoller Motivationsfaktor, wenn Menschen kurzfristig auf der Flucht sind, aber nicht im wirtschaftlichen und zwischenmenschlichen Lebensalltag. Zumal Kooperation stärker motiviert als Wettbewerb und auch menschlicher, spricht – empirisch und ethisch – alles dafür, Wirtschaftsbeziehungen auf systemischer Kooperation aufzubauen. Das erfordert ein Umdenken, eine koopernikanische Wende.

Die Menschennatur steht diesem Wandel nicht entgegen. Unsere Gene zwingen uns zu keiner bestimmten Strategie. Wie wir unsere Ziele erreichen, ob gegen- oder miteinander, darüber lassen sie uns völlige Freiheit. Umso wichtiger ist es, dass die Spielregeln diejenigen Werte belohnen, die Beziehungen, Gemeinschaften und Gesellschaften gelingen lassen. Entsprechend könnten Krieg und Kannibalismus endlich auch zwischen Unternehmen verboten und Zusammenarbeit und Teilen stattdessen belohnt werden. Was hindert uns daran, Märkte emotional und ethisch intelligent zu designen?

Kooperation ist nicht nur besser für das Wohlbefinden, sondern auch für das Selbstwertgefühl. Wessen Wert davon abhängt, dass er/sie besser ist als andere und somit andere schlechter sind als eine/r selbst, baut auf einem gleichermaßen brüchigen wie fragwürdigen psychischen Fundament. Zur Angst, schon morgen die Lead-Position und die damit verbundene Anerkennung zu verlieren, gesellt sich der nagende Neid der Unterlegenen und „Loser". Konkurrenz schwächt den Charakter, sie wirkt wie ein Beziehungsgift.

Selbstwert sollte aus dem Inneren kommen, aus den Schätzen, die in uns schlummern und die zu heben wir eingeladen sind. Wenn wir unser Potenzial entfalten, finden wir zu Sinn, Authentizität und Freiheit. Und wenn unsere Beziehungen gelingen, werden wir glücklich. All dies wird durch Kooperation erleichtert und durch Wettbewerb erschwert. „Kooperation ist die Chefarchitektin der Evolution", schreibt der Evolutionsbiologe Martin Nowak. Der Hirnforscher Gerald Hüther meint: „Die bisherige Wettbewerbsgesellschaft in eine kooperative, verantwortungsbewusste Gesellschaft umzuwandeln ist die attraktivste, innovativste und wichtigste Aufgabe für den Mann von heute und morgen." Gehen wir sie alle gemeinsam an!

Christian Felber
Wirtschaftsreformer, Autor des Buchs „Die Gemeinwohl-Ökonomie"

Inhalt

1	Einführung	12
2	Kooperation als Methode	15
2.1	Abgrenzung zu anderen Methoden und Organisationsformen: „Der Clou"	20
2.2	Kriterien für Gewinn bringende Kooperation: „Armageddon"	29
2.3	Wirtschaftlicher Nutzen: „A Beautiful Mind"	34
3	Kooperation aus Sicht der Anderen	41
3.1	Die Sicht der Biowissenschaft: „Deep Blue"	41
3.2	Die Sicht der Spieltheorie: „Wege zum Ruhm"	50
4	Wege zur Kooperation	61
4.1	Das Eisbergmodell: „Im Rausch der Tiefe"	61
4.2	Von der Anpassung zur Autonomie: „Die Farbe des Geldes"	66
4.3	Kooperation aus systemischer Sicht: „Der Koch, der Dieb, seine Frau und ihr Liebhaber"	79
4.4	Die Spirale der Entwicklung: „Eine Frage der Ehre"	89
5	Wege der Kooperation: „Das Schweigen der Lämmer"	103
5.1	Wahl der Kooperationspartner: „Der unsichtbare Dritte"	112
5.2	Bedürfnisse in Kooperationen: „Meerjungfrauen küssen besser"	124
5.3	Die Rolle von Emotionen: „Fire & Ice"	130

5.4	Störungen und Konflikte: „Mr. & Mrs. Smith"	140
5.5	Gesetzliche Grundlagen: „Die Jury"	150
6	**Interkulturelle Aspekte: „Red Corner – Labyrinth ohne Ausweg"**	**154**
7	**Besonderheiten virtueller Kooperation: „Das Netz"**	**168**
8	**Best Practices**	**173**
8.1	Kooperation auf dem Transportsektor	175
8.2	Innerbetriebliche Kooperation	177
8.3	Wie werden 11 Spielertrainer eine Nationalmannschaft?	181
8.4	Kooperationen verleihen Flügel	183
8.5	25 Jahre Gesprächsverhaltenstrainings – Eine Erfolgsgeschichte	187
8.6	Die Wirtschaftsordnung von morgen schon heute gestalten: Die Summer University Alternative Economic and Monetary Systems	189
8.7	Wissenschaftlich kooperieren	191
8.8	Aus Konkurrenz wird Kooperation	195
8.9	Kooperation – Oder die Lust, es einfach zu tun	198
8.10	Wirtschaftliche Schwierigkeiten lindern – Durch Kooperation über die Krise	201
8.11	Niemand macht einen Job besser als ich selbst – Wie Egomanen im Fernsehbereich Kooperationen eingehen	203
9	**Das Ende von Kooperationen: „Das Beste kommt zum Schluss"**	**207**
10	**Dankesworte**	**212**
11	**Verzeichnis der GastautorInnen**	**213**
12	**Quellennachweis**	**214**
13	**Verwendete und weiterführende Literatur**	**217**
14	**Stichwortverzeichnis**	**222**

1 Einführung

Die heutige Wirtschaftslage stellt Unternehmer vor große Herausforderungen, vor allem, sich gegenüber Mitbewerbern auch international durchzusetzen. Viele Konkurrenten drängen auf den Markt, und immer wieder gilt es, Alleinstellungsmerkmale zu finden, um sich abzuheben und weiterhin im Geschäft zu bleiben. So geht es nicht nur großen Unternehmen, sondern auch mittelständischen und insbesondere Klein- und Kleinstunternehmern. In Konkurrenz zu treten erfordert viel Energie, immer wieder neue Ideen, Innovationen, großes eigenes Investment, sowie einen sehr guten Überblick über den Markt und seine Anforderungen. Wir Menschen kooperieren von Natur aus, so schreibt Joachim Bauer in einem seiner Bücher, das bedeutet, dass der Mensch in Harmonie leben möchte und die Gemeinschaft mit anderen braucht, um zu überleben. Leider geht diese Überlegung im hektischen Alltag und im gar so harten Konkurrenzkampf oft unter. Wir sind der Überzeugung, dass im aufkommenden Zeitalter, dem 6. Kondratieff (dazu später mehr), es auch darum geht, aus der Konkurrenz hervorzutreten und neue Geschäftsmodelle zu nutzen; und die Methode der Kooperation kann in diesem Zuge als eine sehr gute Grundlage dienen. Dass Menschen sich danach sehnen, in Frieden und Harmonie zusammen zu leben, raus aus der Konkurrenz wollen, sehen wir auch an der aufstrebenden Idee von Christian Felber, der Gemeinwohl-Ökonomie. Menschen streben danach, auch ihre wirtschaftlichen Unternehmungen an sozialen und ethischen Werten wie

- Menschenwürde,
- Solidarität,
- ökologischer Nachhaltigkeit,
- sozialer Gerechtigkeit oder
- Demokratie und Mitbestimmung

auszurichten, um sich ein angenehmes Miteinander zu gestalten. Die vielen Bewegungen, die sich gegen Terrorismus und Kampfallüren richten, zeugen von dem grundsätzlichen Bedürfnis der Menschen, in Kooperationen zu leben.

Dieses Buch wendet sich an alle, die bereits Kooperationen eingegangen sind und Ideen und Anregungen brauchen könnten, ihre eigenen Kooperationen zu überdenken und erfolgreich zu gestalten. Es richtet sich auch an jene, die sich bislang ganz dem Motto der Konkurrenz verschrieben haben und neugierig sind, ethisch verantwortungsbewusste Wege für Geschäftsmodelle zu entdecken.

Eine dritte Zielgruppe sind all jene, die Freude daran finden, sich auszuprobieren und es wagen wollen, eine für sie ganz neue Methode zu entdecken, und die bislang noch nie kooperiert haben. Sie werden Anregungen erhalten, wie Sie eine Kooperation beginnen können, wie Sie Kooperationspartner finden können und für welche Aspekte einer Kooperation es hilfreich ist, sie im Auge zu behalten.

Diesem Buch sind zahlreiche kleinere und größere Kooperationen vorausgegangen. Zuallererst die Kooperation mit dem Verlag, mit dem Ziel, dieses Buch herauszubringen. Im Weiteren die Kooperation mit allen unseren GastautorInnen, die uns Ihre ganz persönliche Sicht als Dialogkommentar oder ihre Erfahrungen in Form eines Praxisbeispiels zur Verfügung gestellt haben. Und nicht zuletzt unsere eigene Kooperation als AutorInnen dieses Buches, die wir selbst in eigenen Phasen erlebt haben und bei der wir für uns wichtige Erfahrungen machen konnten, die in dieses Buch einfließen. Wie bei einem guten Dokumentarfilm kannten wir am Beginn unserer Recherche die Antworten auf manche Frage, die wir in diesem Buch stellen, noch nicht, aber wir konnten im Laufe unserer Literaturrecherche und unserer zahlreichen Diskussionen mit KollegInnen viele neue Erkenntnisse sammeln und konnten viele Ideen in der Entstehungszeit dieses Buches selbst gut umsetzen. Viele ergänzende Erfahrungen sind nun auch in die 2. Auflage eingeflossen.

Wir haben die Kapitel des Buches mit Filmtiteln überschrieben und greifen immer wieder die Parallele zum Film auf. Einerseits weil wir beide gute Filme mögen, andererseits weil es auch rund um die Filmarbeit gelingende Kooperationen braucht, damit der Film erfolgreich wird, etwa zwischen Regisseur und Produzent oder Produzent und Verleih. Die „direkte" Arbeit am Film ist zwar nicht grundsätzlich eine Arbeit in Kooperation, sondern mehr eine streng hierarchische – der Regisseur gibt die Richtung vor und trägt auch die Verantwortung. Aber insgesamt zeigt das Thema Film sehr exemplarisch, dass beides gut nebeneinander stehen kann – Kooperation und Hierarchie. Die erläuternden Filmbeschreibungen sind in den meisten Fällen dem Online-Lexikon Wikipedia entnommen.

Wenn wir von Kooperationspartnern sprechen, dann meinen wir einzelne Personen, aber durchaus auch Organisationen und Institutionen, die häufig hinter den Personen stehen.

Was erwartet Sie an Inhalten?

- Wir beginnen (Kapitel 2) mit einer Definition von Kooperation und der Abgrenzung zu anderen Methoden und Organisationsformen, um anschließend mit gleichem Informationsstand mit Ihnen als unserem Leser tiefer in Kooperationen einzusteigen. Dazu gehören auch Überlegungen, wie der Nutzen von Kooperationen aussieht, und die Diskussion über Gewinn bringende Kriterien.

- Wir sprechen über grundlegende Überlegungen aus der Naturwissenschaft (Kapitel 3), um daraus konkrete Anregungen für wirtschaftliche Kooperationen abzuleiten. Hier bekommen Sie Ideen, wie in der Natur kooperiert wird.

- Im Anschluss hieran (Kapitel 4 und 5) werden Sie Perspektiven kennen lernen, aus denen Sie Kooperationen beleuchten können, wie zum Beispiel die systemische Perspektive, aus Sicht der Organisationsentwicklungsphasen oder auch aus Sicht des Modells der Transaktionsanalyse. In Kapitel 5, unserem zentralen Kapitel, stellen wir Ihnen den von uns entwickelten Weg einer Kooperation vor, mit dem wir Sie anregen wollen, Ihren eigenen Weg darauf aufzubauen.

- In Kapitel 6 beleuchten wir beachtenswerte und wichtige Aspekte in Kooperationen, wie die Wahl von Kooperationspartner(n), den Umgang mit Bedürfnissen und Konflikten in Kooperationen und wichtige gesetzliche Rahmenbedingungen, die zu beachten sind. In Kapitel 7 werden diese Aspekte noch ergänzt um die Sicht ins internationale Umfeld, sowie ins virtuelle „Netz".

- Best-Practice-Beispiele (Kapitel 8) sollen Sie ermutigen, ermuntern, nachdenklich stimmen, anregen und motivieren, selbst auszuprobieren, nachzueifern oder auch Dinge ganz anders zu machen.

- Abschließend beschäftigen wir uns mit dem Ende von Kooperationen, einem wichtigen Aspekt, um daraus für zukünftige Kooperationen zu lernen und sich in guter Art und Weise von seinem Kooperationspartner zu verabschieden und selbst loslassen zu können (Kapitel 9).

Wir selber kooperieren sehr gerne und sind oft bereichert mit Eindrücken, Erfahrungen, neuen Ideen und neuen Menschen. Und aus dieser Leidenschaft ist die Idee für dieses Buch geboren. Angespornt durch die Idee, eigene Kooperationen mit diesem Buch zu vertiefen, haben wir uns entschlossen, unsere Ideen und auch die von Kollegen zusammenzutragen und zu veröffentlichen.

Wir wünschen Ihnen viel Freude und viel Erfolg mit Ihren bestehenden und zukünftigen Kooperationspartnern!

Stefanie Widmann und Martin Seibt

2 Kooperation als Methode

Kooperation, ein viel verwendetes (Un-)Wort. Oft gleichgesetzt mit Zusammenarbeit, Interessensgemeinschaft, Gruppenarbeit, Netzwerk, Teamwork, Gemeinschaftsarbeit. Aber was ist Kooperation konkret?

Wir verstehen Kooperation als eine Methode, ein Vorgehen und nicht als Organisationsform. Für uns bedeutet Kooperation einen Weg, der gemeinsam beschritten wird. Dabei schaffen die Kooperationspartner einen gemeinsamen Nutzen, der von allen Beteiligten akzeptiert wird und damit zu einer tragfähigen Vereinbarung beiträgt. Die Kooperationspartner erleichtern sich dadurch das Erreichen eines gemeinsamen Zieles.

Das Lateinische „cooperatio" bedeutet Zusammenarbeit und Mitwirkung und findet in Gruppen, Teams, Organisationen statt.

Ein erster Definitionsversuch: Kooperation als ein gemeinsames Tun von Individuen oder Gruppen/Organisationen mit für die beteiligten Seiten Gewinn bringendem Sinn und Nutzen. Ganz nach dem Prinzip „Quid pro quo", ich gebe und bekomme dafür eine Gegenleistung.

Dabei kommt es nicht nur darauf an, sondern es ist eine erste Bedingung, dass alle beteiligten Kooperationspartner sich einem gemeinsamen Ziel verschreiben, das ohne einen der Kooperationspartner nicht oder erschwert erreichbar wäre. Wir verstehen Kooperation als eine Methode oder ein Mittel und nicht als eine Organisationsform.

> **Wie sehe ich Kooperationen?**
>
> Wenn es um die Frage geht „Wie aufgeschlossen zeige ich mich gegenüber Kooperation?", werden unsere Mitmenschen sich wohl in überwiegender Zahl positiv äußern und ihre Bereitschaft zu kooperieren nachdrücklich bestätigen. Wer räumt schon freiwillig seinen Hang zur Egozentrik ein?
>
> Und in der Tat, die ‚zwanglosen' Kooperationen des Alltags gehen den meisten von uns als soziale Wesen ‚gut' von der Hand. Wir ziehen unseren gegenseitigen Nutzen aus gemeinsam gelingender Interdependenz.
>
> Kooperation in der herrschenden Arbeitswelt erweist sich da schon als komplizierter: Immer noch herrscht Dominanz vor Machtbalance, Missachtung statt gegenseitiger Anerkennung, Durchsetzung der eigenen Interessen gegenüber wechselseitiger Verständigungsorientierung.

> Die Rollenanforderungen im Berufsleben erscheinen rigide, die Weisungen minuziös, der jeweilige Handlungsspielraum minimal. Der Erwartungs- und Kostendruck auf die Institutionen und Unternehmen steigt und – so der positive Effekt – fördert die Tendenz hin zur Kooperation. Für die Beteiligten heißt es, ihre Ressourcen zu bündeln, neben anderen Maßnahmen die der marktorientierten Kooperation zu ergreifen und zu pflegen. Vielfältige Beispiele aus Entwicklung und Forschung sowie der Industrie belegen produktive Kooperation, die wiederum wettbewerbsfähige Innovation generiert. Soll heißen, gelingende Kooperation setzt zu erfüllende Grundbedingungen voraus. Eine davon verlangt Kompetenzen der Kooperationspartner. Zwei weitere repräsentieren sich in menschlich-sozialer und fachlich-professioneller Kompetenz.
>
> *Rolf Lindemann, LindemannLeads*

Einen anderen Ansatz einer Definition finden Sie bei Christian Felber in seiner Gemeinwohlökonomie. Er definiert Kooperation über die Motivation. Er sagt, Kooperation motiviert über gelingende Beziehung, Anerkennung, Wertschätzung, gemeinsame Zielsetzung und -erreichung, während Konkurrenz primär über Angst und Siegeslust motiviert.

Für die Dauer einer Kooperation vereinbaren die Kooperationspartner eine systemische Vorgehensweise, die sehr unterschiedlich aussehen kann. Wir wollen diese Vorgehensweisen im Folgenden mit Figuren bezeichnen. Wie können diese aussehen?

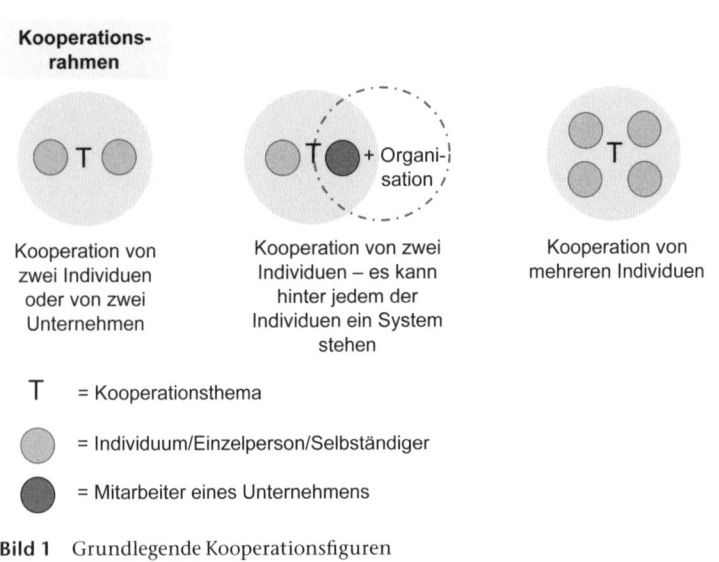

Bild 1 Grundlegende Kooperationsfiguren

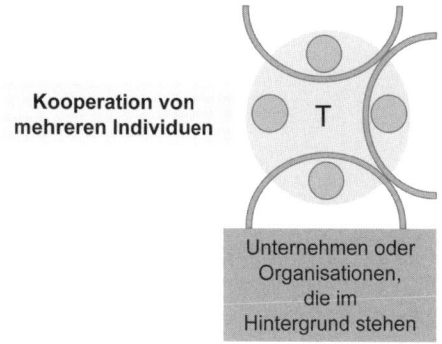

Bild 2 Komplexe Kooperationsfiguren

Die allereinfachste und grundlegendste Figur ist sicherlich die Kooperation zwischen zwei Individuen oder zwischen zwei Unternehmen. Wenn es sich um die Kooperation von zwei Individuen handelt, kann sich hinter jeder Person auch eine Organisation oder ein Unternehmen wiederfinden (Bild 1). Es können aber durchaus auch mehrere Individuen oder mehrere Organisationen miteinander kooperieren.

In einer weiteren Kooperationskonstellation können wir uns vorstellen, dass hinter einem der Kooperationspartner ein ganzes System steckt. Dadurch scheint uns gewährleistet, dass u.a. eine größere Finanzkraft, Einfluss und Macht für die Kooperation zur Verfügung stehen können. Demgegenüber werden Absprachen immer notwendiger, Verträge sollten immer ausgefeilter sein, es wird nicht nur komplexer, sondern auch komplizierter. Komplizierter können Kooperationen werden, weil mehr Parteien mitsprechen und mitentscheiden bzw. Einfluss nehmen (Bild 2). Erst recht, wenn die Parteien aus unterschiedlichen Kulturen stammen, aber dazu mehr in Kapitel 7.

Wir werden später noch auf die genaue Abgrenzung zwischen Kooperationen und Teams eingehen, indessen wollen wir schon einmal darauf hinweisen, dass Kooperationen auch aus Teams heraus entstehen können. Denkbar ist, dass zwei Teammitglieder zu einem anderen Thema, das nichts mit ihrem Projekt oder ihrer Teamarbeit zu tun hat, kooperieren – zum Beispiel ein Buch gemeinsam schreiben, eine Weiterbildung anbieten, ein innovatives Produkt gemeinsam erfinden und produzieren...

Gewiss besteht dazu die Möglichkeit, dass ein Teammitglied sich in einer Kooperation Unterstützung holt, um seine Aufgaben im Rahmen der Teamarbeit oder im Rahmen seiner Arbeitspakete im Projekt erfolgreich zu erledigen und zu lösen (Bild 3).

2 Kooperation als Methode

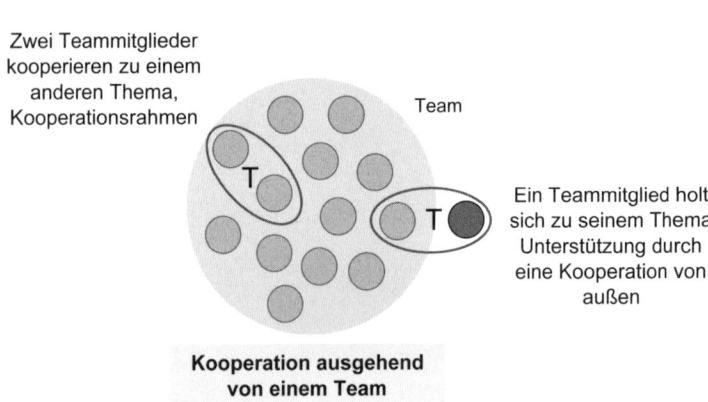

T = Kooperationsthema

◯ = Teammitglied

⬤ = Externer

Bild 3 Kooperation aus Teams heraus

Wie definiere ich Kooperation?

Kooperation definieren ist doch ganz einfach – da hat man doch so seine Vorstellung und da fallen mir ja gleich die vielen selbst mal eingegangen Kooperationen ein – mit anderen Instituten, Personen. Und da blitzen die Gedanken wieder auf, als die Kooperation beendet war: „War gut", „nie wieder", „ganz schön über den Tisch gezogen worden", „was hab ich jetzt davon gehabt", „außer Spesen nichts gewesen"...

Das ist leicht, wenn zwei Baugesellschaften kooperieren, um einen großen Auftrag durchführen zu können, das mag auch noch gut angehen, wenn zwei Entwicklungsabteilungen gemeinsam ein Produkt entwickeln, das dann getrennt auf den Markt gebracht wird.

Der Zusammenschluss, um Ressourcen zu bündeln, heißt immer auch Souveränität aufgeben und verlangt von den Kooperationspartnern, auf gleicher Augenhöhe zu agieren.

So hat jede Kooperation zwar die Chance, Energien zu potenzieren, jedoch auch das Risiko, Balance zwischen den Kooperationspartnern zu halten. Es ist das Wir, das Gemeinsame, das zu spüren sein soll: Das ist die Grundvoraussetzung für gelungene Kooperation.

Mit dem Sprichwort „Der kluge Egoist kooperiert ..." kann ich nun wahrlich nichts anfangen. Hüte dich vor diesen Personen.

Heinrich Salfenauer, keytrain, Beratungs- und Trainingsunternehmen

Wie viele Kooperationspartner verträgt eine Kooperation?

Nach diesen Figuren scheinen uns zwei bis maximal vier Hauptagierende sinnvoll, wobei durchaus im Hintergrund mehrere Personen mit handeln können. Und dann ist noch die Frage zu klären: Wer führt die Kooperation?

Aus unserer Sicht braucht es statt einer klaren Hierarchie ein klares Ziel, welches in gegenseitiger Kommunikation gut ausgehandelt sein soll. Das bedeutet im Sinne der Gleichberechtigung, die Inhalte genau ausdiskutieren und sich durch Worte überzeugen. Genügend warnende Beispiele haben gezeigt, dass die Kooperation mehr einer Übernahme ähnelt, wenn ein Kooperationspartner die vermeintliche Führung behält. Aus unserer Sicht unterstützen folgende kommunikativen Aspekte das Gelingen einer Kooperation, ohne dass hierarchische Führungsansprüche geltend gemacht werden müssen. Sie sind dem Verständigungsprinzip in Argumentationen von Josef Kopperschmidt entnommen, weil wir meinen, ähnlich wie in der Argumentation geht es in Kooperationen darum, seinen Gesprächspartner zu überzeugen, ihn zu gewinnen und im Dialog gemeinsam mit ihm die Kooperationsinhalte auszuhandeln und nicht qua seiner Autorität oder Führungsfunktion zu bestimmen.

Bedingung gelingender Kooperation[1]
- Mitspracherecht aller Betroffenen/Beteiligten
- Redefreiheit
- Sicherung von Meinungsvielfalt
- Symmetrische Kommunikationschancen
- Ächtung aller Gewalt
- Überzeugungsbereitschaft

Wir sind der Meinung, Kooperation ist eine Methode, die der gegenseitigen Verständigung dient und voraussetzt, dass die Beteiligten sich als gleichberechtigte Partner erleben, dabei an Meinungsaustausch und auch an Meinungsvielfalt interessiert sind und sicherstellen, dass innerhalb ihrer Kooperation alle Beteiligten Mitspracherecht haben.

Wir wollen im folgenden Kapitel einen Schritt weiter gehen und uns mit der Abgrenzung zu anderen Formen der Zusammenarbeit beschäftigen.

2.1 Abgrenzung zu anderen Methoden und Organisationsformen: „*Der Clou*"

Die Abgrenzung zu anderen Formen der Zusammenarbeit erfahren wir als eine der schwierigsten Fragen in unserem Buch. Einer unserer Kollegen stellte während einer Diskussion diese Fragestellung in Zweifel: „Ihr wollt Kooperation von Team unterscheiden? Na, dann wünsche ich Euch viel Spaß!"

Der wahre Kern dieser ironischen Bemerkung liegt darin, dass in der gängigen Literatur Kooperation oft gleichgesetzt wird mit Organisationsformen. Das halten wir für vorschnell und bewerten es als irreführend. Wir unterscheiden Methode und Organisationsform in unserem Buch. So sehen wir ein Team als eine Organisationsform, die Zusammenarbeit im Team als eine Methode, die Anteile von Kooperation enthält.

In der Ganoven-Komödie *Der Clou* aus dem Jahre 1973 mit der Starbesetzung Paul Newman, Robert Redford und Robert Shaw geht es darum, dass zwei Trickbetrüger (Robert Redford und Paul Newman) kooperieren, um sich wirkungsvoll an dem größten Gangsterboss (Robert Shaw alias Lonnegan) eines Syndikats in New York und Chicago zu rächen. Da Lonnegan nicht mit einfachen Tricks zu überlisten ist, entwickeln die beiden einen komplizierten Plan und benötigen zunächst Kapital für den entscheidenden Schlag, das sie Lonnegan aus seiner Brieftasche stehlen. Mit diesem Geld kauft sich der eine der beiden (Paul Newman) in ein Pokerspiel mit dem Gangsterboss ein und gewinnt aufgrund von Falschspiel. Der andere (Robert Redford) weist Lonnegan auf den Betrug hin und gewinnt so das Vertrauen des Gangsterbosses. Mit diesem Vertrauen überzeugt er Lonnegan, in Pferdewetten zu investieren, um sich an Paul Newman zu rächen. Derweil bauen die beiden Trickbetrüger ein fingiertes Wettbüro auf. Der Film geht in vielen Verwicklungen, aber hochspannend weiter. Das Drehbuch gestaltet sich komplex und so auch die Kooperation, die die beiden aufbauen. Es braucht Konzentration, aber vor allem eine klare Zielorientierung, um dem Film und somit auch der Kooperation folgen zu können.

So braucht es auch eine klare Zielorientierung und Konzentration in Kooperationen, wie auch in anderen Formen der Zusammenarbeit wie Interessensgemeinschaften, Gruppenarbeit, Netzwerk, Teamwork, Gemeinschaftsarbeit – wahrscheinlich lassen sich noch weitere Begrifflichkeiten finden.

Warum ist es aus unserer Sicht wichtig, diese Formen zu unterscheiden? Als Grundvoraussetzung, eine gute, erfolgreiche und nachhaltige Kooperation gestalten zu können, sehen wir die Bewusstheit, in welcher Form der Zusammenarbeit man sich bewegt, um sich damit für eine dieser Methoden ausdrücklich entscheiden zu können. Sich gemeinsam für eine dieser Formen zu entschließen, entscheidet auch über den Grad der Verbindlichkeit im Rahmen der Zusammenarbeit.

Klarheit und Transparenz über die Form der Zusammenarbeit fördern das Verständnis der eigenen Rolle, was kann und will man in einer Kooperation leisten oder wann sollte man eine Mitarbeit in einer Kooperation auch ablehnen und Grenzen ziehen?

Mögliche Gründe für Ablehnung oder Grenzen können sein:

- sich bewusst für eine Form der Zusammenarbeit zu entscheiden, um die Konsequenzen zu tragen
- die richtige Methode für den Zweck bewusst auswählen
- die Komplexität von Kooperation besser zu verstehen
- eine Kooperation zielführend zu gestalten
- mögliche Fallen von vornherein zu umgehen.

Gerade in der Abgrenzung zur Arbeit im Team ist uns deutlich geworden, dass viele Faktoren gleich oder ähnlich sind, und doch grenzen sich diese beiden Formen der Zusammenarbeit ab. Wo und wie sich Kooperation von den anderen Formen abgrenzt, das werden wir in den nächsten Schritten herleiten. Wir wünschen dabei sehr wohl noch einen offenen Raum zur Diskussion und mit Sicherheit werden auch nicht alle Aspekte bis zur Vollständigkeit erfasst sein.

Ein erster Versuch zur Abgrenzung könnte sein, all diese Formen entlang einer Komplexitätslinie zu ordnen, von Networking über Gruppenarbeit bis zu Teamarbeit und Kooperation. Entlang dieser Richtung steigt die Verbindlichkeit der Zusammenarbeit, die Komplexität hingegen nimmt ab (Bild 4).

Unter Verbindlichkeit verstehen wir das Einverständnis und die Einwilligung oder das Einlassen auf den Geschäftspartner. Anders formuliert kann es die Verpflichtung dem Partner gegenüber sein, für Entscheidungen gerade zu stehen oder auch finanzielle Entscheidungen mit zu tragen. Dies ist beim Networking nicht gegeben. Bei einer Gruppenarbeit trägt man wohl an der Gesamtverantwortung für das Ergebnis mit, während bei einer Teamarbeit die Verantwortung und die Verpflichtung jedes Einzelnen bereits stärker zunehmen. Am stärksten ist die Verbindlichkeit sicher im Rahmen einer Kooperation ausgeprägt, insofern, dass ich für meinen Kooperationspartner und für die gemeinsam getragenen Entscheidungen einstehe.

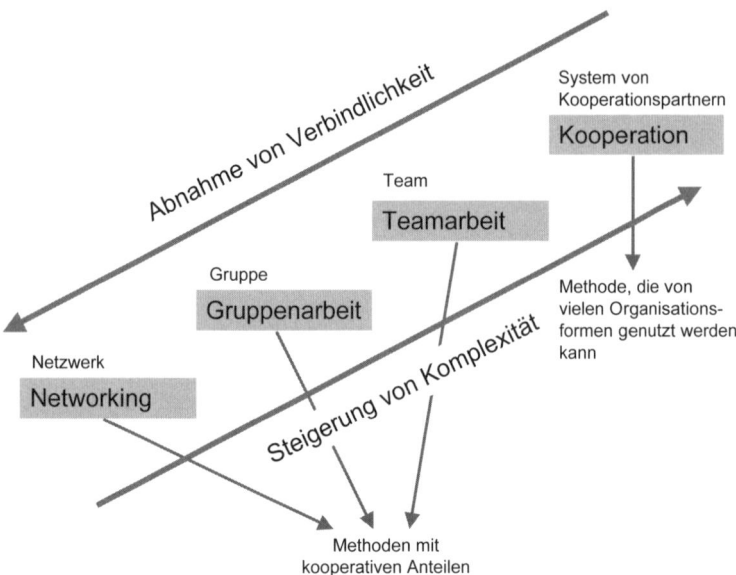

Bild 4 Organisationsformen mit ihren Methoden

Unter Komplexität begreifen wir, dass mehr Einflussfaktoren eine Rolle spielen, so ist zum Beispiel eine Kooperation mehrdimensional und vielschichtig. Teamarbeit und Gruppenarbeit haben klare Regeln, die in einer Kooperation erst verbindlich vereinbart werden müssen.

1. Networking

Networking bedeutet Kontakte aufbauen, pflegen und einen Nutzen daraus ziehen (egal welcher Art).[2]

Networking kann die Grundlage oder Grundvoraussetzung für eine gute Kooperation sein. Ein Netzwerk kann sich zur Kooperation entwickeln; eine Kooperation kann aber auch entstehen, ohne dass es dazu vorab ein Netzwerk gab.

Eine Kooperation hat ein klar definiertes Ziel, während ein Netzwerk oft aus dem Grundsatz kommt: „Wir machen mal was zusammen". Ein Netzwerk hat ein Thema und kein Ziel, zum Beispiel das Thema „Commitment" oder Hobbys oder Jobsuche. Ein Netzwerk ist ein Angebot, ein unverbindliches Angebot, um lose Kontakte zu knüpfen und zu nutzen, was man gebrauchen kann.

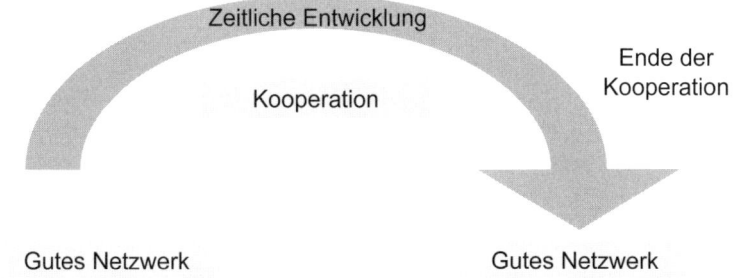

Bild 5 Zusammenhang zwischen Networking und Kooperation

Beispiele für internetbasierende Netzwerke wie Xing, LinkedIn, Facebook, Twitter etc. sind allgemein bekannt.

Klassische persönliche Netzwerke sind:

- Studentenwerke
- Burschenschaften
- Alumni Clubs
- politische Parteien.

Eine Kooperation kann enden, aber das Netzwerk kann bleiben (Bild 5).

2. Gruppenarbeit

Eine Gruppe ist ein Zusammenschluss von Einzelpersonen mit einer inneren und äußeren Grenze.[3] Eine Gruppe sind in jedem Fall mehr als zwei Personen. Dabei bildet die innere Grenze eine Abgrenzung zur Führung. Die Grenze besteht unter anderem in den Kompetenzen, zum Beispiel Geschäftsführerkompetenzen, finanzielle Entscheidung. Die äußere Grenze stellt die Abgrenzung nach außen dar: Wer darf beitreten? Wer gehört dazu und wer nicht zum gemeinsamen Zweck? Bei einer Alumnigruppe bei XING sind nur eingeladene Teilnehmer Mitglied.

Ein anderes Beispiel bildet eine Seminargruppe: Teilnehmer haben sich angemeldet bei einem Weiterbildungsanbieter wie zum Beispiel Siemens Learning Campus, und es kann nicht einfach jemand dazu kommen oder weggehen. Die innere Grenze bildet dabei die Grenze zum Trainer, und die äußere Grenze wird zum Beispiel durch den zeitlichen Rahmen gebildet.

Ein Netzwerk ist eine Gruppe mit äußerer Grenzlinie zu anderen Netzwerken, aber ohne innere Grenze.

Jede Gruppe verfolgt einen speziellen Zweck. So ist zum Beispiel jeder Verein eine Gruppe, etwa ein Tennisverein mit dem Zweck, gemeinsam Tennis zu spielen, oder lokale Sozialvereine wie Rotary, Round Table oder Lions Club, um gemeinsam soziale Projekte anzugehen. Eine typische Gruppe kann man auch in Wirtschaftsunternehmen finden. Innerhalb eines Unternehmens können Vertreter aus unterschiedlichen Abteilungen in einer Gruppe zusammenarbeiten, um zum Beispiel die Prozesse des Unternehmens zu vertreten und ein einheitliches Bild herzustellen.

Die Gruppenarbeit ist nun die Methode, innerhalb einer Gruppe nach einer bestimmten Vorgehensweise ein Thema zu bearbeiten. Dabei sind folgende sieben Schritte empfehlenswert:

1. Einen Diskussionsleiter innerhalb der Gruppe benennen
2. weitere Rollen wie Zeitnehmer, Präsentator usw. klären, falls notwendig
3. den Zweck der Gruppenarbeit vereinbaren
4. die Vorgehensweise überlegen und diskutieren
5. den zeitlichen Rahmen festlegen
6. ggf. Spielregeln für die Gruppenarbeit ausmachen und
7. am Ende der Gruppenarbeit die Zusammenarbeit reflektieren:
„Wie haben wir zusammengearbeitet? Was war bereits gut? Was könnten wir noch verändern, um reibungsloser zusammenzuarbeiten?"

Schon Anfang der 70er Jahre stand die Idee der Gruppenarbeit sehr stark im öffentlichen Interesse. Ausgangspunkt dafür waren die von Volvo und Saab durchgeführten Versuche mit teilautonomen Arbeitsgruppen, die zu höherer Selbstbestimmung bei den Mitarbeitern führen sollten.[4] Hier versuchte man, die hohen Abwesenheits- und Fluktuationsraten der Mitarbeiter sowie Qualitätsmängel auszugleichen, indem man den Mitarbeitern Selbstverantwortung und -bestimmung übergab. Da dies nicht zum erwünschten Erfolg führte, kam man schnell zu dem Schluss, dass die Teamarbeit in diesem Zusammenhang geeigneter ist.

3. Teamarbeit

Aus einer Gruppe kann ein Team werden, muss aber nicht. Ein Team stemmt gemeinsam zum Beispiel ein Projekt, kann aber auch nach dem Projekt zusammen bleiben, um gemeinsam ein Folgeprojekt zu erarbeiten.

Ein Team definiert sich durch:
- ein definiertes Ziel
- das in einem definiertem Zeitraum zu erreichen ist

- ein definiertes Budget
- eine begrenzte Anzahl von Personen
- sich ergänzende Fähigkeiten der Personen
- das Commitment zu einer vereinbarten Vorgehensweise
- wechselseitige Verantwortlichkeit.[5]

Teamarbeit charakterisiert sich weiterhin durch die drei Grundsätze:
- gemeinsam Leistung erbringen
- kollektiv ein Ergebnis erzielen
- persönliche Entwicklung erleben.

Wenn wir unser Beispiel des Tennisvereins aufgreifen, dann wäre eine Mannschaft innerhalb dieses Tennisvereins ein Team, zum Beispiel mit dem Ziel, in die Oberliga zu kommen.

Die Motivation, im Team zusammen zu arbeiten, kann ganz verschiedene Ursachen haben, zum Beispiel soziale oder auch wirtschaftliche Antriebe. Zu den sozialen Antrieben gehören etwa
- die Steigerung von Arbeitsmotivation
- die Erhöhung der Identifikation mit dem Unternehmen
- die Verbesserung der Kommunikation
- die Erhöhung der Arbeitszufriedenheit.[6]

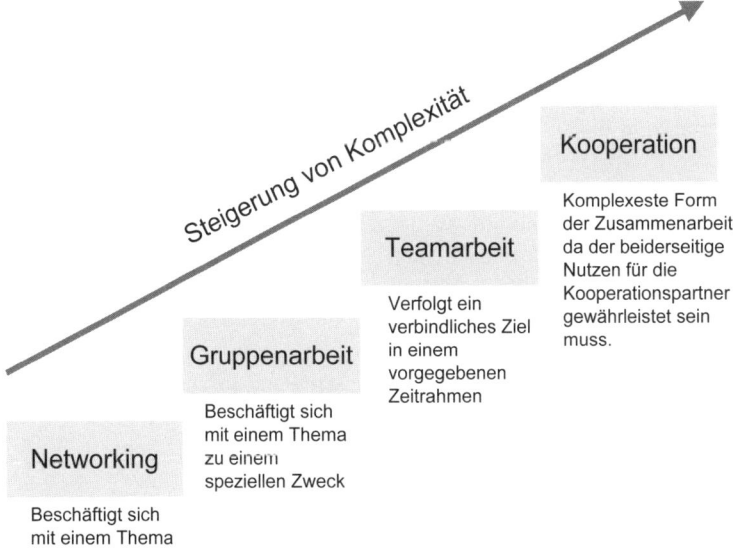

Bild 6 Steigerung von Komplexität

2.1 Abgrenzung zu anderen Methoden und Organisationsformen

Auch das heute aktuelle Scrum oder Agile Project Management beruht auf dem Gedanken der Teamarbeit und umfasst unterschiedliche Methoden, die vor allem auf Flexibilität und Anpassung setzen. Statt ausführlicher und umfangreicher Planung zu Beginn eines Projekts werden das adaptive Planen sowie die schnelle Abstimmung im Team unterstützt. Agiles Projektmanagement hat insbesondere bei der Softwareentwicklung an Bedeutung gewonnen.

In einem Scrum-Projekt sollen wenige und einfache Regeln gelten, die maßgeblich dafür sind, dass das Projektteam die gemeinsamen Ziele erreicht. Entscheidend ist, dass ein Team beim agilen Projektmanagement sich selbst organisieren kann und auch darf und dass es interdisziplinär zusammengesetzt ist, sodass unterschiedliche Kompetenzen zusammenkommen. Bei Scrum gibt es drei Rollen:

- Produkteigner (Product Owner)
- Scrum-Master
- Mitglied im Projektteam.

Das gesamte Vorgehen im Scrum beruht auf der Methode der Teamarbeit.

Ein Unternehmen kann auch durch wirtschaftliche Ziele veranlasst sein, die Teamarbeit unter Mitarbeitern zu fördern; darunter zählen zum Beispiel Kosteneinsparungen, die Steigerung von Produktivität, die Verbesserung der Produktqualität durch das Vereinen von Know-how und die effizientere Gestaltung von Produktions- und Verwaltungsprozessen. Insgesamt ist es sinnvoll, darauf zu achten, dass bei Teamarbeit die Vorteile für das Unternehmen und die Mitarbeiter ausgewogen bleiben – und dies führt uns zur Kooperation.

In unserem Buch schreiben wir ab und an von Projekten oder Projektkooperation, aus diesem Grund wollen wir an dieser Stelle kurz dazu Stellung nehmen. Zudem findet Teamarbeit unter anderem ja auch in Projekten statt. Projektarbeit und Kooperation sind aus unserer Sicht sehr ähnliche Methoden. Sie unterscheiden sich in ihrer zeitlichen und finanziellen Definition, Projekte weisen die Muss-Kriterien des definierten Endes und des klar definierten Budgets auf. Bei Kooperationen ist beides ein Kann-Kriterium. Projekte zeigen zudem eine klare Projektorganisation dergestalt, dass sie eine formelle Führung und ein eindeutig strukturiertes Projektteam haben. Sehr wohl kann es in Projekten zu Kooperationen kommen, wie Beispiele auf EU-Ebene zeigen, für die die Kooperation von Partnern aus verschiedenen Ländern eine Grundvoraussetzung ist.

4. Kooperation

Nachdem wir uns einen Überblick verschafft haben, was sich hinter den einzelnen Arbeitsformen wie Networking, Gruppen- und Teamarbeit verbirgt, kommen wir zurück zu Kooperationen, eine mögliche Form der Zusammenarbeit. Eine komplexe Form der Zusammenarbeit, damit vermutlich auch die anspruchsvollste und schwierigste, die viel Potential bietet, aber auch viele Gefahren in sich birgt:

Eine Kooperation als ein gemeinsames Tun von Individuen oder Systemen mit für die beteiligten Seiten Gewinn bringendem Sinn und Nutzen (Bild 7).

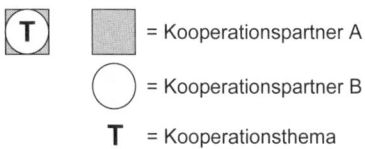

= Kooperationspartner A

= Kooperationspartner B

T = Kooperationsthema

Bei dieser Konstellation gehen die beiden Kooperationspartner A+B eine Kooperation ein.

Bild 7 Beispiel einer einfachen Kooperation

Manchmal finden wir nicht nur einfache Kooperationsformen (die Kooperation zweier oder mehrerer Partner), sondern mehrere zeitlich oder räumlich miteinander verbundene Kooperationen. Wir wollen diese Formen in der Folge als Ketten- und Kaskadenkooperationen beschreiben.

Kettenkooperationen

Eine Kettenkooperation bedeutet, dass eine neue Kooperation entsteht und dabei eine bereits bestehende Kooperation nutzt. Ein wunderbares Beispiel hierfür ist unser Buch. Es bestand bereits eine Kooperation zwischen dem Verlag Publicis Pixelpark und einem der beiden Autoren. Wir beide wollten gemeinsam ein Buch schreiben und nutzten dabei die gute Kooperationsbindung, die bereits zu Publicis Pixelpark bestand. Unsere Kooperation „Buch" kann nur bestehen, weil es eine Kooperation mit dem Verlag gegeben hat.

Allgemein bedeutet das, eine bereits bestehende, funktionierende Kooperation wird möglicherweise zeitlich später oder an einem anderen Ort für

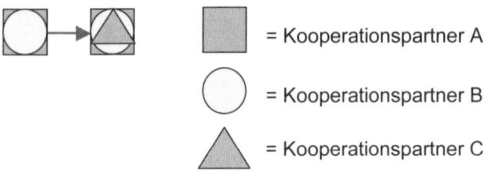

= Kooperationspartner A

= Kooperationspartner B

= Kooperationspartner C

Bei dieser Konstellation gehen die beiden Kooperationspartner A+B eine neue Kooperation mit C ein.

Bild 8 Beispiel einer Kettenkooperation

eine neue Kooperation genutzt (Bild 8). Die einzelnen Kettenglieder sind autonom.

Kaskadenkooperation

Eine Kaskadenkooperation ist eine Kooperation, in der mehrere Kooperationspartner in einer Kaskade kooperieren, zum Beispiel kooperiert eine Baufirma mit einem erprobten Installateur (Bild 9). Dieser wiederum stellt fest, dass er seine Kompetenzen nicht im Fliesenlegen besitzt und entscheidet sich aus diesem Grund zu einer Kooperation mit einem separaten Fliesenleger. In der Baubranche sprechen wir hier auch von Subunternehmern, eine gängige Praxis.

Die Kooperationspartner kooperieren zu einem Ziel, an demselben Ort zur selben Zeit miteinander und werden in unterschiedlichen Hierarchien zueinander eingesetzt.

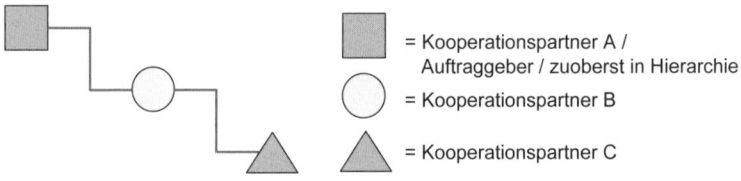

= Kooperationspartner A / Auftraggeber / zuoberst in Hierarchie

= Kooperationspartner B

= Kooperationspartner C

Bei dieser Konstellation beauftragt Kooperationspartner A den Partner B, um seinen Auftrag ausführen zu können.

Kooperationspartner B nutzt die Kompetenzen von Partner C, um damit das Ziel und den Auftrag von A erfüllen zu können.

Bild 9 Beispiel einer Kaskadenkooperation

Bei der Kaskadenkooperation kann die eine ohne die andere nicht; Kooperationspartner A braucht die Kooperation zwischen B und C, sowie umgekehrt. Wenn eine Kooperation abbricht, wird auch die andere enden.

Kooperation ist eine komplexe, wenn nicht sogar aufwändige Methode, die aber zumindest in Teilen in allen Organisationsformen hilfreich sein kann und die Arbeit dort zielführend und nutzenorientiert unterstützt. Sie stellt eine Möglichkeit dar, dass sich ein Unternehmen oder Einzelpersonen weiterentwickeln und sich somit am Markt erfolgreich positionieren können.

Die heutigen politischen Verhältnisse weltweit und die sich überschlagenden Ereignisse machen eine Kooperation zwischen den Staaten unabdingbar. Kooperation auf dieser Ebene verhindert Gewalt und kann zu einem friedlichen Miteinander führen. Unter der Voraussetzung, dass alle Beteiligten offen und ernsthaft an einer gleichberechtigten Kooperation interessiert sind und die eigenen Machtansprüche hinten anstellen können.

Im Folgenden wollen wir Ihnen veranschaulichen, welche Kriterien über den Erfolg oder Misserfolg einer Kooperation entscheiden.

2.2 Kriterien für Gewinn bringende Kooperation: „Armageddon"

Auf die Erde steuert ein Asteroid mit einem Durchmesser von ca. 1.000 km zu und wird von einem Hobbyastronom entdeckt. Würde der Asteroid auftreffen, würde er jedes Leben auf der Erde auslöschen. Der NASA bleiben 18 Tage, um eine Lösung zu finden, den Asteroiden von der Erde abzulenken, und die einzige Lösung, diese Katastrophe zu verhindern, sehen sie in der Sprengung des Asteroiden von innen, so dass er in viele kleine Teile zerfällt und diese an der Erde vorbeifliegen. Dazu muss ein Bohrteam zu dem Asteroiden fliegen und dort ein rund 250 Meter tiefes Loch bohren, um dann einen nuklearen Sprengsatz darin zu zünden. Der Einzige, der dazu in der Lage scheint, ist der Ölbohr-Erfahrene Experte Harry Stamper (Bruce Willis). Dieser will jedoch nur mit seinen eigenen Männern arbeiten, und so werden sie in einem Crashkurs von der NASA zu Astronauten ausgebildet. Wie in einem guten Film notwendig, wird die Spannung durch Komplikationen erzeugt, die während der Reise zu dem Asteroiden, aber auch während der eigentlichen Bohraktion vor Ort geschehen.

Diese Grundgeschichte aus dem Katastrophenfilm *Armageddon – Das jüngste Gericht* aus dem Jahre 1998 vom Regisseur Michael Bay nehmen wir zum Anlass, um die Komplexität, aber vor allem auch die Kriterien für eine Gewinn bringende Kooperation darzustellen. In diesem Film wird auf spannende und humorvolle Art und Weise gezeigt, welche Aspekte notwendig sind, um eine Kooperation (hier die Rettung der Erde durch die NASA und ein privates Bohrteam) gelingen zu lassen.

> **Welches sind Erfolgskriterien von Kooperationen?**
>
> Die Zutaten: Zwei engagierte Personen, eine Idee, die einen Gewinn für beide Seiten verspricht, und Lust am Gestalten.
>
> Die Partner vereinbaren Kommunikationsstrukturen, bilden organisationsübergreifende Arbeitsteams und einen Knoten im Netzwerk, zwecks Koordination.
>
> Gewinn im Sinne von Mehrwert ist das tragende und verbindende Ziel, der rote Faden. Jeder schaut darauf, dass der Mehrwert für seine Organisation erhalten bleibt.
>
> Im Idealfall ist die personelle Basis breit und die Koppelung lose genug, sodass Partner leicht hinzukommen oder abspringen können.
>
> Kooperationen müssen das bieten, was wir alle in der Arbeit suchen, jedoch innerhalb des hierarchischen Korsetts oft schwer finden:
>
> - Lust an der Zusammenarbeit
> - Freude am Gestalten
> - fachlich attraktive Aufgabenstellungen
> - konkrete Ergebnisse
> - Eigenverantwortung.
>
> Vertrauen ist die Grundlage, besonders bei Kooperationsvorhaben, die mit einem größeren Risiko für die Organisation oder die einzelnen Akteure verbunden sind. Auf den Partner/die Partnerin kommt es an.
>
> Leider ist dieses Kriterium gleichzeitig das fragilste, da ein Wechsel von Personen (= Funktionsträgern) jederzeit möglich ist. Die Person oder besser die Persönlichkeit des Kooperationspartners ist somit bei einer klassischen Stärken-Risiken-Analyse die größte Chance und das größte Risiko.
>
> Ein weiterer Aspekt: Partner ist nicht nur die fremde Organisation – auch in der eigenen Organisation braucht es einen tragfähigen Konsens und viel Austausch – von der Seite der Nichtinvolvierten und Nichtinformierten droht meist die größte Gefahr.
>
> *Daniele Bidasio, Komunariko, Unternehmensberatung*

Dieses Kapitel soll Ihnen einen Überblick über alle aus unserer Sicht relevanten Kriterien geben, die bei einer Kooperation einen tragenden Anteil am Gelingen haben. Anhand der gestellten Fragen haben Sie die Möglichkeit, sich bezüglich ihrer eigenen Kooperationen, die Sie bereits führen bzw. die Sie beginnen wollen, Klarheit und Transparenz zu schaffen. Vielleicht zu überlegen, an welchen Stellschrauben Sie drehen können, und diese dann in den einzelnen nachfolgenden Kapiteln zu vertiefen. Wir wollen Ihnen Denkanreize bieten, was für Sie Gewinn bringend sein kann und Sie mit Hilfe der Fragen lenken, über die wesentlichen Kooperationskriterien schlussendlich eine gelungene Kooperation zu gestalten.

> **Was sind die Erfolgskriterien für Kooperation?**
> Für mich braucht eine gute Kooperation eine gemeinsame Interessenlage und einen gemeinsamen Zielfokus. Die Beteiligten arbeiten miteinander oder sie arbeiten sich im Sinne einer optimalen Ergänzung gegenseitig zu. So entstehen deutliche Synergieeffekte.
> Ziele werden realisiert, Visionen mit Leben gefüllt. Der Slogan „Jeder Mensch hat etwas, was ihn antreibt" erfährt gerade bei Kooperationen besondere Bedeutung. Fähigkeiten und Wissen von Kooperationspartnern werden in Kooperationen verknüpft. Jeder hat seinen Anteil am gemeinsamen Erfolg. Eine gelebte gute Kooperation ist geprägt von Verlässlichkeit und Vertrauen. Die Kooperation ist für alle Beteiligten von Nutzen. Je konkretisierter dieser Nutzen für die Kooperationspartner erlebbar und messbar wird, desto mehr Sinn wird erkennbar.
> Allerdings: Ist der Nutzen für die Beteiligten sehr unterschiedlich oder nur für eine Seite gegeben, kommt die Waagschale der Kooperation schnell aus dem Gleichgewicht.
> Eine gelungene Kooperation entspricht der Gleichung 1+1=3. Sie bildet die Basis einer Zusammenarbeit, die sich idealerweise ergänzt und sich gegenseitig unterstützt. Auf einen Nenner gebracht, geht es um die gemeinsame dritte Sache, die mit echter Leidenschaft von der Vision zur Realität reift. Motivierende Integration, Anerkennung und Wertschätzung sind dabei die besten Begleiter.
> *Andreas Wenzlau, aw management consulting*

Das Modell der Themenzentrierten Interaktion von Ruth Cohn[7] bietet eine fundierte Grundlage, um Kooperation systematisch zu analysieren. In diesem Modell geht es darum, das Miteinander unter vier Perspektiven zu betrachten:
1. Die gemeinsame Sache, Arbeitsaufgabe (das Thema)
2. Jede Person (das Ich)
3. Die Interaktion untereinander (das Wir)
4. Konkretes Umfeld von Zeit und Situation (Globe).

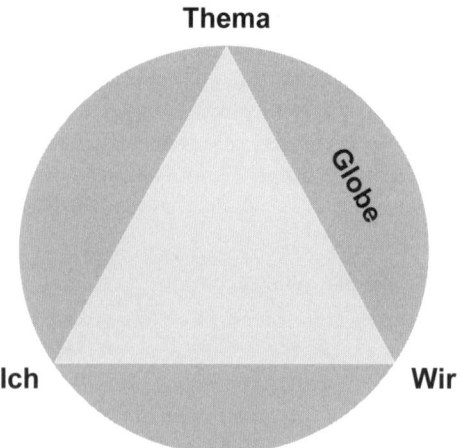

Bild 10 Das Modell der Themenzentrierten Interaktion (TZI) nach Ruth Cohn

Der Vorteil dieser Betrachtungsweise liegt darin, ganzheitlich zu denken, alle Perspektiven zu berücksichtigen und ggf. leicht Perspektiven zu wechseln. Genauso können wir die Kriterien betrachten, die eine Kooperation beeinflussen und auch hier die Perspektiven wechseln (in die Perspektive der Kooperationspartner, der Stakeholder, der Rahmenbedingungen usw.):

- *Thema/Sachliche Aspekte:*
  Was ist der Anlass für meine Kooperation?
  Zu welchem Thema will ich kooperieren?
  Welche Vision, welches Bild von Kooperation habe ich?
  Was ist der Nutzen der Kooperation (Nutzenerwartung 1 + 1 = 3)?
  Inwiefern habe ich den Nutzen mit meinem Kooperationspartner deutlich und transparent diskutiert?
  Was soll das konkrete Ziel der Kooperation sein? Was will ich/ wollen wir erreichen?
  Was bedeutet diese Kooperation für mich/das Unternehmen?
  Welchen Mehrwert erwarte ich von der Kooperation?
  Welchen finanziellen Gewinn verspreche ich mir davon?
  Was könnte ich noch gewinnen (Marktanteile, Bekanntheit, Image, ideeller Gewinn...)?
  Wie viel Geld und Zeit kann/will ich in die Kooperation investieren?

Welche Vertragspunkte wollen ausgehandelt sein?
Wie soll der Vertrag gestaltet sein? Was ist dafür zu tun?
Welche Aufgaben sind bis wann von wem zu erledigen?
Ist Kooperation die richtige Methode, um das Ziel zu erreichen?

- *Zwischenmenschliche Aspekte (Ich, Du – Wir):*
Wie erlebe ich die Kooperationsbeteiligten in Ergänzung zu mir (Stärken, Schwächen, Grundhaltung, Einstellung, Ethik, Verantwortungsbewusstsein, Angebot usw.)?
Wo ergänzen wir uns gut, wo konkurrieren wir vielleicht auch?
Welche Werte sind mir und den anderen in Kooperation wichtig?
Wer übernimmt welche Rolle in unserer Kooperation?
Welche persönliche Weiterentwicklung könnte mir diese Kooperation bieten? Welche Weiterentwicklung für das Unternehmen?
Was will ich/was ist mein Bedürfnis, das Bedürfnis des Unternehmens innerhalb der Kooperation?
Wie ausgewogen arbeiten wir in der Kooperation?
Wie ausgewogen erlebe ich auch meine Investition und den Output der Kooperation?
Wie glaubwürdig erlebe ich mich und meinen Kooperationspartner in unserem Denken und Handeln?
Wie tolerant gehen wir miteinander um, mit unseren unterschiedlichen Denkansätzen, Ideen, Kulturen, Vorgehensweisen usw.?
Wie gehen wir mit unseren Bedürfnissen, Wünschen, Gefühlen gegenseitig um und wie reagieren wir auf Verletzungen?
Wie bleiben wir auch bei schwierigen Situationen im Kontakt?

- *Rahmenbedingungen (Globe):*
Welche Rahmenbedingungen, Rechte, Gesetze sind zu beachten?
Wie haben sich die Rahmenbedingungen verändert, wie werden sie sich in naher Zukunft verändern?
Welche Stakeholder beeinflussen möglicherweise die Kooperation?
Wie sehen gesetzliche Bestimmungen aus (länderspezifisch usw.)?
Wie entwickeln sich die wirtschaftliche Lage und der Markt in den betroffenen Kooperationsländern?
Welche rechtlichen Konsequenzen/Folgen könnten aus der Kooperation erfolgen?
Inwiefern passen die Branchen/Marken/Brandings der Beteiligten zusammen? Müssen sie das überhaupt?

Wie stellen wir die Kooperation (am Markt) dar?
Wie ist das Risiko zwischen den Beteiligten aufgeteilt?

Diese Kriterien bieten einen Überblick, worauf es uns in Kooperationen besonders ankommt, und wir werden diese Kriterien in den folgenden Kapiteln näher beleuchten. Bei all diesen Kriterien erscheint es uns jedoch wichtig, dass Ihnen immer und zu jeder Zeit der Nutzen Ihrer Kooperation klar ersichtlich bleibt. So ist ein wesentlicher Nutzen in der heutigen Arbeitsgesellschaft der wirtschaftliche, den wir nun näher beleuchten.

2.3 Wirtschaftlicher Nutzen: „A Beautiful Mind"

„A Beautiful Mind – Genie und Wahnsinn" ist ein US-amerikanischer Kinofilm aus dem Jahr 2001. Er skizziert die reale Lebensgeschichte des hochbegabten Mathematikers John Forbes Nash (Russel Crowe), der nach seinem wissenschaftlichen Durchbruch an schizophrener Psychose erkrankt, die ihn immer mehr in den Wahn führt, er entschlüssele in geheimem Auftrag der amerikanischen Regierung Codes sowjetischer Agenten. Schließlich folgt der Zusammenbruch, und Nash wird in die geschlossene Psychiatrie eingeliefert. Erst in den 1990er Jahren feiert er, von seiner Erkrankung weitestgehend genesen, ein vielbeachtetes Comeback und erhält 1994 den Nobelpreis für Wirtschaftswissenschaften für seine Forschungen zu nicht-kooperativer Spieltheorie.

Die nicht-kooperative Spieltheorie beschäftigt sich mit Spielern und Spielen, in denen keine bindenden Verträge abgeschlossen werden und in denen sich das Handeln der Spieler aus ihrem egoistischen Verhalten ergibt.[8] Eine Betrachtungsweise, die für Kooperation relevant erscheint (siehe auch Kapitel 3.2). Gerade in wirtschaftlich schwierigen Zeiten stellt sich die Frage, ob Egoismus oder Altruismus den zum Überleben notwendigen Gewinn verspricht.

Das Jahr 2009 war geprägt durch Rezension, Wirtschaftskrise und Panik. Die weltweiten Konjunkturzyklen haben einen weiteren Tiefpunkt erreicht, wie schon im Jahr 2001 nach dem Abebben der Euphorie, ausgelöst durch das Internet. 2011 ist nicht sicher, ob die Krise überwunden ist oder erst kommt; und erst 2015 erklärt die Zentralbank der Vereinigten Staaten (FED) die Krise für beendet und erhöht die Zinsen.

2015 geht es um ganz andere Herausforderungen: terroristische Angriffe in Europa, Flüchtlingswellen, die kaum bewältigbar scheinen, der Umgang mit Rassenhass. All diese Entwicklungen sind aus unserer Sicht nur mit einer kooperativen und ethisch orientierten Grundhaltung zu meistern. Wirtschaftlich nimmt die Gemeinwohl-Ökonomie eine immer zentralere Stellung ein, mit dem Fokus, gemeinsam wirtschaftlich zu überleben und Gutes zu erreichen.

„Wollten redliche ÖkonomInnen die Marktwirtschaft tatsächlich auf der effizientesten Methode aufbauen, die wir kennen, dann müssten sie sie auf struktureller Kooperation und intrinsischer Motivation aufbauen – zumindest, wenn sie den aktuellen Stand der wissenschaftlichen Forschung zur Kenntnis nehmen würden. Der Umstand, dass sie das nicht tun, ist ein Hinweis darauf, dass es gar nicht um Wissenschaft und Erkenntnis geht, sondern um die ideologische Absicherung bestehender Herrschaftsstrukturen."[9]

Fusionen, Akquisitionen, Aus- und Neugründungen sind an der Tagesordnung, Unternehmens- und Abteilungsgrenzen verschwimmen, Organigramme bilden nur noch selten die Realität in den Unternehmen ab.[10] Gleichzeitig ist im Krisenjahr 2009 die Zahl der Selbstständigen gestiegen, tatsächlich sind sogar mehr Unternehmen gegründet worden als pleite gegangen sind. Statt über die unsichere Arbeitsmarktsituation zu lamentieren und sich verlässlichere Strukturen zurück zu wünschen, ziehen sich inzwischen viele Menschen auf die Einheit zurück, auf die sie sich noch glauben verlassen zu können: sich selbst.

Genauer: auf ihre Begabung, ihre Fähigkeiten und ihre Leidenschaft. Von alten Gewissheiten enttäuscht, haben sie sich entschieden, ihr Leben selbst in die Hand zu nehmen.[11] Die Zahl der Ich-AGs wächst. Um größere Ziele zu realisieren, braucht es jedoch Kooperation.

Die Marktwirtschaft kennt keinen gleichförmigen Verlauf, vielmehr wechseln Aufschwung und Abschwung, Konjunktur und Rezession einander regelmäßig ab. Kurze und mittlere Wirtschaftschwankungen mit einer Dauer von 3 bis 11 Jahren sind aus der Erfahrung bekannt. In der Marktwirtschaft treten aber auch lange Schwankungen mit einer Periode von 40 bis 60 Jahren auf. Sie werden Kondratieffzyklen genannt.[12] Möglicherweise sind wir derzeit an der Talsohle dieses Zyklus angelangt. Für den nächsten Aufschwung braucht es einen entsprechenden Impuls. Meist sind diese Impulse bahnbrechende Erfindungen, so genannte Basisinnovationen. Ist das Nutzungspotential der Basisinnovation erschöpft und entstehen neue Basisinnovationen nicht rechtzeitig, dann fehlt der Wirtschaft der wichtigste Antriebsmotor und sie geht in eine starke Rezession über.

Die bisherigen Kondratieffzyklen

Seit dem späten 18. Jahrhundert lassen sich fünf Kondratieffzyklen identifizieren (Bild 11). Der erste Langzyklus wurde durch die Einführung der Basisinnovation Dampfmaschine und deren Anwendung insbesondere in der Textilindustrie ausgelöst. Der zweite war die große Zeit des Stahls. Der dritte Kondratieff kam durch die elektrotechnische und chemische Industrie zustande. Es war der erste Langzyklus, der von der praktischen Anwendung wissenschaftlicher Erkenntnisse profitierte. Die Basisinnovationen des vierten Kondratieffs waren Petrochemie und Automobil. Sie

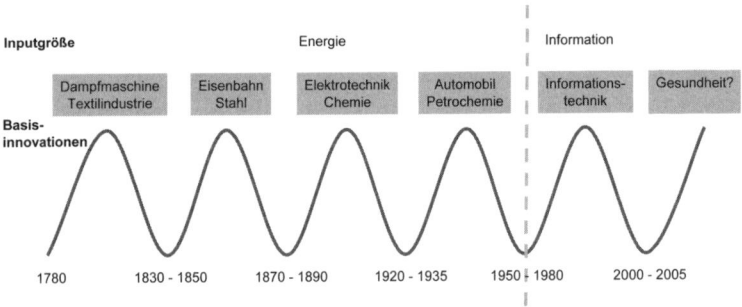

Bild 11 Die Kondratieffzyklen und ihre Basisinnovationen

brachten den Massenverkehr auf der Straße und in der Luft und markierten zugleich den Höhepunkt der Industriegesellschaft. Seit den frühen 1950er Jahren befindet sich die Weltwirtschaft im fünften Kondratieffzyklus, der seine Antriebsenergie aus der Entwicklung und Verwertung der Informationstechnik bezog.[13]

Nach der Systemtheorie gibt es zwei Inputgrößen, die Wachstum von Systemen ermöglichen: Energie und Information. Information war auch der wichtigste Träger der nächsten langen Konjunkturwelle: Informationsflüsse im und zwischen Menschen und zwischen Mensch und Umwelt.[14]
Leo A. Nefiodow bezeichnet in seinem Buch „Der sechste Kondratieff – Wege zur Produktivität und Vollbeschäftigung im Zeitalter der Information" Kooperationsfähigkeit als Schlüsselqualifikation für den nächsten Zyklus: Die wichtigsten Quellen für Wirtschaftswachstum sind nicht Maschinen, Waren, Technologien, Dienstleistungen, nicht Arbeitsplätze und auch nicht Kapital. Der wichtigste Faktor sind Produktivitätsfortschritte und diese werden in der Informationsgesellschaft in erster Linie über bessere menschliche Kompetenzen erreicht. Nefiodow definiert drei Säulen

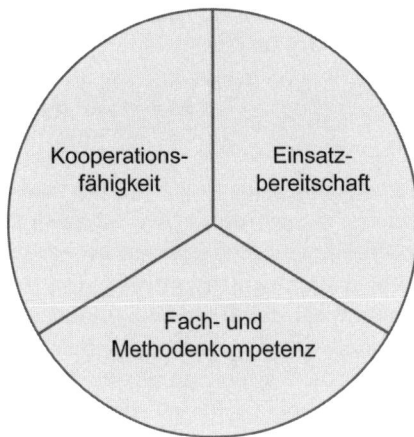

Bild 12 Die drei Säulen der Arbeitsproduktivität nach Nefiodow

der Produktivität: Fach- und Methodenkompetenz, Einsatzbereitschaft und Kooperationsfähigkeit (Bild 12).

„*Nicht Menschenmassen und Rohstoffvorkommen entscheiden auf die Dauer über den Wohlstand einer Nation, sondern Fachkompetenz, Organisation, Management, Forschung, Motivation und Kooperation.*"[15]

Arbeitsteilung ist unumgänglich, wenn eine Aufgabe nicht von einer Person bewältigt werden kann. Arbeitsteilung führt stets zu Spezialisierung. Spezialisierung bedeutet Aneignung der zur Durchführung der jeweiligen Teilaufgabe notwendigen Fach- und Methodenkompetenz.

Wird eine Aufgabe arbeitsteilig erledigt, dann müssen die Einzelbeiträge durch die Zusammenarbeit zum gewünschten Gesamtwerk zusammengeführt werden. Der zweite produktivitätsbestimmende Faktor heißt damit Kooperationsfähigkeit. Um eine hohe Produktivität zu erreichen, genügt es aber nicht, dass die Arbeitsteilung gut organisiert ist, die Beschäftigten das notwendige Spezialwissen besitzen und auch kooperativ sind. Sie müssen auch willens sein, diese Fähigkeit einzusetzen. Einsatzbereitschaft ist die dritte Säule der Produktivität.

Manager internationaler Unternehmen erleben tagtäglich den Erfolg dieser Produktivitätsfaktoren und berichten, wie wichtig die Haltung der Mitarbeiter gerade im Krisenjahr 2009 war,[16] um die wirtschaftlichen Schwierigkeiten zu überstehen. Anton Lauber, Geschäftsführer der Firma Schurter AG/Schweiz:

"Die Führungsgrundsätze des Unternehmens – Vorbild, Verantwortung, Vertrauen, Veränderung – erfordern ein hohes Maß an Kommunikation..." "Eine Unternehmenskultur besteht aus gelebten Werten," so Lauber, "und diese entstehen durch das Verhalten aller Beteiligten. Deshalb muss man die MitarbeiterInnen immer wieder mit ins Boot holen."

Mit dieser Form der Kooperationsfähigkeit ist jedoch die Zusammenarbeit innerhalb der Unternehmen gemeint. Wie wir im Kapitel 2 dargestellt haben, verstehen wir unter Kooperation nicht die Zusammenarbeit von MitarbeiterInnen eines Unternehmens und nicht die Entwicklung von Arbeitsteams, sondern eine spezielle Form des Miteinander-Handelns, angepasst an den Trend, neue und kleine Unternehmen zu gründen oder neue Mitarbeitsformen zu entwickeln. Die Angestellten arbeiten, wann und wo sie wollen: Sie konzipieren Konzepte nachts zu Hause auf der Couch, planen Projekte sonntags auf der Bank im Park oder kalkulieren Kosten am Pool im Hotel. Was wie eine Utopie klingt, ist nach Markus Albers bereits Realität.[17] Er beschreibt einen Wandel der Arbeitswelt, der die klassischen Bürostrukturen auflösen und eine neue Beschäftigungsform hervorbringen wird: die Freianstellung. 2012 wird dieser Trend auch beim Europäischen Forum Alpbach zum Thema. Die Grenze zu den so genannten Ich-AGs, Personen, die als Einzelunternehmer ihre Leistungen dem Markt anbieten, verschwimmt.

Viele Erfahrungen können aus den bisherigen Arbeitsformen abgeleitet und weiterverwendet werden, manche Aspekte sollten neu definiert werden, damit Kooperation als Schlüsselkompetenz im 6. Kondratieff den neuen Anforderungen des Miteinander-Arbeitens gerecht werden kann.

Auch im 6. Kondratieffzyklus wird Information die relevante Inputgröße sein, d.h. die Informationsmenge und die Geschwindigkeit der Generierung neuer Information und möglicherweise neuer Technologien werden auch weiterhin zunehmen. Die Halbwertszeit des Wissens (d.h. die Zeit, die notwendig ist, die Information zu einem bestimmten Fachgebiet zu verdoppeln) wird laufend kürzer. Wir häufen immer mehr Informationen an. War Johann Wolfgang von Goethe noch ein Universalgelehrter, der von der Farbenlehre bis zur Metamorphose von Schmetterlingen einen Beitrag zur wissenschaftlichen Diskussion liefern konnte, so ist es heute kaum mehr möglich, in einer Disziplin alles zu wissen. Das ungeheure Tempo, vor allem technologischer Entwicklungen, machen somit diese neuen Formen des Miteinander-Arbeitens notwendig. Braucht man schnelle Lösungen auf bestimmte Fragestellungen, so bleibt für Organisationsaufbau und Teamentwicklung oft gar nicht mehr die nötige Zeit – oder das Budget ist zu gering. Neue Formen der Unternehmens-Mitarbeit werden Platz greifen und damit ändern sich auch die Formen der Anstellungsverhältnisse. Ein Beispiel: Eine Bildungsinstitution bietet ihren Kunden, deren Bedarf sie seit Jahren gut kennt, neue Vermittlungsformen, wie eLearning, an, hat jedoch dahingehend wenig technisches, aber viel pädagogisches Know-how. Zur Gestaltung und Erstellung dieses Angebots wird ein Kooperationspartner mit an Bord geholt. D.h., die Programmierung ist ausgelagert, das Projektmanagement bleibt bei der Bildungsinstitution.

Zusammenarbeit war gestern – Kooperation ist heute

Aus unserer Sicht wird Kooperation die Mitarbeiter auf keinen Fall ersetzen, aber durch Kooperation kann man schneller und flexibler auf Marktveränderungen reagieren. Kooperation wird die Leistung der Mitarbeiter da und dort ergänzen. Anstelle einer hohen Fertigungstiefe und dem Versuch, alles durch das eigene Unternehmen abdecken zu lassen, ist es ein probates Mittel, die in der Informationsgesellschaft bereitgestellten Netzwerke zu nutzen und den entsprechenden Kooperationspartner zu finden, der die Aufgabe besser, schneller und kostengünstiger erledigen kann. D.h., Sie kaufen möglicherweise bei einem Unternehmen Leistungen ein, mit dem Sie an anderer oder ähnlicher Stelle im Wettbewerb stehen. Wettbewerb und Kooperation sind sozusagen Antagonisten, also gegensätzlich gerichtete Kräfte, die erst in ihrem sinnvollen Zusammenwirken eine po-

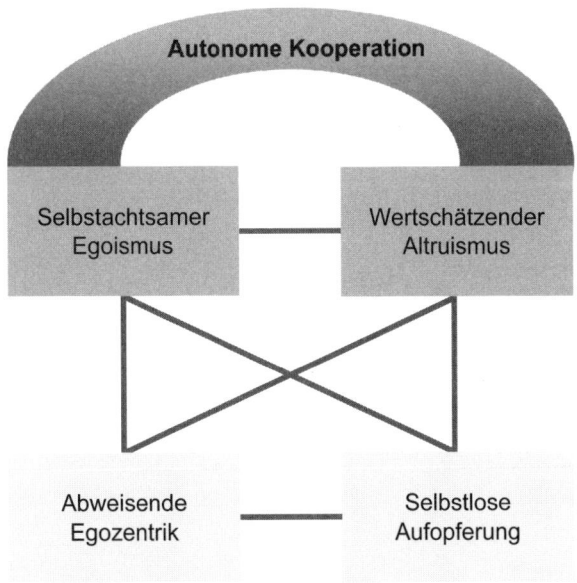

Bild 13 Kooperation als Balance zwischen Egoismus und Altruismus

sitive Wirkung und Entwicklung erzeugen können.[18] Raymond Noorda (Netzwerksoftwarehersteller Novell) prägte dazu den Begriff Coopetition aus Cooperation und Competititon.

Gibt es nur die eine Kraft, endet der Ausschlag der Bewegung im Extrempunkt der Möglichkeiten. Erst das Einwirken der antagonistischen Kraft ermöglicht eine Kalibrierung, Justierung oder Balance. Aus eben diesem Grund erreichen Systeme in einer Marktwirtschaft, also beispielsweise Unternehmen mit den dazugehörigen Lieferanten, Mitarbeitern, Kunden und Wettbewerbern, ihre größte Leistungsfähigkeit erst, wenn sie ein optimales Zusammenwirken von kompetitiven und kooperativen Funktionen sicherstellen können. Im Sinne eines Wertequadrates[19] nach Friedemann Schulz von Thun könnte das aussehen wie in Bild 13 gezeigt.

So behalten dann Richard David Precht[20] und Joachim Bauer[21] Recht, wenn sie in ihren Büchern behaupten: Den Altruisten gehört die Zukunft – nicht nur Wettbewerb, sondern auch Kooperation ist eine Triebkraft der Evolution.

Im nächsten Kapitel richten wir den Blick auf Kooperation aus der Sicht der Naturwissenschaften.

3 Kooperation aus Sicht der Anderen

Nicht erst seit Joachim Bauers Buch „Prinzip Menschlichkeit – Warum wir von Natur aus kooperieren"[22] befassen sich die Naturwissenschaften mit Kooperation. Wir möchten in diesem Kapitel Kooperation aus Sicht dieser Disziplinen beleuchten und jene Prinzipien herausarbeiten, die für Kooperation als Methode für die Zukunft nutzbringend erscheinen. Das Zusammenleben unterschiedlicher Individuen in der Natur, dokumentiert durch die vergleichende Verhaltensforschung, die Evolutionstheorie, die Genetik, die Neurobiologie wie auch die Mathematik mit der Spieltheorie, ergibt in diesem Kontext interessante Perspektiven. Wenn wir aus diesen Perspektiven auf Kooperation in der unternehmerischen Praxis schauen, dann resultieren daraus viele interessante Parallelen und Anregungen.

3.1 Die Sicht der Biowissenschaft: „Deep Blue"

„Deep Blue" ist ein Dokumentarfilm aus dem Jahre 2003. Er ist die Kinoversion einer BBC-Serie. Der Film zeigt die Weltmeere in all ihren Facetten: Von Korallenriffs und Lagunen bis hin zu den tiefen Ozeanen und ihren Bewohnern mit ihrem „Kampf" ums Überleben. Jener „Kampf", der als Triebfeder der Evolution gesehen wird und somit ein zentraler Blickpunkt der Soziobiologie ist.

„…, in ever so slight a degree, variably, and, lastly, that there is a struggle for existence leading to the preservation of each profitable deviation of structure or instinct. The truth of these propositions cannot, I think, be disputed."[23]

Charles Darwin nennt als Grund für die Veränderung von Lebewesen, die zur Ausformung neuer Arten führt, den Selektionsdruck, ausgelöst durch die Umwelt. Verändert sich die Umwelt, verändern sich auch die Lebewesen. Der Organismus ändert sich und die am besten Angepassten setzen sich durch. Die Umwelt, auch unsere soziale Umwelt, unterliegt ständiger Veränderung. Daher wirkt ein veränderter Selektionsdruck auch auf uns als denkende, fühlende und handelnde Menschen.

Die Frage, die uns in diesem naturwissenschaftlichen Zusammenhang beschäftigt, ist: Wie weit ist Kooperation für eine natürliche Anpassung an (veränderte) Lebensbedingungen hilfreich oder sogar notwendig?

Joachim Bauer unterstützt die Idee, dass die Entstehung und Weiterentwicklung des Lebens nur durch Kooperation möglich ist. Die Soziobiologie, eine Weiterentwicklung der Theorie Darwins, vertritt im Gegensatz dazu die Idee des „egoistischen Gens", das den Körper als Hülle und zum Zweck höchstmöglicher Verbreitung der Erbinformation benutzt und damit nur auf sich selbst bedacht agiert. Joachim Bauer sieht Biologische Kooperation als kein Mittel zum Zweck im Kampf ums Überleben, sondern als das, was „Leben" ausmacht.

Den Anfang des Lebens markiert das Prinzip der Kommunikation, das heißt Erkennen und Übermittlung von Information. Das Leben begann in einer so genannten Ribonukleinsäure-(RNS)-Welt: Die Ribonukleinsäure ist als unmittelbare, komplementäre Abschrift der DNS, der Desoxyribonukleinsäure, für die Proteinsynthese (Erzeugung der lebensnotwendigen Eiweiße) verantwortlich. Mittels der DNS ist in den Genen der Lebewesen die Erbinformation gespeichert. Sie entstand im Laufe der Evolution erst nach der RNS. Erste lebende Systeme bestanden aus kooperierenden und kommunizierenden Ensembles von RNS- und Proteinmolekülen, die zudem in der Lage waren, sich selbst zu erneuern und zu reproduzieren. Es herrschte wechselseitige Abhängigkeit – nichts konnte geschehen außer durch Kooperation.[24]

Im weiteren Verlauf der Evolution nahmen die Urzellen Bakterien und Algen in sich auf und ließen sie zu einem Teil ihres Zellorganismus werden. Dieser Vorgang, Endosymbiose genannt, ließ einen neuen Zelltyp entstehen, die eukaryontische Zelle mit Zellkern, aus dem später die Körper sämtlicher Pflanzen und Tiere bestehen sollten. Die Endosymbiose war nicht nur ein per se kooperatives Phänomen. Indem sie zwei Grundtypen (pflanzliche und tierische Zellen) entstehen ließ, erzeugte sie eine neue kooperative Konstellation zwischen der Sauerstoff produzierenden Pflanzenwelt und dem Sauerstoff verbrauchenden Tierreich.[25]

Kooperation tritt in der Natur immer wieder auf, beginnend mit den zellulären Bestandteilen, wie oben beschrieben, oder auch dem Zusammenleben höherer Lebewesen in Form einer Symbiose. Noch ist jedoch die Frage nicht beantwortet, ob Kooperation das ist, was Leben ausmacht, oder vielleicht doch nur ein Mittel zum Zweck.

Symbiose

In der Verhaltensforschung spricht man von Symbiose, wenn sich zwei Tierarten zu beiderseitigem Vorteil zusammenschließen.[26] Symbiose dient dem Vorteil beider Beteiligten, anders als beim Parasit, der seinen Wirt zu dessen Schaden ausbeutet. Selbstverständlich gibt es aber vielerlei Zwischenformen: Ungleich große Vorteile für beide, abwechselnde Vor- und Nachteile für einen usw. Eindeutig klar ist nur, dass nicht beide nur Nachteile von dem Zusammenleben haben können. Es gibt Ernährungssymbiosen, Wohnsymbiosen, Putzsymbiosen und vieles andere. Dabei kommen zuweilen auch mehr als zwei Organisationsformen ineinander geschachtelt vor.[27]

Das wohl bekannteste und gleichzeitig außergewöhnlichste Beispiel einer Symbiose findet man in der Flechte. Eine typische Flechte entsteht durch die dauerhafte Lebensgemeinschaft zwischen Pilz und Alge, wobei der Pilz vorwiegend die äußere Form des Gebildes bestimmt und die Alge in seinem Gewebe einbettet. Grünalgen bieten dem Flechtenkörper durch ihre Photosynthese Kohlenhydrate an, Blaualgen ermöglichen der Flechte den Zugang zu Luftstickstoff, die der Pilz für sich verbraucht, selbst aber nicht in organischen Stufen herstellen kann. Da er die Alge von der Außenwelt abschneidet, muss er Wasser und Nährsalze für sie herbeischaffen. Außerdem bietet der Pilz den Algen Schutz vor zu starkem Licht und ermöglicht ihnen dadurch an Orten zu leben, die sie sonst gar nicht besiedeln könnten.

Die Symbiose von Alge und Pilz als Flechte bewährt sich besonders an Stellen, wo keines der beiden Lebewesen allein existieren könnte; Flechten sind oft Pioniere bei Neubesiedlungen auf frischen Lavafeldern und die äußersten Vorposten des Lebens, etwa in 4700 m Höhe, in der Antarktis oder in extremen Wüsten und Halbwüsten.[28]

Flechten gedeihen nur dann, wenn keiner der Partner allein optimal leben kann. Sobald aber die Umweltbedingungen einem der Partner optimale Lebensbedingungen bieten, gibt er die Symbiose auf und lebt allein weiter.

Unter diesem Gesichtspunkt kann man alle Lebensgemeinschaften betrachten, seien es nun Fälle von Symbiose, Parasitismus, Räuber-Beute-Beziehungen usw. Immer wird sich ein Gleichgewicht einstellen zwischen miteinander in Beziehung tretenden Arten; dieses Gleichgewicht wird stabil bleiben, solange sich weder die Lebewesen noch die ökologischen Bedingungen ändern.[29]

Zieht man aus diesem Beispiel aus der Natur einen Schluss, dann könnte dieser folgendermaßen lauten: Solange diese Kooperation dem Individuum und der Gemeinschaft nutzt, wird sie aufrecht erhalten. Gibt es keinen gemeinsamen Nutzen mehr oder ist der individuelle Nutzen größer, wird die Kooperation aufgelöst. Wenn wir den Nutzen von Kooperation nur im Moment sehen, dann ist dieser Schluss sicherlich richtig. Verspricht jedoch die Zukunft einen Vorteil, sollte kooperatives Handeln ein wenig komplexer gedacht werden.

Kooperationsstrategien in der Natur

Matthias Nölke beschreibt in seinen beiden Büchern „So managt die Natur" und „Von Bienen und Leitwölfen" eine Vielzahl von Beispielen aus der Natur und leitet daraus Tipps für die Managementpraxis ab:[30]

- Wenn Pflanzen nach Katastrophen neue Lebensräume besiedeln, agieren sie anfangs mit großer Vielfalt an Arten und kurzfristigen Strategien (Unkräuter), erst später kommt die langfristige Orientierung (Bäume).

- Die Kämpfe der Hirsche um die Vorherrschaft im Revier erfolgt nach klaren Regeln und ohne den Gegner zu verletzen.

- Blutsaugende Fledermäuse versorgen ihre Artgenossen mit Nahrung, damit diese nicht verhungern. Bevorzugt werden jene Artgenossen versorgt, die selbst schon einmal gegeben haben.

- Darwinfinken, die den Riesenschildkröten die Parasiten von den ungepanzerten Stellen picken und damit Nahrung finden, führen vor dem Putzen ein „Ballet" auf, um der Schildkröte zu signalisieren: „Ich putze dich." Erst dann streckt die Schildkröte ihre ungeschützten Gliedmaßen so weit wie möglich aus dem Panzer: „Ich bin bereit."

- Delfine kommunizieren miteinander durch Pfeiflaute, Geschnatter und Geschnalze, so auch bei der Sardellenjagd. Eine Gruppe (nur die Gruppe garantiert den Jagderfolg) von Delfinen kreist in exakten, durch ihre Kommunikation koordinierten Bewegungen die Sardellen ein und treibt sie an die Wasseroberfläche. Dort sind sie leichte Beute.

- Faultiere überleben durch ihre Gelassenheit – sie bewegen sich ganz langsam, selbst wenn ein Feind (Raubkatze) unmittelbar an ihnen vorüber geht. Jegliche schnelle Bewegung würde sie verraten.

- Piranhas halten bei ihrer Beute Maß. Sie fressen, selbst wenn genug Beute verfügbar wäre, nur das, was sie täglich brauchen. Zu volle Bäuche würden die Räuber träge machen. „Erfolge" müssen nicht nur erworben – sie müssen auch verdaut werden.

Betrachten wir diese Beispiele aus Sicht einer gegenwärtigen, aber auch einer zukünftigen Kooperation, dann leiten wir folgende Anregungen ab:

- Mit klaren Regeln „kämpfen".
- Am Beginn viele und kurzfristige Angebote bieten.
- Durch Vorleistung Vertrauen schaffen.
- Kooperation ausführen, wenn die anderen hinsehen.
- Vorleistung und Kooperation der anderen beachten.
- Kommunikation geht Kooperation voraus.
- Jeder sollte wissen, wo sein Platz, was sein Aufgabengebiet ist.
- Exakte Kommunikation ist Bedingung für Koordination.
- In der Gelassenheit und Beharrlichkeit liegt die Kraft.
- Erfolgreiche Kooperationen entstehen nicht von heute auf morgen.
- Kooperationen brauchen Ziele, die nach Erreichen auch gemanagt werden können.

Wie all diese Beispiele, von den Genen bis hin zu den Säugetieren, zeigen, wird in der Natur immer wieder kooperativ gehandelt. Leitmotiv oder Antrieb ist ein aktueller oder ein zukünftig zu erwartender Nutzen, um den „struggle for existence",[31] den „Kampf ums Überleben" zu bewältigen.

Übertragbarkeit auf den Menschen

Die Frage, wie weit all diese Prinzipien aus der Natur auf den Menschen übertragbar seien, beantworten Wolfgang Wickler und Uta Seibt am Ende ihrer Ausführungen über das „Prinzip Eigennutz" im Tierreich. Dabei räumen die beiden Autoren ein, dass nicht allein die Gene in ihrer Selbstbezogenheit die Lebensstrategie bestimmen, sondern dass, je höher ein Lebewesen entwickelt ist, die kulturelle Evolution neben der biologischen Evolution eine wichtige Rolle spielt.

Generell werden verwandte Individuen einander nicht nur mit Nährmitteln und anderen materiellen Gütern, sondern auch mit Erfahrungsschätzen helfen, mit geistigem Eigentum, das einer vom anderen übernehmen kann.[32]

Wie das Beispiel der blutspendenden Vampire zeigt, kann diese gegenseitige Versorgung auch über Verwandtschaftsgrenzen hinausgehen: Wie oben schon erwähnt, versorgen Fledermäuse Artgenossen, die keine Nahrung finden konnten, mit Nahrung, die sie hochwürgen. Die von Matthias Nöllke[33] beschriebene Population der Vampir-Fledermäuse kann max.

60 Stunden ohne Nahrung überleben. Nicht in jeder Nacht hat jede Fledermaus Beuteerfolg. Hungernde Tiere werden von Tieren mit blutgefüllten Mägen versorgt, obwohl diese dabei das Risiko eingehen, selbst hungern zu müssen. Aber jemand, der schon einmal gegeben hat, wird in späterer Folge von den anderen bevorzugt versorgt. Der Spender verzichtet also auf einen Teil seiner Nahrung, um sich den Empfänger für die Zukunft zu verpflichten – unabhängig vom Verwandtschaftsgrad.

Tiere versorgen sich gegenseitig mit Nahrung, aber auch mit Erfahrung (Tradition). Wolfgang Wickler und Uta Seibt erörtern auch, dass durch Tradition weitergegebene Informationen ebenso wertvoll für das Überleben des Individuums und die Ausbreitung seiner Gene sein können, wie genetische Informationen selbst. Da auch Traditionsinhalte nicht beliebig zu funktionellen Komplexen mischbar sind, wird man hier ebenso „Hybridisierungsschranken" erwarten können. Naturvölker verteufeln oft die Mitglieder des Nachbarstammes und stellen sie dadurch als unglaubwürdig hin. So wird vor allem verhindert, dass lokal angepasste Traditionen (spezielle ortsbezogene Kenntnisse und Fertigkeiten) anderswohin getragen werden, wo sie nicht passen und (zumindest dem eigenen Stamm) eher Schaden als Nutzen stiften.

Als besonders wirksame Traditionsbarrieren zwischen Menschengruppen erweisen sich verschiedene Sprachen. Benachbart lebende, aber ökologisch verschieden spezialisierte Gruppen (Fischer, Jäger, Bauern) unterscheiden sich sprachlich meist besonders stark. Die Sprache als Verständigungssystem des Menschen spielt in seinem sozialen Leben eine besondere Rolle. Sprachen zerfallen in Mundarten, die einander geografisch vertreten, so wie wir es von Rassen bei Tieren und Pflanzen kennen. Unter Isolationsbedingungen können neue Sprachen entstehen (zum Beispiel das Afrikaans aus dem Dialekt der ersten niederländischen Einwanderer von 1662), ebenso wie auf Inseln Tier- und Pflanzenarten entstehen.

„Wieder ... hängt das, was das Einzeltier zu seinem Vorteil tun muss, davon ab, was die Nachbarn tun. ... Hier geht es nicht um genetisch festgelegte und vererbte Verhaltensweisen, sondern um solche, die durch Übereinkünfte geregelt werden. Dennoch können sie sich auf den Fortpflanzungserfolg des Individuums und auf den Fortbestand seiner Gene auswirken, und deshalb werden Eltern ihren Nachkommen die bewährten Sprach- und Verhaltensregeln als nicht materielle Mitgift beizubringen suchen." [34]

Prinzipien aus der Natur sind also auf den Menschen übertragbar, weil wir ein Teil derselben sind und unsere Baupläne auf den Bauplänen einfacher Individuen aufbauen. Die Möglichkeit einer bewussten Denkleistung lässt uns jedoch die genetisch gesteuerten Prinzipien verfeinern oder verändern und für unser Verhalten im Rahmen der jeweiligen Umweltbedingungen adaptieren.

Dies lässt unter dem Gesichtspunkt von Kooperation den Schluss zu, dass es wichtig ist, die eigenen Systemgrenzen gut zu kennen und abzusichern, Klarheit über das Eigene zu haben, sich abgrenzen zu können, um gleichzeitig nach außen hin zu kooperieren. Gerade in einer zunehmend globalisierten Welt ist es notwendig, in weiteren Räumen als bisher zu kooperieren. Umso mehr wird es wichtig, die Grenze zwischen Individuellem und Gemeinsamem klar zu definieren. Am Beispiel der Sprache, als Ausdruck von individueller Kultur heißt dies, die eigene Sprache (Kultur) zu verstehen und zu leben, um im Weiteren eine gemeinsame Sprache (Kultur) mit dem Kooperationspartner entwickeln zu können. Dazu sei auf die Kapitel 4.3 „Kooperation aus systemischer Sicht" und 7 „Besonderheiten virtueller Kooperation" verwiesen.

Kooperation findet in der Natur statt, um im Überlebenskampf eine bessere Position zu haben. Die anfangs gestellte Frage, ob denn die Gene egoistisch oder kooperativ agieren, möchten wir in diesem Kapitel nur soweit beantworten, dass wir der Ansicht sind, dass auch Kooperation zum eigenen Vorteil missbraucht werden kann. Wie der Fall der blutsaugenden Fledermäuse und der anderen in diesem Kapitel dargestellten Beispiele zeigt, kann eine langfristige Kooperation nur durch ein ausgeglichenes und von beiden Seiten akzeptiertes Geben und Nehmen ermöglicht werden. Beide Seiten müssen einen Nutzen davon haben. Wer nur auf den eigenen Vorteil fokussiert ist, lebt mit dem großen Risiko, selbst vom Täter zum Opfer zu werden. Dazu wird uns die Spieltheorie im nächsten Kapitel einige mathematische Hintergründe liefern.

Die Idee, Lebewesen nur als Hüllen für egoistische Gene zu betrachten, ist aus unserer Sicht unrichtig, da die Kultur eines denkenden, fühlenden und daraus handelnden Menschen die rein genetische Strategie bewusst durchbrechen kann.

Die Funktion der Spiegelneuronen

Für eine gut funktionierende Kooperation ist ein weiterer Aspekt der Biologie, konkret der Neurobiologie, spannend die Spiegelneuronen: Strukturen, die gebildet wurden, um Kooperation zu unterstützen.

Bis zu ihrer Entdeckung im Jahr 1992 durch den italienischen Neurophysiologen Giacomo Rizzolatti waren Intuition (die Idee, zu wissen, was gleich passieren wird) und Empathie (das Einfühlungsvermögen in die Emotionen anderer) bekannt, aber nicht erklärbar. Beides, Intuition wie auch Empathie, sind für Kooperation hilfreiche Fähigkeiten und Grundlagen. Spiegelneuronen führen zum Beispiel bei Affen primär zu einer Nachahmung des gesehenen Handelns. Auch beim Menschen sind diese Nervenzellen zur Nachahmungsleistung angelegt. Der Homo sapiens sapiens ist aber aufgrund seiner bewussten Denkleistung fähig, von dieser reinen Form der Nachahmung Abstand zu nehmen und die Leistung der Spiegelneuronen weiterführend zu nutzen.

„*Die so genannten Spiegelneuronen stellen die physiologische Essenz der Empathie und Mitmenschlichkeit dar. Im Gehirn eines jeden Menschen angelegt, feuern sie nicht nur bei der Ausführung eigener Aktionen, sondern auch bei der reinen Beobachtung zielgerichteter Handlungen. Der Effekt: Spiegelneuronen lassen uns nachspüren und empfinden, was andere fühlen und denken. Dank dieses Mechanismus können wir uns in den Kopf, in das Gedankengut des Gegenübers hineinversetzen.*"[35]

Spiegelneuronen ermöglichen ein Resonanzphänomen, das beim Beobachtenden einer Aktion dieselben neuronalen Entladungen auslöst wie beim Handelnden. Menschen, welche die Handlungen anderer beobachten, aktivieren Netzwerke ihrer eigenen Handlungsneuronen. Bei ihnen tritt die Resonanz genau in jenen Zellnetzen auf, die auch dann feuern würden, wenn die jeweilige Versuchsperson die entsprechende Handlung selbst ausführte. Allerdings wird die innerlich vollzogene Handlung beim Beobachtenden nicht ausgeführt. Die Spiegelneuronen spiegeln Gesehenes, überführen es aber nicht in Handlung. Wir stehen vor einem sozialen Phänomen, das subbewussten Körperprozessen unterliegt und sich so der kognitiven Kontrolle entzieht.[36] So wird die Bewegung des Gegenübers auf körperliche Art und Weise empathisch nachvollzogen und gleichsam, ohne Zwischenschaltung und Vermittlung des Bewusstseins, körperlich verstanden.[37] Gleiches passiert auf der Ebene der Gefühle. Die Fähigkeit, Mitgefühl und Empathie zu empfinden, beruht darauf, dass unsere eigenen neuronalen Systeme spontan und unwillkürlich in uns jene Gefühle rekonstruieren, die wir bei einem Mitmenschen wahrnehmen.[38]

Wir orientieren uns aber so, ohne uns dessen bewusst zu werden, dass sich für uns daraus ein implizites Wissen ergibt. Spiegelneuronen machen Situationen – ob im Guten oder Schlechten – vorhersehbar und lassen uns ahnen, was kommen könnte.[39] Wenn jedoch die singuläre Ich-Perspektive durch eine Wir-Perspektive ergänzt wird (die eine Denkleistung voraussetzt), kann ausgehend vom körperlichen Verständnis einer Handlung ein gemeinsames Handeln folgen.[40]

D.h., wenn wir aufbauend auf unsere Empathie und Intuition, ausgehend von unseren Eigeninteressen, die gemeinsamen Interessen in den Blickpunkt nehmen, erreichen wir eine hohe Effizienz bei der Bewältigung von Problemen und Aufgaben in der gemeinsamen Umwelt, d.h. wir kooperieren. Wenn wir innerhalb einer Kooperation auf Intuition und Gefühle vertrauen, können wir den gemeinsamen Nutzen bestärken und untermauern bzw. absichern. Und mehr noch, denn:

Menschen sind Drogen für andere Menschen

Wie Joachim Bauer in einem Vortrag zu seinem Buch „Schmerzgrenze"[41] und auch in seiner neuesten Publikation[42] schreibt, sind Erfolge, die wir gemeinsam mit anderen erreichen, sehr viel lustbetonter.[43] Die Begründung dafür ist im Motivationssystem des menschlichen Gehirns zu finden. Die Macht des Motivationssystems beruht darauf, dass die Nervenzellen dieses Systems Botenstoffe produzieren, ohne die wir uns gar nicht wohlfühlen, ja ohne die wir auf Dauer gar nicht leben können.[44] D.h., von anderen Menschen Vertrauen zu erhalten und zu erleben, dass Mitmenschen bereit sind, in einer konkreten Situation mit der eigenen Person zu kooperieren, wird vom Motivationssystem mit einer sofortigen Reaktion beantwortet, und umgekehrt ist ein auf diese Weise in Gang gesetztes Motivationssystem ein sicheres Vorzeichen dafür, dass die Betroffenen sich ihrerseits vertrauensvoll und kooperativ verhalten werden. Dies wurde in einem konkreten Experiment augenscheinlich nachvollzogen: Während die Probanden entscheiden mussten, ob und wie viel sie für gute Zwecke spenden wollten, vermaßen die Wissenschaftler ihre Gehirntätigkeit und entdeckten, dass im Moment des Gebens dieselben Hirnareale aktiv sind, die auch die Freude über ein Geschenk auslösen. Das im Mittelhirn lokalisierte Motivationssystem schüttet bei erlebter Fairness, Vertrauen und sozialer Akzeptanz sogenannte Wohlfühl-Botenstoffe an den Synapsen der beteiligten Nervenzellen aus. Dies sind Dopamin (der Botenstoff, der auch bei Drogenkonsum ausgeschüttet wird) und körpereigene Opioide. Gleichzeitig reichen Nervenverbindungen auch in Regionen, in denen die Bindungshormone Oxytocin und Vasopressin zirkulieren. D.h. wir erleben Wohlbefinden, wenn wir Vertrauen erleben und wenn wir etwas für andere tun, während sich unser Gehirn offenbar darauf einstellt, unsere Beziehung zu diesen Menschen zu festigen.[45]

Zusammenfassung

Kooperation findet in der Natur in vielfacher Form statt. Eines ist all diesen Kooperationsformen gleich: Das Eigeninteresse (Egoismus) ist dem gemeinsamen Interesse (Altruismus), meist zeitweise, untergeordnet. Ziel dabei ist, die eigene biologische Fitness (Überleben, Nahrung, Fortpflanzung) im Moment oder für die Zukunft zu stärken. Kooperation ist im biologischen, wie auch im wirtschaftlichen Sinne eine praktikable Lösung, um sich schneller an veränderte Lebens- und Umweltbedingungen anzupassen.

3.2 Die Sicht der Spieltheorie: „Wege zum Ruhm"

Der Film „Wege zum Ruhm" von Stanley Kubrick, der diesem Kapitel namensgebend voran steht, spielt im ersten Weltkrieg und thematisiert als Antikriegsfilm die Vorkommnisse an der deutsch-französischen Front. Colonel Dax (Kirk Douglas) verteidigt in einem Militärgerichtsprozess einige Soldaten, die wegen Feigheit vor dem Feind hingerichtet werden sollen, weil sich ein General profilieren wollte. In diesem Stellungskrieg wurden viele Phänomene beobachtet, die später in die Spieltheorie einflossen und uns hier helfen, einen anderen Blick auf Kooperation zu werfen.

Unternehmer, Wirtschaftstreibende, NGOs, Vereine usw. agieren primär aus eigenem Interesse, sei es finanziell und gewinnorientiert oder ideell und gemeinnützig. Das Interesse, ein erklärtes Ziel zu erreichen, treibt das Handeln an. So war es auch im ersten Weltkrieg das Ziel, den Krieg zu gewinnen. Im Stellungskrieg dem Feind Land abzuringen, war das Ziel der Länder, der Machthaber und der Generäle, die Realität war aber eine andere: Die feindlichen Soldaten kooperierten untereinander, um sich gegenseitig am Leben zu lassen. Mitten in diesem erbitterten Konflikt verzichteten Soldaten an der Front häufig auf gezieltes Feuer, vorausgesetzt, ihre Zurückhaltung wurde von den Soldaten der anderen Seite erwidert. Die Soldaten dieser einander gegenüberliegenden Einheiten verletzten tatsächlich Befehle ihres eigenen Oberkommandos, um eine stillschweigende Übereinkunft miteinander zu erreichen.[46] Das Ziel „Leben und Leben lassen" war das Ziel der Soldaten, das sie „im Feindkontakt" mit Hilfe von Kooperation erreichten. Die Soldaten des Ersten Weltkrieges haben an der Front das getan, was die Spieltheorie Unternehmen empfiehlt: kooperieren statt konkurrieren, um den „Weg zum Ruhm" zu finden.

Robert Axelrod analysiert in seinem Buch „Die Evolution der Kooperation", unter welchen Bedingungen Kooperation in einer Welt von Egoisten entstehen kann. Ziel ist, die Bedingung der Entstehung von Kooperation herauszuarbeiten, um geeignete Maßnahmen ergreifen zu können, die die Entwicklung der Kooperation fördern. Ein für unser Buch sehr zentrales Anliegen.

Axelrod untersucht die Frage mit Hilfe des Gefangenendilemmas.[47] Das Gefangenendilemma ist ein Spiel mit zwei Spielern, von denen jeder zwei Entscheidungsmöglichkeiten hat, nämlich zu kooperieren oder nicht zu kooperieren (zu defektieren, von lat. deficere, schwächen). Jeder muss seine Wahl treffen, ohne zu wissen, wie der andere sich verhalten wird.

Das Gefangenendilemma ist eine abstrakte Formulierung einiger sehr verbreiteter und interessanter Situationen, in denen Defektion für jede Person individuell am vorteilhaftesten ist, während andererseits jeder durch wechselseitige Kooperation besser gestellt wäre. Solche Situationen erleben wir im wirtschaftlichen Handeln immer wieder und sie sind uns aus der Welt der Sprichwörter bekannt: „Wenn sich zwei streiten, freut sich der Dritte."

„Zwei Egoisten, die das Spiel einmal spielen, werden also beide ihre dominante Strategie, nämlich Defektion wählen, und jeder wird als Ergebnis weniger bekommen als das, was beide bei wechselseitiger Kooperation hätten erhalten können."[48]

Wenn zwei Unternehmen das gleiche Produkt anbieten, kann eine Überlegung sein, den Mitbewerber vom Markt zu verdrängen, eine andere Überlegung könnte auch sein: Was ist der Vorteil eines Mitbewerbers mit dem gleichen Produkt und wo können wir eventuell kooperieren?

Robert Axelrod hat zur Lösung der Fragestellung „Wie entwickelt sich Kooperation?" einfache Computerprogramme mit unterschiedlichen Strategien gegeneinander antreten und sie mehrere Runden spielen lassen. Er vergleicht die in diesem Computerturnier angewandten Strategien auf ihre Brauchbarkeit, das oben genannte Dilemma zu lösen. Die erfolgreichste Strategie ist TIT FOR TAT („Wie Du mir, so ich Dir"). TIT FOR TAT bedeutet, im ersten Zug zu kooperieren und dann zu tun, was der andere Spieler im vorangegangenen Zug gemacht hat, jedoch prinzipiell Kooperationsbereitschaft zu signalisieren.

Ein Beispiel: Die Kooperation zweier Unternehmen im Filmbereich besteht darin, sich einerseits Equipment zu leihen und sich andererseits mit Dienstleistungen (Kameramann + Assistent) bei Produktionsaufträgen zu unterstützen. Für beide Leistungen stellen sich die Unternehmen gegenseitig Rechnungen. Der Nutzen dieser Kooperation besteht darin, eine höhere Ressourcenauslastung bei individuellem Marktauftritt zu erzielen. Die Vereinbarung lautet, den jeweils anderen primär um die Leistung anzufragen, und nur wenn dieser ablehnt, jemanden anderen zu fragen bzw. an anderer Stelle das Equipment zu mieten (siehe Kapitel 8.10 Wirtschaftliche Schwierigkeiten lindern).

Nun verzögert eines der beiden Unternehmen die Bezahlung der Rechnungen und nimmt Equipment, ohne es zu bezahlen. Im Sinne des TIT

3.2 Die Sicht der Spieltheorie

FOR TAT Prinzips gilt es nun, dasselbe zu tun und die angebotene Ressource nicht weiter zur Verfügung zu stellen, d.h. das angebotene Equipment wegzusperren. Diese Eskalation ist auch passiert und hat zu einem klärenden Gespräch und einer neuen Kooperationsvereinbarung geführt. TIT FOR TAT hat in diesem Fall funktioniert.

TIT FOR TAT in sozialen Systemen

Bei dem Experiment von Axelrod traten Computer gegeneinander an und nicht soziale Wesen, die miteinander kommunizieren, interagieren oder Nebenabsprachen treffen. Gerade aufgrund der Einfachheit dieses Systems ist es spannend, die weiteren Schlussfolgerungen zu betrachten. Robert Axelrod leitet aus seiner Analyse vier Eigenschaften ab, die gegeben sein müssen, dass Entscheidungsregeln wie TIT FOR TAT ihre Wirkung entfalten können.[49]

1. Vermeidung unnötiger Konflikte durch eigene Kooperation, solange der andere Spieler kooperiert.
2. Die Spieler lassen sich durch Defektionen der jeweils anderen provozieren.
3. Nachsichtigkeit nach der Antwort auf eine Provokation.
4. Verständlichkeit des Verhaltens, damit der andere Spieler sich an das Verhaltensmuster des Spielers anpassen kann.

Diese vier Eigenschaften sind in jedem sozialen System zu finden, d.h. es ist der Schluss zulässig, dass TIT FOR TAT auch auf soziale Systeme anwendbar ist. Das oben geschilderte Beispiel zeigt dies deutlich. Aus TIT FOR TAT ergeben sich somit vier einfache Vorschläge für das individuelle Entscheidungsverhalten:[50]

- Sei nicht neidisch auf den Erfolg des anderen Spielers.
- Defektiere nicht als erster.
- Erwidere sowohl Kooperation als auch Defektion.
- Sei nicht zu raffiniert.

Für die Anwendung auf soziale Systeme ergeben sich nun zwei weitere Fragen: Was passiert, wenn der Andere ausschließlich defektiert, und was verändert sich in einer komplexen sozialen Struktur?

„Es hat sich gezeigt, dass ein einzelnes Individuum, welches eine freundliche Strategie wie TIT FOR TAT verwendet, nicht in eine Population von Böswilligen

eindringen konnte, die stets defektieren. Bestand aber ein Minimum an sozialer Struktur unter den Eindringlingen, konnte sich eine andere Situation ergeben. Wenn sie sich in einer Gruppe befanden, so dass wenigstens ein kleiner Teil ihrer Interaktion miteinander erfolgte, dann konnten sie in die Population Böswilliger eindringen." [51]

Sozialstruktur und soziale Gesetzmäßigkeiten können also Kooperation positiv beeinflussen, zum Teil noch bevor die erste Handlung gesetzt wird, wie die weiteren Ausführungen zeigen.[52]

Etikettierungen, Stereotype und Statushierachien

Beziehungen werden häufig durch beobachtbare Merkmale wie Geschlecht, Alter, Hautfarbe oder durch die Art der Bekleidung beeinflusst. Solche Signale ermöglichen es einem Spieler, eine Interaktion mit einem Fremden in der Erwartung zu beginnen, dass der Fremde sich wie andere verhalten wird, die die gleichen beobachtbaren Merkmale haben. Derartige Merkmale können also einen Spieler im Prinzip in die Lage versetzen, bereits vor Beginn der Interaktion einige nützliche Informationen über die Strategie des anderen Spielers zu besitzen.

Reputation

Die Reputation eines Spielers schlägt sich in den Annahmen anderer über die Strategie nieder, die der Spieler benutzt. Reputation wird typischerweise durch die Beobachtung der Handlungen des Spielers bei Interaktionen mit anderen Spielern begründet.

Mit den beiden Aussagen zu Etikettierungen und Reputation bestätigt Axelrod ein Prinzip, das wir im vorhergehenden Kapitel angesprochen haben. Die blutsaugenden Fledermäuse beobachten ihre Artgenossen und stimmen ihr Verhalten entsprechend deren Verhalten ab. Diejenigen, die kooperativ den anderen von ihrer Nahrung abgeben, bekommen von den anderen, wenn sie bei der Jagd nach Blut leer ausgegangen sind (entsprechend ihrer Reputation). D.h., das Vertrauen in eine gelingende Kooperation kann auch aufgrund von Beobachtungen hergestellt werden. Dieses Vertrauen ist eine wichtige Grundlage für eine gelingende Kooperation. Es muss natürlich im Verhalten des Kooperationspartners eine Bestätigung finden. Das Prinzip der TIT-FOR-TAT-Strategie empfiehlt als ersten Spielzug, zu kooperieren. Somit stellen Sie Vertrauen her oder bestätigen Vertrauen, das Ihnen vom möglichen Kooperationspartner entgegengebracht wird.

TIT FOR TAT im Alltag

TIT FOR TAT ist nicht die Universalregel - es gibt Situationen und Konstellationen, in denen andere Strategien besser abschneiden. Axelrod[53] findet in seiner Analyse mehrere Strategien, die in speziellen Situationen mehr Erfolg aufweisen. TIT FOR TAT ist aber in vielen Situationen universell einsetzbar, wenn die folgenden Bedingungen erfüllt sind.

Für TIT FOR TAT muss zum Beispiel der „Schatten der Zukunft" hinreichend groß sein, d.h. das Gewicht der nächsten Begegnung zweier Individuen (zum Beispiel das Interesse an der Kooperation, möglicher Nutzen) groß genug sein. TIT FOR TAT ist in manchen Situationen nicht nachsichtig genug. Wenn zum Beispiel der andere Spieler einmal defektiert, wird TIT FOR TAT immer mit einer Defektion antworten, und wenn der andere Spieler dieselbe Antwort gibt, ist es ein nicht endendes Echo abwechselnder Defektion. Es braucht also die Nachsichtigkeit nach einer Antwort auf eine Defektion.

Was aber für TIT FOR TAT spricht, ist, dass es in einer umfangreichen Menge verschiedenartiger Situationen erfolgreich abschneidet und eine einfache Strategie im Meer der komplexen Möglichkeiten ist, zu Kooperation zu kommen. Nicht universell anwendbar, aber durchaus erfolgreich, wenn unterschiedliche Formen egomanischer und egoistischer Kooperationspartner aufeinander treffen, wie das Praxisbeispiel „Niemand macht meinen Job besser als ich selbst" in Kapitel 8.11 zeigt.

Die ausgesprochene Einfachheit der Strategie macht es leicht, sie als festes Verhaltensmuster zu betrachten, das leicht wiederzuerkennen ist. Andere Strategien brauchen oft mehr Zeit und damit eine höhere Investition, um Erfolg zu haben. Gerade in wirtschaftlich schwierigen und schnelllebigen Zeiten stellt sich die Frage, ob die Zeit und das verfügbare Investitionsvolumen ausreichen, um diese Strategie zum Erfolg zu führen. Am Schluss bleibt einmal mehr: TIT FOR TAT.

Die Elemente eines Kooperations-Spieles

Die oben gestellte Frage „Was ist der Vorteil eines Mitbewerbers mit dem gleichen Produkt am Markt und wo können wir eventuell kooperieren?" möchten wir hier noch einmal aufgreifen. Eine Erweiterung der spieltheoretischen Überlegungen von Robert Axelrod gibt zu dieser Frage reizvolle Antworten.

Adam Brandenburger und Barry Nalebuff haben 2008 mit ihrem Buch „Coopetition, Kooperativ konkurrieren - Mit der Spieltheorie zum Geschäftserfolg" die Spieltheorie um das Wertenetz erweitert:[54]

Bild 14 Das Wertenetz

Die Spieltheorie konzentriert sich direkt auf die Kernfrage, wie man die richtige Strategie findet und die richtigen Entscheidungen trifft, das Wertenetz liefert eine Grundlage für die Entscheidungen, indem es über das Gut-Böse-, Freund-Feind-Schema hinaus denkt. Das Wertenetz teilt die Welt rund um das Unternehmen in Kunden, Lieferanten, Konkurrenten und Komplementäre. Besonders interessant scheint die Rolle des Komplementärs (Bild 14):

Aus Sicht des Kunden ist ein Spieler Ihr Komplementär, wenn Kunden Ihr Produkt höher bewerten, sofern sie auch das Produkt des anderen Spielers haben. Würstchen schmecken mit Senf besser als ohne. Somit ist der Senfproduzent der Komplementär zum Würstchenproduzent, denn der Senfproduzent vervollständigt das Würstchen.

Ein Spieler ist hingegen Ihr Konkurrent, wenn Kunden Ihr Produkt geringer bewerten, sofern sie das Produkt des anderen Spielers haben (zum Beispiel Coca-Cola und Pepsi-Cola). Beide Getränke verfolgen dasselbe Ziel. Daher stellt sich für Sie die zentrale Frage: Was könnten Kunden kaufen, damit mein Erzeugnis für sie wertvoller wird?

Aus Sicht des Lieferanten ist ein Spieler Ihr Komplementär, wenn es für einen Lieferanten attraktiver ist, Sie zu beliefern, wenn er auch den anderen Spieler beliefert. Wenn also Firma A den Frachtcontainer mit Firma B (siehe Praxisbeispiel „Kooperation auf dem Transportsektor", Kapitel 8.1) teilt, um Kosten zu sparen, sind beide Firmen Komplementäre.

Ein Spieler A ist Ihr Konkurrent, wenn es für einen Lieferanten weniger attraktiv ist, Sie zu beliefern, wenn er auch den Spieler A beliefert. Denken Sie beim Begriff Lieferanten nicht nur an den klassischen Begriff des Rohstoff- oder Bauteillieferanten, sondern über Branchengrenzen hinweg:

Banken sind Lieferanten, Arbeitnehmer sind Lieferanten, die dem Unternehmen Arbeit, Fachwissen und Zeit liefern. So könnten zwei kooperierende Unternehmen zum Beispiel Mitarbeiter teilen. Die Mitarbeiter sind vollbeschäftigt und bringen ihr Know-how in beide Unternehmen ein, machen bei einem Unternehmen Erfahrungen, die sie bei dem andern umsetzen können und umgekehrt. Ein selbstständiger Filmproduzent mit der Spezialisierung auf Dokumentarfilme arbeitet 20 Stunden fest angestellt bei einem Institut für Medienbildung in der Sparte Medienproduktion. Weitere Filmproduktionsaufträge übernimmt er in Absprache mit dem Geschäftsführer der Medienbildungsinstitution in seiner Selbständigkeit und produziert die Filme im eigenen Unternehmen. Beide Institutionen sind Komplementäre in der Filmproduktion. Der Produzent hat eine Grundauslastung durch seine 20-Stunden-Beschäftigung, das Institut hat einen Partner, der ihm günstige Konditionen bietet, ohne dass das Institut eine teure Ausrüstung anschaffen muss.

Daher ist die Frage lohnend: Wen könnten meine Lieferanten noch beliefern, damit die Produkte für mich günstiger werden? Etwa meine Konkurrenten, die die gleichen Produkte auf den Markt bringen? Das hieße eine Kooperation mit meinem Mitbewerber einzugehen. Das allein schafft mir vielleicht noch keinen Vorteil. Eine weitere Kooperation mit einem Komplementär, der mir die Butter auf das von mir produzierte Brot schmiert (oder der meine Butter auf das von ihm produzierte Brot schmiert), ist der nächste Schritt.

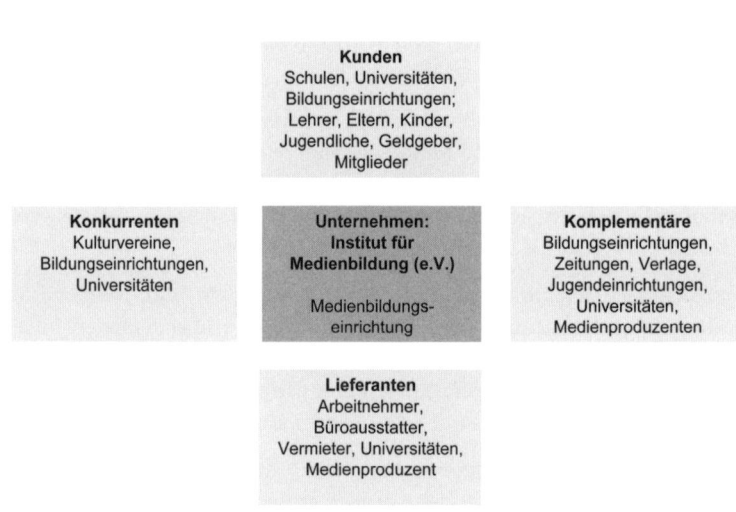

Bild 15 Das Wertenetz einer Medienbildungseinrichtung

„Es passiert leicht, sich nur auf Teile Ihres Geschäftes zu konzentrieren und andere Teile zu vernachlässigen. Das Wertenetz dient dazu, dieser Verzerrung entgegenzuwirken. Es veranschaulicht alle vier Arten von Spielern, mit denen Sie in Wechselbeziehung stehen, und es betont die Symmetrien zwischen Kunden und Lieferanten und zwischen Konkurrenten und Komplementären." [55]
Es besteht die Tendenz, jeden neuen Spieler als Konkurrenten anzusehen. Viele Spieler konkurrieren aber nicht nur, sondern ergänzen sich auch. Es lohnt sich, nach Gelegenheiten für Ergänzungen und nach Bedrohung durch Konkurrenz Ausschau zu halten. So sind Unternehmen oft Komplementäre bei der Schaffung von Märkten, aber Konkurrenten bei der Aufteilung von Märkten.

Das eigene Wertenetz und das Ihrer Kunden, Lieferanten, Konkurrenten und Komplementäre hilft, die Perspektive zu wechseln, um zu neuen Kooperationen zu kommen. In Bild 15 finden Sie das Wertenetz des Institutes für Medienbildung. Bei der Erstellung ist uns aufgefallen, dass viele der Mitbewerber sich auch in den anderen Quadranten wiederfinden. Entsprechend laufen auch die Kooperationen. So teilt das Institut einen Mitarbeiter mit einer Jugendeinrichtung, ein weiterer Mitarbeiter ist gleichzeitig Geschäftsführer eines kooperierenden Unternehmens mit einem ergänzenden Unternehmensprofil.

Die Elemente eines Spieles

Wenn das Institut für Medienbildung, mit der Abteilung „Filmproduktion mit jungen Menschen", einem direkten Konkurrenten am Markt, einer Studentin, die ebenfalls Filmproduktion mit jungen Menschen anbietet, die Kooperation anbietet, dann hat das folgende Gründe:

- Gegenseitige Stärkung am Markt (gemeinsame Bewerbung, geteilte Geräteressourcen, Kosteneinsparung, …),
- Vermeidung von Konkurrenz (Marktanteil für beide Seiten wird größer),
- Know-how-Austausch/Ergänzung, Know-how-Stärkung.

Da diese Kooperation aus einer Konkurrenz/Mitbewerber-Situation entstanden ist, besteht sie am Anfang als sehr zerbrechliches Gebilde. Der Schritt zurück in die Konkurrenzsituation kann von beiden Seiten schnell vollzogen werden und eine neuerliche Kooperation ist dann schwerer wieder herstellbar. Aus diesem Grund erscheint besonders wichtig, auf die Elemente und Rahmenbedingungen des Spieles bzw. der Kooperation zu achten.

Die Rahmenbedingungen erarbeiten Adam Brandenburger und Barry Nalebuff im Zuge Ihrer Überlegungen als die fünf Elemente eines Spieles:[56]

Elemente eines Spieles
- Die Spieler – siehe Wertenetz.
- Mehrwert – damit messen Sie, was sie ins Spiel einbringen. Um Ihren Mehrwert zu ermitteln, stellen sie sich vor, wie die Welt ohne Sie wäre.
- Regeln – Sie strukturieren die Art, wie man ein Spiel spielt.
- Wahrnehmungen – Spiele sind von den unterschiedlichen Wahrnehmungen der Mitspieler beeinflusst.
- Spiel-Raum – die Grenzen, die bei der Definition eines Spiels unausgesprochen vorausgesetzt werden.

All diese Elemente werden sie in diesem Buch immer wieder finden. Vielleicht unter anderen Bezeichnungen, weil uns ein anderer Schwerpunkt wichtig ist. So bezeichnen wir Spieler oft als Kooperationspartner, Mehrwerte als Leistungen der Kooperationspartner, Regeln tauchen beim Thema Verträge wieder auf, Wahrnehmungen u.a. beim Thema Gefühle und Empathie, aber auch interkulturelle Aspekte spielen eine Rolle, sowie die Spiel-Raum-Grenzen bei den Systemischen Ansätzen.

Alle diese Elemente sind veränderbar und damit ist das Spiel veränderbar. Viele Menschen betrachten Spiele egozentrisch, sie konzentrieren sich auf ihre eigene Position. Die Spieltheorie lehrt uns dagegen, wie wichtig es ist, sich auf andere zu konzentrieren, sich in die anderen Spieler hineinzuversetzen, oder eine andere Perspektive einzunehmen.

Aus beiden beschriebenen Quellen zur Spieltheorie der Kooperation ist Folgendes abzuleiten: Es gibt keine Universalstrategie! TIT FOR TAT ist eine gute Strategie, aber nicht in allen Situationen und Kontexten die erfolgreichste. Kooperation findet nicht im Zahlenlabor der Spieltheoretiker statt, sondern im realen Geschäftsleben. Aus diesem Grund, und auch das lässt sich aus der Spieltheorie ableiten, erscheint es uns als wichtig, die fünf Elemente des Spiels im Auge zu haben und sie laufend den Gegebenheiten anzupassen.

Dudley Lynch und Paul Kordis haben diesem Verhalten, aufbauend auf die Spieltheorie, einen Namen gegeben: Delfinstrategien.[57]

Delfinstrategien

„Seit mindestens 40.000 Jahren, und es dauert wahrscheinlich schon viel länger an, haben die Menschen, ihre Familien und ihre kommerziellen und sozialen Organisationen bezeichnenderweise zwei Strategien angewandt, um mit der Welt zurechtzukommen. Die Strategie des Karpfens. Und die Strategie des Hais."[58]

Die Strategie des Karpfens ist, nicht zu gewinnen. Er glaubt an den Mangel und aufgrund dieses Glaubens erwartet er nicht, dass er sich jemals alles leisten kann oder haben wird. Wenn er sich dem Lernen und der Verantwortung nicht entziehen kann, dann opfert er sich.

Die Strategie des Hais ist, gewinnen zu müssen. Der Hai glaubt auch an den Mangel. Aufgrund dessen beabsichtigt er, um jeden Preis so viel wie möglich zu bekommen. Zuerst versucht er, die anderen zu schlagen, und wenn das nicht gelingt, versucht er, sich den anderen anzuschließen.

Beide agieren in einer Win-Lose-Strategie, mit dem Denken, dass es in dem Spiel nur Gewinner und Verlierer gibt.

Dem gegenüber steht die Strategie des Delfins: Delfine sind in ihrem Verhalten nicht eindeutig zuordnenbar, sie haben keine klare Strategie, ihre Stärke steckt im Wechsel der Strategie. Manchmal agieren sie wie ein Karpfen, manchmal wie ein Hai, und dann wieder ganz anders. Delfine bewegen sich, wie sie es in der freien Natur tun, wendig, flink, mal schnell, mal langsam. Delfine hinterfragen und reflektieren die eigenen Werte und die der anderen. Sie agieren in einer Win-Win-Strategie und glauben, dass beide Seiten gewinnen können. Delfine geben nicht leicht auf oder nach, es sei denn, sie erkennen ihre Unterlegenheit.[59] Dann können sie kapitulieren. Delfine tendieren zu keiner Ideologie. Wenn es aber wichtig ist, können sie in hohem Maße politisch handeln. Delfine lieben es, zu gewinnen. Aber sie haben nicht das Bedürfnis, dass ein anderer verliert, es sein denn, er besteht darauf. Delfine „sagen" die Wahrheit und vermeiden es, Zeit, Energie und andere Ressourcen auf nutzlose, unproduktive Dramatik zu verschwenden. Delfine verfügen über eine Vision, wie die Firma, die Organisation, die Welt ihrer Ansicht nach aussehen sollte, aber sie verhalten sich deswegen nicht wie Kamikaze-Flieger. Delfine handeln fast immer nach „dem großen Ganzen", aber sie sind auch dazu fähig, sich auf das kleinste Detail zu konzentrieren. Delfine schlagen schnell zurück, wenn die Situation es verlangt, aber sie verzeihen sofort, denn sie wissen, dass Neid und Zorn in einem fließenden, kreativen Universum eine unhaltbare Barriere sind. Und zu guter Letzt:

„Delphine sind keine Wesen, die nach Vorschriften leben, auch dann nicht, wenn diese in einem Buch mit dem Titel Delphinstrategien niedergelegt sind."[60]

Keine Kooperation läuft wie die vorherige, noch wie eine weit zurück liegende – Kooperation ist eine Interaktion zwischen Individuen, und Individuen agieren individuell, selbst wenn in vielen Büchern klare Vorschriften und Tipps zum Verhalten verschriftlicht sind. D.h., die aus unserer Sicht einzige Form, eine gelingende Kooperation zu führen, ist die Sicht der Delfine.

Wenn wir im Weiteren unterschiedliche Modelle, Ansichten, Kooperationsstrategien beschreiben, dann möchten wir Sie einladen, mit diesen unterschiedlichen Zugängen wie ein Delfin zu agieren: Mit ihnen zu spielen, sie auszuprobieren, sie wieder wegzulegen, sie zu verwerfen, sie weiterzuentwickeln, sie zu Ihrem Handlungsrepertoire hinzuzufügen.

4 Wege zur Kooperation

Im vorhergehenden Kapitel haben wir einen Blick auf Kooperation aus anderen, unserer Arbeit fernen Disziplinen geworfen. In diesem Kapitel ist uns wichtig, einen Blick auf Kooperation aus verwandten und uns vertrauten Disziplinen und Schulen zu werfen. Nicht ein einziger, sondern „viele Wege führen nach Rom", und so entstehen mehrere Möglichkeiten und Wege, zu guten Kooperationen zu kommen. Einige dieser erfolgsversprechenden Ansätze und Zugänge werden wir hier beschreiben. Manchmal sind es keine klar vorgezeichneten Wege, sondern nur Wegweiser. Diese Wege und Wegweiser wurden oft in anderen Kontexten entwickelt. Wir verbinden sie hier mit unserem Anspruch an eine gelingende Kooperation.

Die Fragen, die uns bei unserer Recherche geleitet haben, sind folgende:

- Wie wird Kooperation aus Sicht der anderen Disziplinen gesehen?
- Welche Aspekte sind aus Sicht dieser Haltungen für Kooperation wichtig?
- Welchen Nutzen können wir für Kooperation ableiten?
- Welche Wege sind beschreitbar, um zu guter Kooperation zu kommen?

Wir werden hier also kooperatives Handeln aus dem Blickpunkt eines der Axiome von Paul Watzlawick, im Fokus systemischer Herangehensweisen und aus Sicht der Transaktionsanalyse beleuchten. Zuletzt betrachten wir Kooperation aus der Sicht der ganzheitlichen Organisationsentwicklung.

4.1 Das Eisbergmodell: *„Im Rausch der Tiefe"*

Der Titel des Films „Im Rausch der Tiefe" von dem französischen Regisseur Luc Besson aus dem Jahre 1988 scheint uns passend für dieses Kapitel. Denn auch wenn es anfänglich schwierig scheint, sich zwischenmenschliche Beziehungen in Kooperationen detailliert anzusehen, kann es bei genauerem Hinsehen doch zu einer Art Rausch werden, ebenso wie die beiden Tiefseetaucher Enzo und Jacques bei ihren Apnoetauchgängen vor der Küste Siziliens in eine Art Rausch verfallen. Anders als in Kooperationen geht es jedoch in dem Film um konkurrentes Wett-Tauchen, mit dem Ziel, eine neue Weltrekordmarke zu setzen. Die Faszination der Taucher möchten wir als Anregung nehmen, uns dem „Tiefen-Geschehen" von Kooperationen zu widmen.

Die Aussicht auf das Gelingen von Kooperationen erhöht sich, wenn wir uns bewusst machen, dass menschliches Zusammenleben parallel auf zwei Ebenen abläuft. Paul Watzlawick, ein bedeutender Kommunikationswissenschaftler und Psychotherapeut, hat in seinen Arbeiten erkannt, dass Kommunikation zwei Aspekte gleichzeitig enthält:[61]

- den Inhaltsaspekt und
- den Beziehungsaspekt.

In der Literatur wird das Bild des Eisbergs genutzt, was bedeutet, dass wie bei einem Eisberg 1/7 über der Wasseroberfläche liegt, in der Kommunikation würde das dem inhaltlichen Aspekt entsprechen. 6/7 eines Eisbergs liegen unter der Wasseroberfläche, das entspricht dem zwischenmenschlichen Aspekt, wie Gefühlen, nonverbaler Sprache usw. (Bild 16). Sehen wir uns das Geschehen in einer Kooperation einmal durch eine Brille an,

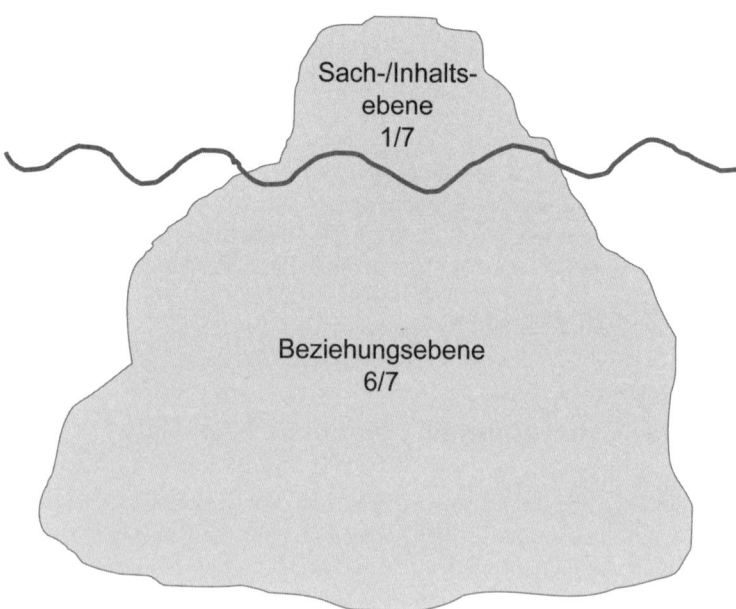

Bild 16 Das Eisbergmodell nach Paul Watzlawick

ebenso wie wir uns den Eisberg im Meer mit einer Taucherbrille ansehen könnten. In einer Kooperation können wir uns die Taucherbrille gleichzeitig aufsetzen, mit der Absicht, Klarheit und Transparenz in unserer Zusammenarbeit zu schaffen.

Wir meinen, Kooperieren heißt im Wesentlichen zu kommunizieren. Kommunizieren ist ein wesentlicher Bestandteil von Kooperation dergestalt, dass erforderliche Absprachen, wie eine gemeinsame Vision, ein Kooperationsziel usw. im Austausch symmetrisch ausdiskutiert werden.

Symmetrischer Austausch bedeutet, gleichberechtigte Partner zu sein, die sich in einem „echten Dialog nach Aristoteles"[62] austauschen, „in dem Geltungsansprüche auf ihre Berechtigung geprüft werden". Hier äußert einer der Kooperationspartner seine Gründe, und sein Kooperationspartner überprüft diese Gründe auf Logik, Nachvollziehbarkeit und Glaubwürdigkeit, vergleicht sie auf ihre Stimmigkeit und konfrontiert seinen Partner möglicherweise mit seinem eigenen Wissen und Überzeugungen.

Was meinen wir nun genau, wenn wir von Sach- oder Beziehungsebene im kooperativen Miteinander sprechen?

Wenn wir uns die Grafik des Eisbergs noch einmal vor Augen führen, entsprechen Wissen und Überzeugungen dem inhaltlichen Aspekt, ebenso wie zum Beispiel eine gemeinsame Kooperationsvision entwickeln, Ziele vereinbaren, Verträge schließen u.v.m. (siehe Bild 17).

Die Beziehungsebene beschreibt die Qualität der Interaktion, zeigt nach außen, wie wir uns in Interaktion begegnen:

- Akzeptanz des Anderen.
- Verstehen wollen des Anderen.
- Den Anderen ernst nehmen.
- Die gegenseitige Erwartungs- und Anspruchshaltung.
- Voneinander profitieren.

Dazu kommen unsere Gefühle (siehe Kapitel 5.3 „Die Rolle von Emotionen"), die meist in unserer Körpersprache zum Ausdruck kommen. Gefühle wie Freude, Trauer, Angst, Liebe, Euphorie usw.

Die Beziehungsebene wird noch ergänzt durch:

- Die (inter-)kulturelle Prägung: Wie sind wir aufgewachsen, wie wurden wir erzogen?
- Welche Gepflogenheiten haben uns im Laufe der Jahre geprägt?
- Welche Menschen haben uns (nachhaltig) beeinflusst?

4.1 Das Eisbergmodell

- Welche Glaubenssätze lenken unser Handeln?
- Schlussendlich auch: Nach welchen Prinzipien und Werten – Sicherheit, Reichtum, Integrität, Treue usw. – leben wir?

Der Beziehungsanteil zwischen den Menschen überwiegt, weil wir Menschen uns von unseren Gefühlen oft unbewusst leiten lassen. Unsere Gefühle wiederum finden ihren Ursprung in einer vielleicht anerzogenen Wertehaltung, aber auch in unseren Bedürfnissen und Motiven (siehe Kapitel 5.2).

Sowohl über die sachlichen Aspekte, aber auch über Aspekte unseres zwischenmenschlichen Miteinanders können wir uns (und müssen vielleicht) in Kooperationen austauschen und sie gemeinsam verhandeln, indem wir uns gegenseitig mit Argumenten überzeugen – dabei auch die Kritik unseres Kooperationspartners hören, ernst nehmen, annehmen und erkennen, welche Blickwinkel ihm wichtig sind, um uns gegenseitig

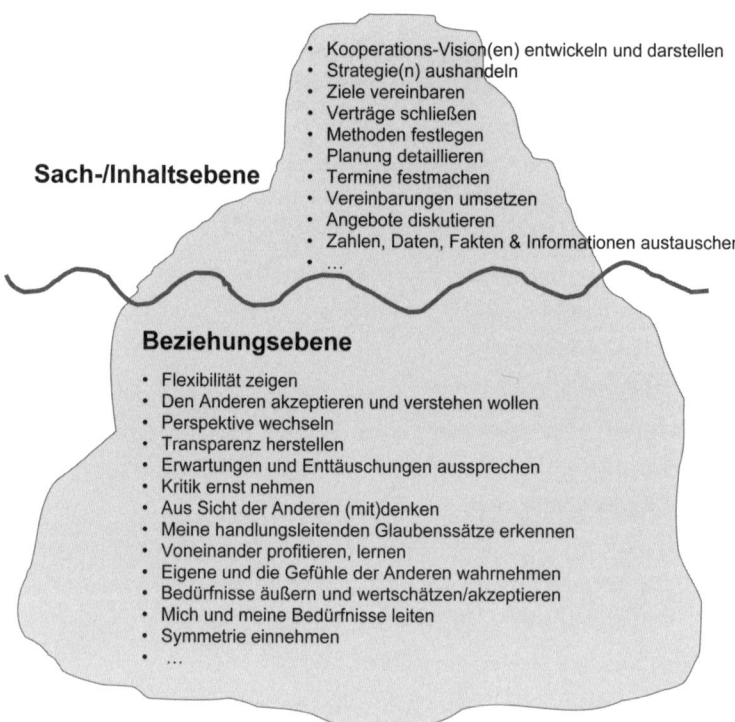

Bild 17 Das Eisbergmodell: Was hinter Sach- und Beziehungsebenen steckt

anzunähern. Mit dem Ziel, den Worten Taten folgen zu lassen und Handlungen abzuleiten.

Zentrale Dimensionen im kooperativen Handlungsprozess

Wir legen zugrunde, dass wir kooperieren, um eine gemeinsame Vision zu schaffen und Realität werden zu lassen.

Dazu sind Handlungen jedes Kooperationspartners erforderlich, die gegenseitig abgestimmt und verhandelt wurden. Folgende vier Dimensionen unterstützen uns als Kooperationspartner, unsere Handlungen in einem kommunikativen Miteinander zu erreichen (Bild 18):

- Symmetrie einnehmen & erreichen
  vs. Asymmetrie oder Kampf (mit Sieg oder Niederlage)
- Transparenz herstellen
  vs. Verschleiern & manipulieren
- Perspektiven-Übernahme demonstrieren
  vs. Perspektiven-Abschottung behaupten
- Flexibilität zeigen
  vs. In Fixiertheit verharren.[63]

Sehen wir uns jeweils die Gegenpole an, erkennen wir hier Potentiale für Störungen und Konflikte (mehr dazu in Kapitel 6).

Bild 18 Zentrale Dimensionen

4.1 Das Eisbergmodell

In der Schifffahrt waren Eisberge früher deswegen so gefährlich, weil ohne Echolot die großen Eisberg-Anteile unter Wasser nur schwer bis gar nicht geortet werden konnten und es immer wieder zu Kollisionen kam. Heute, mit der modernen Navigationstechnik, ist dieses Problem behoben und man fährt wesentlich sicherer, auch durch die (ant)arktischen Gewässer. So auch in der Kooperation: Wir kommen nicht umhin, mit kommunikativen Fertigkeiten in der Kooperation „unter Wasser", also auf unsere Zusammenarbeit und unser Miteinander zu schauen. Denn wie Paul Watzlawick[64] treffend formuliert: „Wir Menschen können nicht nicht kommunizieren bzw. wir können uns nicht nicht verhalten."
Kommunikation läuft also immer auf zwei Ebenen ab, und wir können keine der beiden ausschalten. Und die Beziehungsebene ist für die Kooperation mit anderen die wichtigere, aber auch die sensiblere Ebene.

4.2 Von der Anpassung zur Autonomie: „Die Farbe des Geldes"

Wenn zwei Menschen gleichberechtigt, in einem partnerschaftlichen und wertschätzenden Umgang miteinander, mit einem gemeinsamen Ziel den Weg gemeinsam gehen, dann sprechen wir von gelingender Kooperation. Wenn sie dabei eine ethische Grundhaltung mit Verantwortungsbewusstsein für sich und andere an den Tag legen, sind wir davon überzeugt, dass es eine erfolgreiche und langfristige Kooperation sein kann. Diese Form des Handelns wird mittels Autonomie aller Kooperationspartner möglich, braucht eine Loslösung und Eigenständigkeit, wie sie Schüler von Lehrern vollziehen, um selbst Meister zu werden. Im Film „Die Farbe des Geldes" geht es im Gegensatz zu dem Buch nicht um Kooperation. Sondern im Vordergrund steht die Erreichung von Autonomie, die für Kooperation eine gute Voraussetzung bietet. In dem Film von Martin Scorsese löst sich der Schüler von seinem Meister, um in einen Pool-Billard-Turnier gegen ihn anzutreten.

Im Folgenden möchten wir uns dem Thema Kooperation aus Sicht der Transaktionsanalyse (TA) nähern, mit dem Ziel, Autonomie in Kooperation zu erreichen. Die Transaktionsanalyse wurde von Eric Berne (1910 – 1970), einem amerikanischen Arzt und Psychotherapeuten, in den 50er Jahren entwickelt. Sie ist eine Schulrichtung der Psychologie, die Erfahrungen und Konzepte aus der Tiefenpsychologie, der Gehirn- und Verhaltensforschung und der humanistischen Psychologie verknüpft. Die TA verfolgt das Ziel, dem Menschen einen freien Umgang mit sich selbst und mit anderen zu ermöglichen[65] und beschreibt dies mit dem Begriff Autonomie. D.h., das Ziel der Transaktionsanalyse, den Menschen die Möglichkeit zu geben, sich zu selbstverantwortlich denkenden, fühlenden und handelnden Personen zu entwickeln, sollte auch eine Grundhaltung von Kooperation sein. Die Transaktionsanalyse bezeichnet diese Grundhaltung als OK/OK-Haltung. Die drei Anschauungen, auf denen die TA nach Eric Berne beruht, besagen:[66]

- Die Menschen sind in Ordnung.
- Jeder hat die Fähigkeit zum Denken.
- Der Mensch entscheidet über sein eigenes Schicksal und kann seine Entscheidungen auch ändern.

Die Menschen sind in Ordnung. Alle Menschen haben ihre Werte und ihre Würde. Die TA akzeptiert die Menschen so, wie sie sind. Diese Überzeugung gilt für das Wesen des Menschen, nicht unbedingt für ihr Verhalten. Wir akzeptieren vielleicht nicht, was die Menschen tun, aber immer, was und wer sie sind. Das Wesen der Mitmenschen ist OK, selbst wenn das Verhalten vielleicht nicht OK ist. Ergänzt durch weitere Modelle der TA (Verträge, ...) sind diese Gedanken für uns ein zentraler Ansatz dieses Buches.

Eric Berne beobachtete, dass sich Menschen von einem Moment auf den anderen völlig zu verändern schienen. Sie veränderten Sprache, Gesichtsausdruck, Haltung und Gesten. Er führte das darauf zurück, dass durch einen externen Stimulus eine Erinnerung an frühere Situationen ausgelöst wurde. Wenn man als Kind von beispielsweise fünf Jahren etwas erlebt, „speichert" man dieses Erlebnis ab. Gerät man später in eine ähnliche Situation, wie man sie in dieser früheren Zeit erlebt hat, so wirkt dies wie ein Stimulus für die ursprüngliche Situation und es ist ziemlich wahrscheinlich, dass man sich ähnlich oder gleich verhält wie damals.

Die moderne Neurobiologie beschreibt dies als Emotionales Erfahrungsgedächtnis und lokalisiert es in der subkortikalen Ebene, d.h. im weitesten Sinne im Limbischen System.[67]

Berne entwickelte daraus das Modell, dass jeder Mensch drei verschiedene „Personen" in sich trage, und nannte die drei verschiedenen „Ich-Zustände" „Eltern-Ich-Zustand", „Erwachsenen-Ich-Zustand" und „Kind-Ich-Zustand" (Bild 19). Diese Zustände des Bewusstseins verkörpern nicht etwa Rollen, sondern Realitäten,[68] weil ähnliche Situationen schon mal erfolgreich durchlebt wurden. Die jeweils erfolgreiche Strategie wird in der aktuellen Situation unbewusst wieder angewandt.

4.2 Von der Anpassung zur Autonomie

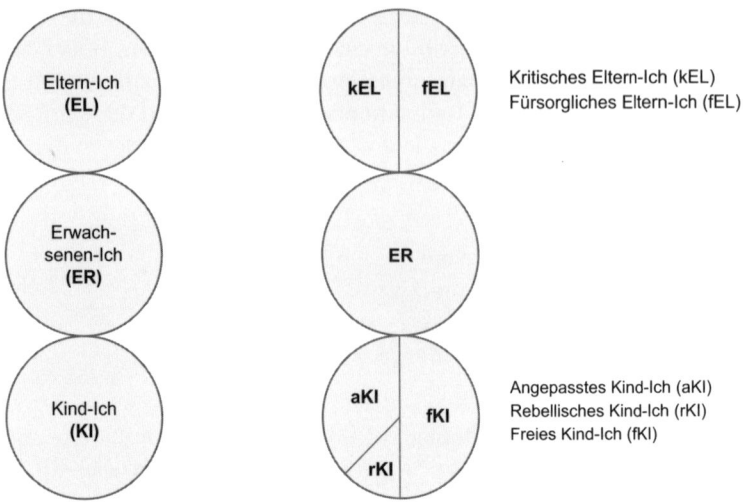

Bild 19 Das Ich-Zustandsmodell nach Eric Berne

Im Eltern-Ich-Zustand sind die Gedanken, Gefühle, Verhaltensweisen und Werte gespeichert, die wir von außenstehenden Personen, Eltern und Autoritätspersonen bzw. anderen Familienkonstellationen unreflektiert übernommen haben. Aus dem Eltern-Ich agieren wir dann, wenn wir uns so verhalten, fühlen und denken, wie andere (zum Beispiel Eltern) früher gedacht, gefühlt und sich verhalten haben.

Im Erwachsenen-Ich-Zustand finden sich die Erfahrungen, die unserem Zustand als erwachsene Person entsprechen. Eine Aktion aus dem Erwachsenen-Ich findet als situationsangemessenes (zeitgemäßes) Verhalten, Denken und Fühlen im Hier und Jetzt statt.

Im Kind-Ich-Zustand sind unsere eigenen vergangenen Erfahrungen gespeichert. Dieses Verhalten ist der regressive Anteil unserer Person, der uns wieder so denken, handeln und fühlen lässt, wie wir es als Kind gelernt haben und gehandelt haben.

Eric Berne unterteilt weiterhin den Eltern-Ich-Zustand in das kritische Eltern-Ich und das fürsorgliche Eltern-Ich. Den Kind-Ich-Zustand differenziert er in das angepasste Kind-Ich (auch rebellische Kind-Ich) und das freie Kind-Ich.

Eric Bernes Hauptanliegen war, eine verständliche, gemeinsame Sprache zur Verfügung zu haben, um damit die OK/OK-Haltung gegenüber anderen einnehmen zu können. Möglich ist dies in einer autonomen Haltung, die er folgendermaßen definiert:

Die Erringung von Autonomie manifestiert sich in der Freisetzung oder Wiedergewinnung von drei Fähigkeiten: Bewusstheit, Spontaneität und Intimität.

Bewusstheit ist die Fähigkeit aus unverwechselbarer eigener Art, sich selbst, die anderen, die Welt und die aktuelle Situation wahrzunehmen und zu definieren. Berne spricht von „eidetischer" Wahrnehmung und meint damit realistisch, bildhaft auf das Wesen des Wahrzunehmenden reduziert, ohne dass Werte, Normen, Vorerfahrungen usw. die Wahrnehmung verändern oder interpretieren.

Spontaneität bedeutet die Fähigkeit, aus einer großen Zahl von Alternativen im Fühlen, Denken und Verhalten frei und bewusst auszuwählen. Spontaneität bringt mit sich, dass der Mensch frei aus irgendeinem seiner drei Ich-Zustände heraus reagieren kann.

Intimität bezeichnet die Fähigkeit, Beziehungen eingehen zu können, mit sich selbst und anderen in Kontakt zu sein, ohne hinter einer Maske Schutz zu suchen.[69]

Autonomie ist ein hoher Anspruch, der möglicherweise nicht immer gleich gelingen wird, der Zeit und Geduld mit sich selbst und auch den Anderen braucht, aber aus unserer Sicht für ein gemeinsames Handeln in einer Kooperation sehr unterstützend sein kann. Für Kooperation bedeutet dies, innerhalb und außerhalb der Kooperation gut wahrzunehmen, und zwar ohne eine Beurteilung, Bewertung oder Einbeziehung der Vorerfahrungen. Optimalerweise ist erst im zweiten Schritt eine Bewertung vorzunehmen, und dann sind die möglichen Alternativen der Reaktion auf die Wahrnehmung zu überlegen, die beste Alternative ist auszuwählen und durchzuführen. Wenn es um eine Reaktion nach außen, gemeinsam mit dem Kooperationspartner geht, dann sollten die Wahrnehmungen abgeglichen, die Alternativen gemeinsam erwogen und entschieden werden. Hilfreich unterstützt dabei ein guter Kontakt und gute Beziehung sowohl zum Kooperationspartner als auch zu den Außenkontakten. Welche Reaktion aus welchem Ich-Zustand dann sichtbar wird, ist eine Entscheidung der handelnden Person. Ein autonomer Mensch hat alle drei Ich-Zustände zur Verfügung und entscheidet bewusst, aus welchem Ich-Zustand er reagiert.

Bewusstheit nach Berne bedeutet auch, selbst als Kooperationspartner seine eigenen Ich-Zustände und die damit verbundenen Verhaltensweisen kennen zu lernen, sie zu reflektieren und sie bewusst situationsangemessen zu besetzen. Wertschätzende Kooperationen können gelingen, wenn beide Kooperationspartner sich dem EL und ihren Gefühlen im KI bewusst sind und aus dem ER agieren mit Verhaltensweisen wie aktiv zuhören, Feedback geben, zielgerichtet fragen, sich selbst reflektieren usw.

4.2 Von der Anpassung zur Autonomie

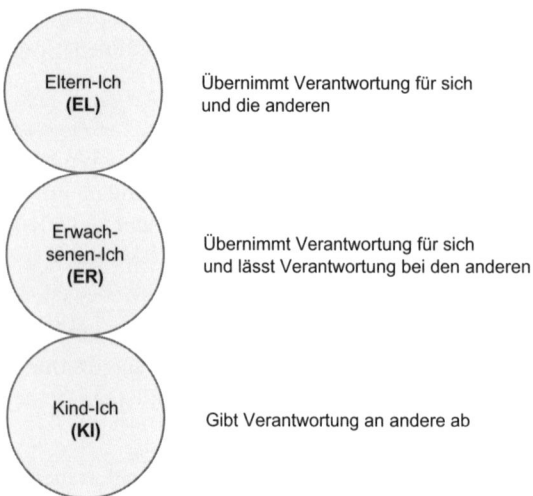

Bild 20 Ich-Zustände und Umgang mit Verantwortung

Ein autonomes Verhalten, wie eben beschrieben, ist nicht selbstverständlich, oftmals braucht es in einer Kooperation einen längeren Prozess, um zu Autonomie und damit zu einer gelingenden Kooperation zu kommen. Wie ein solcher Prozess aussehen kann, werden wir im Folgenden beschreiben. Vielleicht findet Autonomie in Form einer geteilten Verantwortung auch nur in bestimmten Bereichen der Kooperation statt, in anderen nicht. Zum Beispiel wird in strategischen Fragen gemeinsam entschieden, in finanziellen Belangen ordnet sich ein Kooperationspartner dem anderen unter (weil er es nicht kann oder auch nicht will). Wenn diese Entscheidung unter Einbeziehung aller Möglichkeiten getroffen wurde, dann ist Autonomie gegeben, d.h. Autonomie ist auch möglich, wenn ich in Teilbereichen Verantwortung abgebe. Jeder trägt zwar die Verantwortung für die Qualität der Kooperation, das muss aber nicht heißen, dass immer alle jederzeit Verantwortung in allen Bereichen tragen. Teilverantwortung kann auch einmal abgegeben werden. In das Modell der Ich-Zustände eingefügt, lassen sich diese beispielhaften Überlegungen folgendermaßen darstellen:

Die Gesamtverantwortung für die Kooperation wird geteilt, die strategische Verantwortung gemeinsam getragen und damit auch geteilt, die finanzielle Verantwortung vom Kind-Ich des einen Kooperationspartners an das Eltern-Ich des anderen übertragen bzw. delegiert (Bild 20).

Autonomie in Form einer solchen, bewussten Entscheidung findet nicht von Anfang an statt, sie muss erst gelernt und gemeinsam entwickelt werden. Das folgende Modell stellt die Autonomieentwicklung auf Basis der menschlichen Entwicklung dar und soll helfen, Autonomie im Rahmen aller Bereiche einer Kooperation zu entfalten.

Abhängigkeit

In der ersten Stufe „Abhängigkeit" definiert sich die Person allein über ihre Beziehung zu einer anderen Person, auf deren Eltern-Ich und Erwachsenen-Ich sie angewiesen ist, um leben zu können. Im Wachstumsprozess eines Kindes ist diese Phase der Abhängigkeit normal und notwendig. Auch für einen Berufsanfänger, der noch keine für das Unternehmen wichtigen und möglicherweise folgenschweren Entscheidungen treffen kann, macht die Form der Abhängigkeit durchaus Sinn.[70] Für Menschen mit keiner oder wenig Kooperationserfahrung kann eine anfängliche Abhängigkeit durchaus nutzbringend sein. In einer derartigen Beziehung werden die betreffenden Personen nicht ihre volle Ausstattung mit Ich-Zuständen einsetzen. Einer schließt das Kind-Ich aus und gebraucht nur das Eltern- und Erwachsenen-Ich (übernimmt Verantwortung). Der andere wird die umgekehrte Position einnehmen, im Kind-Ich-Zustand verweilen (delegiert Verantwortung) und die beiden anderen ausschließen. Die beiden Kooperationspartner haben also gemeinsam nur Zugang zu drei Ich-Zuständen, Sie verhalten sich so, als bildeten sie zusammen eine einzige Person.[71] Die TA bezeichnet dies als Symbiose (Bild 21).

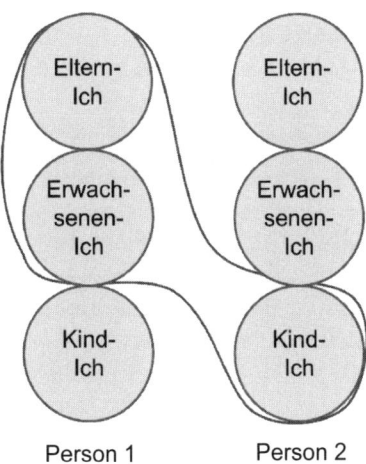

Bild 21 Symbiose

4.2 Von der Anpassung zur Autonomie 71

Wenn zwei Menschen miteinander handeln, zum Beispiel eine Kooperation eingehen, besteht die Möglichkeit, dass sie in eine solche Symbiose gehen. Vielleicht auch nur in unterschiedlichen Verantwortungsbereichen. Es wird immer einen Partner geben, der in bestimmten Fragen mehr Erfahrung hat. In einer Symbiose ordnet sich der andere Partner dieser Erfahrung unreflektiert unter. Hier besteht auch der Unterschied zum biologischen Begriff der Symbiose (siehe Kapitel 3.1). In der Natur findet gegenseitige Unterstützung statt, indem bewusst die Stärken beider Partner für die Anpassung an die Lebensräume herangezogen werden. In der Natur übernehmen beide Partner Verantwortung für unterschiedliche Bereiche, gleichzeitig werden dabei bestimmte Eigenschaften und Verhaltensweisen nicht aktiv, können aber sofort reaktiviert werden, sobald die Symbiose verlassen wird. In menschlichen Symbiosen im Sinne der TA fällt es oft schwer, die anderen Ich-Zustände wieder zu aktivieren, weil bestimmtes Handeln manchmal schon in der Kindheit/Jugend eingeübt wurde, damit als gewohnt erlebt wird und meist unreflektiert und unbewusst erfolgt. Außerdem werden die beiden handelnden Personen den jeweils anderen immer wieder in die Symbiose drängen, weil andernfalls auch für sie selbst Ich-Zustände verloren gingen, die notwendig sind, um die vollständige Handlungsfähigkeit aufrecht zu erhalten. Ein Beispiel aus dem Privatleben: In der Praxis erlebt man Symbiose sehr oft bei Ehepaaren (Mann-Frau) und natürlich bei Eltern-Kind-Beziehungen. Für den einen Teil ist es angenehm (und war es in der Kindheit auch adäquat), keine Entscheidungen treffen zu müssen und damit auch keine Verantwortung zu tragen, für den anderen Teil angemessen, diese Entscheidungen zu treffen und den Weg zu bestimmen. In der Erziehung ist es durchaus zweckmäßig und notwendig, Entscheidungen für Kinder zu treffen. In wirtschaftlichen Situationen ist diese Form des Handelns aus unserer Sicht jedoch langfristig nicht hilfreich.

So kann für Kooperationen eine zeitweise Unterordnung durchaus zweckdienlich sein (wie in obigem Beispiel ausgeführt), wenn gewährleistet ist, dass sie jederzeit veränderbar ist. Wenn jedoch in der Kooperation ein gemeinsames Handeln stattfindet, das mehr dem Handeln einer einzigen Person entspricht (Symbiose), dann könnte an der Kooperation gearbeitet werden. Kooperation in Form einer Symbiose kann durchaus gelingen, solange alle Kooperationspartner damit zufrieden sind. Für Wachstum und Weiterentwicklung ist diese Form des Handelns jedoch wenig förderlich. Wachstum und Weiterentwicklung kann bei geteilter Verantwortung aus dem jeweiligen Erwachsenen-Ich und damit autonomen Handeln besser gelingen. Ein Beispiel:

Symbiose in einer Kooperation heißt, dass Kooperationspartner A die Richtung vorgibt, Entscheidungen trifft, sagt, was gut und was schlecht ist, bis hin zu autoritärer Führung. Kooperationspartner B folgt diesen Entscheidungen, ordnet sich unter oder lehnt sie kategorisch ab, wie ein trotziges Kind (rKI), was dann zu Konflikten führen kann.

Von innen betrachtet sieht diese Form des gemeinsamen Handelns zwar möglicherweise aus wie eine gute Kooperation, ist aber keine. Die Kooperationspartner stehen in Abhängigkeit zueinander. Diese Abhängigkeit wird oft erst zu spät bewusst, meist dann, wenn Entscheidungen des verantwortlichen Kooperationspartners vom anderen nicht mehr selbstverständlich mitgetragen werden, Konflikte auftreten und eine Loslösung aus der Kooperation angestrebt wird. Die Symbiose geht zu Ende und damit meist auch die Kooperation.

Der Weg aus der Symbiose

In einer gelingenden Kooperation ist das Eingehen einer Symbiose nicht zwangsläufig mit dem Ende der Kooperation gleichzusetzen. Wenn sie als Symbiose erkannt und die Abhängigkeiten bewusst gemacht sind, kann sie als Grundlage einer weiteren guten Zusammenarbeit dienen. Sie sollte dafür jedoch verlassen werden, die beiden Kooperationspartner sollten die Situation ansprechen, ihre bisher ungenutzten Stärken finden und diese ihrem Kooperationspartner anbieten. Bei der Auswahl der Kooperationspartner ist es ideal, sich gleichwertige und nicht zu starke Kooperationspartner zu suchen. Der Kooperationspartner sollte ergänzen, nicht dominieren. Schlussendlich stellt eine gemeinsam getroffene Entscheidung über die unterschiedlichen Aufgabenverteilungen und Verantwortungen den besten Weg aus der Symbiose dar.

Dieser Schritt aus einer Symbiose gelingt nicht immer. Ist aber der Schritt aus der Abhängigkeit erst einmal getan, ist möglicherweise die Kooperation gescheitert und nicht mehr zu retten, weil die Kooperation unter falschen Prämissen eingegangen wurde. Im Weg zur Autonomie folgen nun die Schritte Gegenabhängigkeit, Unabhängigkeit und erst dann die wechselseitige Abhängigkeit/Beeinflussung,[72] in der wieder Kooperation stattfinden kann. Um wieder zu einer guten Kooperation zu finden, können die beiden Kooperationspartner den Weg der Autonomie weitergehen.

Diese vier Stufen der Entwicklung zur Autonomie – Abhängigkeit, Gegenabhängigkeit, Unabhängigkeit, wechselseitige Abhängigkeit/Beeinflussung – sind unmittelbar verbunden mit den Grundhaltungen, die ich mir und anderen gegenüber einnehme. Und damit schließt sich der Kreis zu Eric Berne am Anfang des Kapitels: Ziel Bernes war es, eine gemeinsame OK/OK-Haltung möglich zu machen. Ist in der Symbiose OK/Nicht-OK-Haltung, d.h. die Abwertung des Kooperationspartners, die Grundlage des Handelns, so dreht sich dies in der Folge um und wird erst in der letzten

Stufe zum OK/OK. Eine Entwicklung, die wir alle aus unserer Kindheit und Jugend kennen.

In Bild 22 steht das erste Plus bzw. Minus für den einen und das zweite für die anderen Partner. Am Beispiel der Abhängigkeit (Symbiose) festgemacht: Ich bin nicht OK, aber Du bist OK – Du weißt es besser, Du darfst entscheiden, Du weißt, was für unsere Kooperation gut und was schlecht ist, Du hilfst mir, mich zurechtzufinden.[73] In der Gegenabhängigkeit ist nichts OK, wie bei rebellierenden Jugendlichen, sie selbst nicht, aber auch die Erwachsenen nicht. Erst in der Unabhängigkeit ist die Person wieder OK, nicht aber die anderen und deren Umgebung.

Wiederum ein Beispiel aus dem Privaten: In unserer Individualentwicklung durchleben wir diesen Zyklus der Abhängigkeit, um zu unserer Autonomie zu finden: Säugling, Kindheit, Jugend (Pubertät), frühes Erwachsenenalter, eigenständiges Leben. Dieser Wachstumsprozess ist in der Individualentwicklung nie abgeschlossen und vollzieht sich in den oben dargestellten chronologisch aufeinander folgenden Etappen, von denen keine ausgespart werden kann. In manchen Lebenssituationen, vor allem wenn sie für uns sehr neu und unbekannt sind, ist es – wie wir weiter vorne am Beispiel des Berufsanfängers geschildert haben – durchaus möglich, diesen Zyklus wieder zu durchleben, obwohl wir den Rest unseres Lebens autonom führen.[74] Auch in Kooperationen kann es Sinn machen, diesen Kreislauf zu durchlaufen, es ist aber nicht zwingend notwendig. Denn Ko-

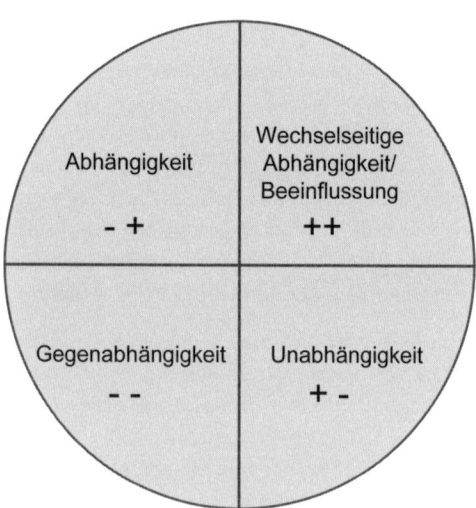

Bild 22 Abhängigkeitskreislauf und jeweilige Grundhaltungen

operation kann auch bei wechselseitiger Abhängigkeit/Beeinflussung beginnen. Grundvoraussetzung dafür ist, dass die Kooperationspartner in ihrem Wesen akzeptiert werden, somit OK sind.

Es geht uns in diesem Kapitel darum, für diese Prozesse zu sensibilisieren und gleichzeitig über diese Bewusstheit einen Weg zu guter Kooperation zu zeigen.

Gegenabhängigkeit

Die gesunde, positive Gegenabhängigkeit besteht darin, dass die Person sich in einen Prozess der Loslösung gegenüber ihrer Bezugsperson begibt. Sie versucht, in Abgrenzung gegenüber ihrer Umwelt, ihre Identität zu finden. Da ihr Eltern- und Erwachsenen-Ich, vor allem in der Kindheit, erst unvollständig sind, braucht sie die Abgrenzung vom Eltern- und Erwachsenen-Ich der Bezugsperson. Sie muss lernen, nein zu sagen und sich zu widersetzen, um zu erkennen, was sie selbst will und wer sie selbst ist. Das ist notwendig, damit sie ihre eigenen Erfahrungen mit der sie umgebenden Realität machen kann.[75]

Auf dieser Stufe ist Kooperation schwierig bis unmöglich. Um dennoch in ein gutes gemeinsames Handeln zu kommen, verlangt es danach, die Bedürfnisse und Notwendigkeiten, sowohl auf der Organisationsebene (siehe Kapitel 4.4), wie auch auf der persönlichen Ebene zu erkennen. Fragen könnten sein: Was braucht die Organisation in der aktuellen Organisations-Entwicklungsphase, um wirtschaftlich erfolgreich sein zu können? Welche eigenen Präferenzen und Stärken im Kontext ihrer Organisation und ihrer KollegInnen und Mitarbeiter haben sie? Die Berücksichtigung der Unternehmensstrategie, der aktuellen und zukünftigen Marktausrichtung, die Sicht der Geschäftsführung und die Interessen der Share- und Stakeholder sind dabei nützlich. So erheben sie die Stärken und Schwächen des Unternehmens und gehen damit in die nächste Phase des Abhängigkeits-Kreislaufs.

> **Die Bedeutung der Zuwendung für Kooperation**
>
> Wenn wir heute von Kooperation im wirtschaftlichen wie im persönlichen Bereich reden, so geht es im Wesentlichen um Zusammenarbeit, partnerschaftliche Vorgehensweise und abgestimmtes Verhalten für ein gemeinsames Ergebnis.
>
> Ziehen wir nun verhaltenspsychologische und kommunikative Aspekte heran, warum dieses Vorgehen erfolgreich über die Bühne geht, dann hat das viel mit Kontakt, Zuwendung und Anerkennung zu tun. Die wechselseitige Achtung und Zuwendung prägen eine positive Kooperation.

4.2 Von der Anpassung zur Autonomie

> Mit einer Kontaktaufnahme zum/zu den Partner/n gehen Blick- und Augenkontakt, Eingehen auf dessen Fragen, Wünsche bzw. Notwendigkeiten sowie beispielsweise bestätigendes Nicken mit einer Vielzahl von verbalen wie nonverbalen Mustern der Zuwendung einher. Das Gleiche gilt umgekehrt: Auch der zweite oder weitere Partner verhalten sich ähnlich.
>
> Das heißt aber auch, dass kritische Fragen oder schwierige Themen angepackt werden können. Dies mit Empathie und einer positiven Grundhaltung gegenüber dem Partner.
>
> „Strokes" (Zuwendungen) und eine OK-Grundhaltung dem anderen und sich selbst gegenüber sind für eine funktionierende Kooperation wesentlich. Regelmäßige Bestätigung der gemeinsamen Arbeit, der Leistung und des Verhaltens des Partners, Anerkennung und Lob im Miteinander-Tun prägen erfolgreiche Zusammenarbeit. Konstruktive Kritik, gepaart mit der menschlichen Akzeptanz und dem Wohlwollen, gehören ebenso dazu.
>
> *Werner Vogelauer, Trigon, Entwicklungsberatung*

Unabhängigkeit

In der gesunden Entwicklung hat die Person auf dieser Stufe ihr eigenes Eltern-Ich und ihr Erwachsenen-Ich selbständig entwickelt, indem sie ihre eigenen Erfahrungen mit der Realität gemacht hat. Mit anderen Worten, ihr Verhalten ist nicht mehr ausschließlich vom Einfluss der früheren Autoritätspersonen geprägt; sie tritt auf neue Weise in Beziehung zu anderen Menschen und der Realität. Vor allen Dingen vollzieht die Person in dieser Phase ihrer Entwicklung eine klare und oft absichtliche Trennung von denjenigen Menschen, mit denen sie bisher in Symbiose gelebt hat: Sie verlässt ihr Elternhaus, ihre Arbeit, es kann zur Ehescheidung kommen, Kooperationen werden brachial beendet usw. Sie ist also nicht mehr in einer Dynamik, in der sie gegen die anderen ankämpft, ihnen die Schuld für das gibt, was ihr widerfährt, sondern in einer konstruktiven Phase, in der sie ihr eigenes Ich aufbaut und sich der Realität stellt.[76]

Bevor eine Kooperation eingegangen werden kann, ist von Bedeutung, dass das Unternehmen „auf eigenen Beinen" stehen, d.h. wirtschaftlich unabhängig agieren kann. Sollte das nicht der Fall sein, besteht die große Gefahr des Rückfalls in eine Symbiose. *Kooperation kann und soll nur eine Ergänzung zu Bestehendem sein, niemals die Hauptverantwortung des wirtschaftlichen Überlebens tragen.* Eine Überprüfung der bestehenden Kooperationen auf ihren aktuellen und zukünftigen Nutzen ist vorteilhaft. Wenn kein Nutzen absehbar ist, ist es gut, die Kooperation zu beenden. Wenn das Unternehmen diese (wirtschaftliche) Unabhängigkeit erreicht hat, können die Fühler nach anderen ausgestreckt werden, die einen positiven Einfluss auf die Weiterentwicklung haben können.

Wechselseitige Abhängigkeit/Beeinflussung[77]

Der positive Aspekt dieser Phase besteht darin, dass die Person dank der Entwicklungsschritte in den drei vorhergehenden Etappen ihre drei Ich-Zustände voll entwickelt hat und sowohl in der Lage ist, allein zurechtzukommen, als auch sich neu auf Beziehungen und Kooperationen einzulassen, wobei die Identität nicht mehr durch die Symbiose definiert wird. Die Person kann sich bewusst einer Autorität unterordnen oder ihrerseits Verantwortung für eine andere Person übernehmen, ohne dadurch ihre Identität zu gefährden. In dieser Phase sind Symbiosen möglich, aber rein funktionaler Art, nicht mehr strukturell wie auf der ersten Autonomiestufe.[78] Durch eine bewusste Entscheidung für die Abhängigkeit/Symbiose bleibt die OK/OK-Haltung.

Die Phase der wechselseitigen Beeinflussung ist jene Phase in der Kooperation, die gut funktioniert. Beide Partner betrachten den jeweils anderen als eigenständige Person bzw. Organisation auf einer ++-Ebene. Beide Partner sind in ihrem Wesen OK. Kooperationen können eingegangen und wieder gelöst werden, ohne dass dabei der anderen Organisation Schaden zugefügt wird. Die Inhalte der Kooperation sind klar an den Bedürfnissen der Unternehmen und des Marktes ausgerichtet, es können tragfähige Beziehungen zwischen den handelnden Personen aufgebaut werden.

Der Kooperations-Vertrag

Eine Form, Kooperation im Sinne einer wechselseitigen Beeinflussung zu führen, ist diejenige auf der Grundlage einer guten Vereinbarung, eines guten Vertrags. Damit meinen wir nicht nur das juristische Konstrukt, sondern primär die gut ausgehandelte Vereinbarung des zukünftigen gemeinsamen Handelns. Eine solche Vereinbarung hat zwei Ebenen, die Inhalts- und die Beziehungsebene. Auf der inhaltlichen Ebene ist zu klären, was wir gemeinsam machen wollen, und auf der Beziehungsebene, wie wir es machen wollen (siehe auch Kapitel 4.1 „Im Rausch der Tiefe").

In einem Vertrag wird festgelegt:
- Wer die beiden Seiten sind.
- Wer welche Rolle/Funktion einnimmt.
- Was sie zusammen tun werden.
- Wie lange das dauern soll.
- Welches das Ziel oder Resultat dieses Prozesses sein wird.
- Woran sie feststellen können, wann sie dort angelangt sind.
- Inwiefern das für die Kooperationspartner von Nutzen sein wird.

4.2 Von der Anpassung zur Autonomie

Gute Verträge signalisieren die Wertschätzung des Vertragspartners und geben Erlaubnisse, Schutz und Übersicht (Struktur und Rahmen). Erlaubnisse meint, sich innerhalb des vereinbarten Rahmens frei bewegen und entscheiden zu können, gleichzeitig sind die Vertragspartner damit vor unklaren Rollen und Aufgabenverteilungen geschützt und haben somit eine eindeutige Struktur, wer was zu tun hat.

Um zu einem guten Vertrag zu kommen, braucht es vier Voraussetzungen:

> *Beiderseitiges Einverständnis:* Beide Seiten stimmen der Vereinbarung zu. Ziele, Methoden, Arbeitsergebnisse usw. werden ohne Zwang und Nötigung vereinbart.
>
> *Angemessene Vergütung:* Belohnung, Gegenleistung usw. für aufgewendete Zeit bzw. Arbeit in einem dem Kunden und der Arbeitspraxis entsprechenden Wert.
>
> *Kompetenz:* Beide Vertragspartner müssen kompetent für das sein, wozu sie sich im Vertrag geeinigt haben.
>
> *Gesetzlich und ethisch zulässiges Ziel:* Die Ziele und Bedingungen der Vereinbarung müssen den rechtlichen Normen entsprechen, die zum Zeitpunkt und am Ort der Vereinbarung gelten.[79]

Eine besondere Form der Verträge stellen Dreiecksverträge dar.[80] Sie sind dann relevant, wenn mehrere Kooperationspartner oder Geschäftsführer und Shareholder einen Einfluss auf das Zustandekommen des Vertrages

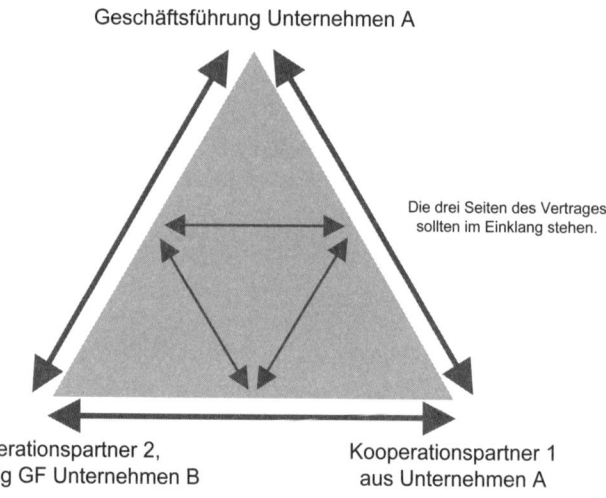

Bild 23 Dreiecksvertrag

haben. Ein Beispiel: Ein kleineres Unternehmen kooperiert mit einem größeren, in dem der Geschäftsführer eine wichtige Rolle spielt und in alle Entscheidungen mit einbezogen werden will. Die eigentliche Kooperation findet aber mit einer Abteilung statt. In einem solchen Fall muss der Mitarbeiter aus dieser Abteilung mit seinem Geschäftsführer einen eigenen Vertrag schließen, wenn er autonom kooperieren will. Da sich alle drei Seiten gegenseitig bedingen, ist wesentlich darauf zu achten, dass nicht auf der einen Seite etwas zu Lasten der anderen Seite vereinbart wird. Die drei Seiten müssen immer im Ausgleich stehen, d.h. eine Vereinbarungsveränderung zwischen zwei Partnern bedingt eine Veränderung auch bei den anderen beiden Beziehungen. Oder anders herum formuliert: In obigem Beispiel hat der Kooperationspartner B auch einen Vertrag mit dem Geschäftsführer des Unternehmens A, um in der Kooperation mit dem Mitarbeiter des Unternehmens A autonom agieren zu können (Bild 23). Er holt sich damit die Erlaubnis zur Kooperation mit dem Mitarbeiter, gleichzeitig schützt er sich vor Fehlhandlungen und überblickt die Zusammenhänge im Unternehmen A.

Ein Praxisbeispiel, in dem eine gute Vertragsgestaltung eine wichtige Rolle spielt, findet sich im Kapitel 8.7 unter dem Titel „Wissenschaftlich Kooperieren".

In dem Film „Farbe des Geldes", dessen Titel diesen Ausführungen voran steht, entwickelt der Schüler zwar die Qualitäten eines Meisters, nicht aber die Haltung. Die beiden Billard-Spieler bleiben in der Konkurrenz. In einer guten, gelingenden und nutzbringenden Kooperation sollte mehr möglich sein. Wenn die Kooperationspartner selbst Meister sind, ihre Autonomie wahrnehmen und leben, die jeweils anderen in ihrer Meisterschaft unterstützen, kann der Filmtitel Wirklichkeit werden: „Die Farbe des Geldes" – die Kooperation wird einen wirtschaftlichen Erfolg für alle Beteiligten mit sich bringen.

4.3 Kooperation aus systemischer Sicht: „Der Koch, der Dieb, seine Frau und ihr Liebhaber"

Peter Greenaway hat mit seinem 1989 realisierten Film allein schon im Titel systemisch gedacht. Der Film ist eine schwarze Komödie, bekannt für seine Darstellung von Kannibalismus und nackten Geschlechtsteilen, sowie für seine verschwenderische und häufig atemberaubende Bildgestaltung. Er schildert das Leben im Kriminellenmilieu, in dem es wie in anderen sozialen Milieus, Organisationen und Unternehmen unterschiedliche Formen von Abhängigkeiten gibt. Kennzeichen der Filme von Peter

Greenaway sind lange Totaleinstellungen auf minuziös durchgestaltete, statische Arrangements von Dekorationen und Schauspielern, die den Zuschauer zu hoher Aufmerksamkeit und genauem Hinsehen nicht nur einladen, sondern auch dazu zwingen, wenn er der Handlung folgen will. Regelmäßig nutzt Greenaway für die Sprache seiner Filme auch Ausdruckselemente anderer Kunstformen, wie die des Theaters.

Hohe Aufmerksamkeit und genaues Hinsehen, jene beiden Elemente, die bei der Rezeption von Greenaway-Filmen wichtig sind, sind auch wichtige Elemente, um im System einer Kooperation den Überblick zu behalten und damit das sprichwörtliche Phänomen „den Wald vor lauter Bäumen nicht mehr zu sehen" zu vermeiden.

Dietrich Dörner beschreibt dies in seinem Buch „Die Logik des Misslingens":[81]

„... dass ein Akteur in einer komplexen Handlungssituation einem Schachspieler gleicht, der mit einem Schachspiel spielen muss, welches sehr viele ... Figuren aufweist, die mit Gummifäden aneinander hängen, sodass es ihm unmöglich ist, nur eine Figur zu bewegen. Außerdem bewegen sich seine und des Gegners Figuren auch von allein, nach Regeln, die er nicht genau kennt oder über die er falsche Annahmen hat. Und obendrein befindet sich ein Teil der eigenen und der fremden Figuren im Nebel und ist nicht oder nur ungenau zu erkennen."

Zugegeben, nicht jede Kooperation ist komplex, aber viele sind komplexer, als wir annehmen. Genau aus diesem Grund lohnt es sich, genau hinzusehen.

Dörner beschreibt vier Eigenschaften von Systemen, die sich in vielen Kooperationen gut identifizieren lassen:[82]

Komplexität: Es sind immer mehrere handelnde Personen am Werk, aktiv steuern kann ich aber nur eine Person, mich selbst. Wir können das Verhalten anderer Personen nur indirekt steuern, indem wir unser Verhalten verändern. Selbst wenn ich andere Personen um ein konkretes Verhalten bitte, ist dies ein Verhalten von mir.

Vernetztheit: Alle handelnden Personen sind direkt oder indirekt miteinander vernetzt. Es bestehen Abhängigkeiten durch Organisations- und Abteilungszugehörigkeit, Hierarchien, Verträge ... oder auch persönliche Interessen.

Dynamik: Aufgrund der Eigeninteressen der handelnden Personen bewegt sich das System auch ohne unser Zutun.

Intransparenz: Wir sehen nur selten das ganze System auf einen Blick, klammern oft wichtige Faktoren aus oder haben falsche Annahmen, die handelnden Personen und die Systemgrenzen betreffend.

Je komplexer eine Kooperation ist und je stärker damit diese vier Faktoren werden, umso wichtiger wird es, die richtigen Maßnahmen zur Steuerung zu treffen.

Jeder Akteur (Kooperationspartner 1) hat Annahmen zu diesem Schachspiel, seine eigene Sicht der Dinge, sein Realitätsmodell. Dieses Realitätsmodell kann explizit, jederzeit abfragbar, oder implizit (intuitiv) vorhanden sein. Jeder weitere Akteur (Kooperationspartner 2, MitarbeiterInnen) hat wiederum eigene Annahmen zu diesem Schachspiel, die möglicherweise zur Sichtweise von Kooperationspartner 1 völlig konträr sind. Ziel muss es sein, diese beiden Sichtweisen bewusst zu machen, wenn sie implizit (intuitiv) vorhanden sind, sie einander vorzustellen und auszutauschen, um zu einer gemeinsamen Sichtweise zu kommen. Dies kann sprachlich, aber auch in Form von Skizzen, Visualisierungen oder Aufstellungen geschehen. Auch Systemaufstellungen sind eine sehr gute Möglichkeit, diese unterschiedlichen Annahmen sichtbar zu machen. Die Methode der Aufstellung verleiht der Intuition Sprache oder Ausdruck,[83] indem man diese Systeme mit Personen, Holzfiguren oder ähnlichen Materialien abbildet und somit die unterschiedlichen Zugänge, Sichtweisen, Realitätsmodelle usw. der Kooperationspartner aufzeigt.

> **Warum braucht erfolgreiche Kooperation klare und transparente Grenzen?**
>
> Arbeiten Personen, Firmen oder Organisationen zusammen, so bildet diese Kooperation aus systemischer Sicht eine Einheit, die aus Anteilen der einzelnen Systeme besteht.
>
> Die spannende Frage dabei ist: Welche Bereiche und vor allem welches Wissen des Einzelsystems, der einzelnen Organisation sind nun innerhalb des Kooperationssystems und was gehört nicht dazu? An dieser Grenzziehung machen sich die Erwartungen der Beteiligten fest und damit bei Nichterfüllung dieser auch die Konflikte.
>
> Erfolgreich kooperieren heißt also erfolgreich Grenzen zu definieren und diese gut zu kommunizieren. Und hier ist es nicht mit einem einmaligen Akt getan. Viele Fragen und damit Abgrenzungen entstehen erst im Laufe der aktiven Kooperation. Bei einem System aus zwei Elementen (Organisationen) sind diese Grenzziehungsprozesse im Sinne eines ständigen Abstimmens erfolgreich zu meistern. Mit der Anzahl der beteiligten Elemente steigt jedoch auch die Komplexität, und die unmittelbare Kommunikation zwischen den Partnern wird durch übergeordnete Strukturen und Regeln ersetzt. Für die Beteiligten wirken diese auch entlastend, aber gerade in wachsenden Systemen geht damit der Zauber des Anfangs verloren.
>
> *Henriette Katharina Lingg, Management Constellations, Unternehmensberaterin und Coach*

Systemgrenzen

Ein Knackpunkt in der Arbeit mit Systemen ist die Frage: „Was gehört dazu?" Aus der Arbeit mit der Methode der Systemaufstellung wissen wir, wie notwendig es ist, die Systemgrenzen zu definieren und damit die Frage zu beantworten, was zum System gehört und was nicht, welche handelnden Personen und Umfeldfaktoren Einfluss auf das System haben und welche nicht. Dazu bedarf es, den sprichwörtlichen „Schritt zurück" zu gehen und das System von außen zu betrachten.

Diese Frage ist natürlich auch bei Kooperationen von Bedeutung. Was ist Teil der Kooperation oder steht in einem Zusammenhang damit und was bleibt von der Kooperation unberührt bzw. sollte die Kooperationspartner auch nicht weiter ablenken oder beschäftigen? Dazu müssen die Grenzen des Systems bekannt sein. Die Kooperationspartner sollten sich demnach auch über die Grenzen ihres Kooperationssystems austauschen.

> **Welche Fragen aus der Gruppendynamik helfen bei der Entwicklung von Kooperation?**
>
> Die enorme Arbeitsfähigkeit von Gruppen ist das Ergebnis einer besonderen Kooperation zwischen ihren Mitgliedern, die der Gruppe ermöglicht, auf ihre verteilte Intelligenz zuzugreifen, sozusagen „gemeinsam laut zu denken".
>
> Die Arbeitsfähigkeit von Gruppen ist allerdings nicht per se gegeben, sondern erst die Folge einer grundlegenden Beziehungssicherheit, die für jede Gruppe erst hergestellt werden muss. Drei grundlegende Fragen sind hierfür zu klären:[86]
>
> *Wozu gibt es uns?* Eine Gruppe muss sich ihren Existenzgrund erst aneignen. Ein Arbeitsziel von außen vorzugeben genügt hier nicht, die Gruppenmitglieder müssen sich ihr gemeinsames Bild davon zuerst aushandeln. Im Zuge dessen müssen die Mitglieder akzeptieren, dass sie bei der Erfüllung ihrer Aufgabe wirklich aufeinander angewiesen sind.
>
> *Wer gehört dazu?* Die Perspektive einer gemeinsamen Zukunft braucht stabile Zugehörigkeiten. Die Frage der Gruppengrenze betrifft Themen der Mitgliedschaft und Integration genauso wie den Umgang mit schweigenden Mitgliedern oder anwesenden Nicht-Mitgliedern.
>
> *Wer bin ich hier?* Wie kommt jeder einzelne mit seinen persönlichen Interessen in der Gruppe vor? Erste Unterschiede in der Verteilung von Einfluss und Vertrauen zeigen sich, und gleichzeitig müssen alle das Gefühl haben, sie sind nützliche Mitglieder, deren Beiträge erwünscht sind.
>
> Die Bewältigung dieser drei Problemfelder lässt schließlich jenes Zusammenspiel entstehen, das Gruppen so besonders macht und für deren Zusammenarbeit grundlegend ist.
>
> *Guido Czeija, Komunariko, Unternehmensberatung*

Aus systemischer Sicht ist eine Grenze nur definierbar, wenn der Kontext, der Rahmen innerhalb dessen sie getroffen wird, klar ist:[84]

„*Damit ein Teil vom Ganzen unterschieden werden kann, braucht man einen Kontext.*"

Nach Matthias Varga von Kibéd sind bei dieser Klärung immer vier Aspekte zugleich gegeben:[85]

- *das Innere*
- *das Äußere*
- *die Grenze als Grenzziehung und die grenzziehende Instanz*
- *der Kontext.*

Tabelle 1   Kontext und Grenzen einer Kooperation

Kontext	Grenzziehung	Das Äußere	Das Innere I (Kooperationspartner 1 und 2)	Das Innere II (TeilnehmerInnen)
Planung des Lehrgangs	Die Leitung des Fachbereichs (Universität) und die Vollversammlung des EAK entsendet Personen in ein Planungsgremium.	Universität und TrainerInnennetzwerk EAK	Planungsgremium (2 Personen UNI, 3 Personen EAK)	
Entscheidung	Universitätsgesetzgebung und Vereinsgesetz legen fest, welche Instanzen über die Installierung dieses Universitätslehrgangs entscheiden.	Bereiche (andere Fachbereiche, ...) der Universität, die von dieser Entscheidung nicht betroffen sind	Vorstand, Vollversammlung des EAK, Vizerektorat und Senat, sowie Fachbereichsleitung der Universität	
Durchführung	In der Entscheidung wurde ein Leitungsteam definiert, das von beiden Institutionen beschickt wird.	Die Entscheidungsgremien beider Institutionen, wie auch die Institutionen (mit allen Abteilungen) selbst, die das Leitungsteam mit der Durchführung beauftragt haben.	Leitungsteam und angestellte Organisationsassistentin	Die TeilnehmerInnen der Lehrgänge für die Dauer der Lehrgänge

Ein Beispiel: Wenn ein Netzwerk von KommunikationstrainerInnen mit einer Universität zu einer gemeinsamen Ausbildung *(Kontext)* kooperiert, dann ist weder die ganze Universität noch der ganze Fachbereich „Kommunikationswissenschaft" involviert, dann sind auch nicht alle TrainerInnen des Netzwerkes damit befasst *(das Äußere)*, sondern nur die von den jeweiligen Leitungsinstanzen in die jeweiligen Gremien *(Grenzziehung)* entsandten Personen *(das Innere)*.

Für Kooperationen sollte das Innere, und das insbesondere bei größeren Organisationen, mit einer entsprechenden Entscheidungsvollmacht (inhaltlich und finanziell) ausgestattet sein, damit äußere Gremien die Grenze nicht überschreiten oder überschreiten müssen.

Das oben angedeutete Beispiel des Systems der Kooperation zwischen dem EAK (TrainerInnennetzwerk) und der Universität Salzburg zum Thema eines gemeinsamen berufsbegleitenden Universitätslehrgangs ist in Tabelle 1 dargestellt.

Wie an diesem Beispiel deutlich wird, verändern sich das Innere und Äußere, wie auch die Grenze je nach Kontext, obwohl es sich um die gleiche Kooperation handelt. (Anmerkung der Autoren: 2015 wird das EAK in dieser Kooperation vom Institut für Interpersonelle Kommunikation abgelöst.)

Das gemeinsame System

Aus diesen Überlegungen ergibt sich, dass wir bei Kooperationen nicht von einem System, sondern genau genommen von drei Systemen reden: Das System von Kooperationspartner 1, das System von Kooperationspartner 2 und das gemeinsame System. Grafisch dargestellt sieht das etwa aus wie in Bild 24.

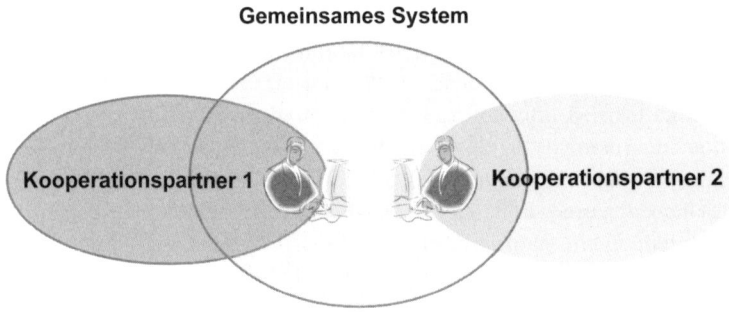

Bild 24 Systemgrenzen in Kooperationen

Roswitha Königswieser und Alexander Exner stellen in Ihrem Buch „Systemische Interventionen"[87] am Beispiel des Zusammenwirkens von BeraterIn und KlientIn in Berater- und Klientensystemen dieses Bild zur Verfügung. Sprechen wir von Kooperation, dann muss an dieser Stelle angemerkt werden, dass ein gelungenes Beratungssetting eines Beratersystems nie in eine Kooperation mit dem Klienten führen darf – einzig möglich ist eine Kooperation mehrerer Beratungsunternehmen (siehe Praxisbeispiel „Aus der Zwangskooperation zum Erfolg" in Kapitel 8.8). Nichtsdestotrotz fließen einige der Überlegungen, wie mit der Verzahnung dieser beiden bzw. drei Systeme umgegangen werden kann, in die folgenden Fragestellungen ein.

Einen sehr praktischen Zugang zu der Frage nach den Systemgrenzen, der Zugehörigkeit und unterschiedlichen Annahmen dazu können wir aus dem Projektmanagement ableiten. Eine gelungene Kooperation ist einem gelungen Projekt sehr ähnlich, gerade wenn es um Stakeholder, Einflussgrößen, Risiken usw. geht. Die grundlegenden Fragen des Projektmanagement sind damit, in veränderter Form und unter der Systembrille, auch gut auf Kooperation anwendbar:

Grundfragen
1. Wer sind die Kooperationspartner?
2. Welche Personen koordinieren die Kooperation?
3. Wer wird noch daran teilnehmen, mitarbeiten, zuarbeiten?

Schlüsselfragen für die Kooperationspartner sind:
4. Was wird danach anders sein, wenn die Kooperation erfolgreich läuft?
5. Was soll auf keinen Fall Ergebnis der Kooperation sein?

Ein Fragenkatalog für die *Situationsanalyse* kann folgendermaßen aussehen:
6. Worum geht es in der Kooperation, was ist der Bedarf?
7. Welche Chancen bietet die Kooperation, welche Hindernisse stellen sich ihr in den Weg?
8. Was genau ist die Ist-Situation?
9. Was verändert sich in der Soll-Situation?
10. Was sind die Ursachen des Bedarfs?
11. Welche Einflussgrößen oder Faktoren sind zu berücksichtigen?
12. Welche Randbedingungen oder Vorgaben (Unternehmenskultur, Gesetze, Geld, Geldgeber, ...) grenzen die Kooperation ein?
13. Wo gibt es Schnittstellen zu anderen Kooperationen und Projekten und worin bestehen sie?

14. Wo sind die Risken, wo lauern die Gefahren?
15. Welche Faktoren oder Personen entscheiden über den Erfolg?

Stakeholder erfassen und analysieren:
16. Für wen ändert sich etwas, wenn die Kooperation läuft?
17. Wer wird von der Kooperation betroffen sein?
18. Wer kann die Kooperation fördern?
19. Wer kann die Kooperation behindern?
20. Von wessen Zustimmung ist die Kooperation abhängig?
21. Wer hat Wissen/Informationen, das/die für die Kooperation bedeutsam ist/sind?

Zielentwicklung

Das präzise Ziel ist notwendig,

- damit die Kooperationspartner am Ende wirklich genau das bekommen, was sie wollten,
- und damit jeder im Kooperationsumfeld weiß, was zu tun ist.

Zwischen Geben und Nehmen – Systemische Ausgleichsprinzipien

Kooperation ist ein Wechselspiel zwischen Geben und Nehmen. In gelungenen Kooperationen besteht ein Gleichgewicht und gleichzeitig ein Fluss zwischen den Leistungen, die die Kooperationspartner einbringen und erhalten. Diese Leistungen reichen von finanziellen Mitteln bis hin zu Zeit und Know-how – letztendlich alle Arten von Inputs, die in die Kooperationen investiert werden. Wenn sich ein Ungleichgewicht zwischen Geben und Nehmen ergibt und bestehen bleibt, entstehen Schuldgefühle und Konflikte. Der hier verwendete Schuldbegriff ist eher ökonomisch, denn ethisch zu sehen, wenngleich eine klare Trennung nicht immer möglich ist, wie die im Folgenden aufgeführten Ausgleichprinzipien zeigen werden.

In der systemischen Beratung, wie auch in der systemischen Aufstellungsarbeit haben sich 10 Prinzipien entwickelt, die unterstützend sind, um in diesem Ausgleich von Geben und Nehmen gut im Fluss zu bleiben:[88]

Der Ausgleich im Guten sollte ein vermehrter Ausgleich sein:

Es geht darum, phantasievoll nach Möglichkeiten Ausschau zu halten, den Nutzen der anderen Kooperationspartner zu mehren.

Der Ausgleich im Übel sollte ein verminderter Ausgleich sein:

Ist ein Schaden entstanden, sollte der Ausgleich für den Schaden einen geringeren Aufwand darstellen als der Schaden selbst, um die Bindung im System aufrecht zu erhalten. Verursacht ein Kooperationspartner zum Beispiel durch Nichteinhaltung von Absprachen einen Mehraufwand, so sollte der andere dies nicht auf Punkt und Komma einfordern, denn:

Exakter Ausgleich trennt:

Wird beim Ausgleich auf die Genauigkeit von Kosten und Umfang erhöhter Wert gelegt, wirkt der Ausgleich als Bezahlung und damit eher als Mittel der Abgrenzung denn als Mittel der Verbindung. Es empfiehlt sich, den Ausgleich durch etwas Freiwilliges, Unerwartetes zu ergänzen.

Der Schuldner hat ein Recht auf Mahnung:

Ist ein Ungleichgewicht entstanden, ist es wichtig, dass der gebende Kooperationspartner selbständig zu einer Ausgleichsleistung auffordert, um das Gleichgewicht wieder herzustellen. Hat dieser gebende Kooperationspartner einen Mehraufwand geleistet, so ist es an ihm, den Ausgleich anzusprechen, so wie für erbrachte Leistungen üblicherweise Rechnungen gestellt werden, denn:

Der Gläubiger wird schuldig am Schuldner, wenn er dem Schuldner die Mahnung verweigert:

Ungleichheit absichtlich aufrechtzuerhalten, um in einer überlegenen Position zu bleiben, kann als Unrecht wirken und ist damit für Kooperation nicht förderlich. Überlegene Positionen (immer noch eine unbeglichene Schuld als Ass im Ärmel zu haben) sind keine gute Basis für eine Kooperation, daher muss die erbrachte Leistung ausgeglichen werden.

Der eigentliche Ausgleich liegt in der Anerkennung der Ausgleichsverpflichtung:

Der Ausgleich muss als solcher akzeptiert werden. Die Ausgleichsleistung sollte für den Kooperationspartner im Sinne des Kooperationsziels Sinn machen und Nutzen stiften. Ausgleich um des Ausgleichs Willen ist nicht förderlich. Oft braucht es zu einer Leistung die Ausgleichvereinbarung und Zustimmung.

Der Ausgleich wird nur in der Kombination der Anerkennung mit der Leistung wirksam:

Worte allein sind jedoch zu wenig, die Leistung unterstreicht die Bedeutung. Der Ausgleich wird nur in der Verbindung Leistung + Zustimmung zur Leistung (Anerkennung) wirksam.

Die Verweigerung der Ausgleichsleistung hebt die Wirkung der Anerkennung der Ausgleichsverpflichtung auf:

Einer Ausgleichsverpflichtung (Schuld) und deren Anerkennung durch den anderen Kooperationspartner muss auch die tatsächliche Leistung folgen, sonst wird damit ein ansatzweise schon erfolgter Ausgleich aufgehoben.

Der Ausgleich hat in der Währung des Gläubigers zu erfolgen:

Die Form des Ausgleichs muss Kultur, Sprache und Formen des Kooperationspartners entsprechen, der die Ausgleichsleistung erhält. Das ist insbesondere bei interkulturellen Kooperationen zu berücksichtigen.

Der Schuldner trägt das Wechselkursrisiko:

Der Schuldner trägt das Risiko, bei Verzögerung eine möglicherweise höhere Ausgleichsleistung erbringen zu müssen. Es empfiehlt sich daher zeitnaher Ausgleich.

Kooperation lebt von gelungenem und fruchtbarem Ausgleich. Bewusst gestaltete und transparente Formen von Geben und Nehmen sind Grundlagen für langfristige Kooperationen. Kooperationen scheitern unter anderem dann, wenn diese Prinzipien nicht beachtet werden. Das zeigt folgendes Beispiel deutlich: Im Rahmen der Kooperation zwischen einem Medienproduzenten und einer Jugendeinrichtung kommt es bei der Produktion einer Website zu Differenzen.

1. *Unklare Absprachen,* wer für welche Leistungen zuständig ist. Der Medienproduzent erwartet, dass er die Inhalte fix und fertig aufbereitet bekommt, und die Jugendeinrichtung erwartet, dass die Inhalte gemeinsam erarbeitet werden. Dadurch entsteht für den Medienproduzenten ein viel höherer Arbeitsaufwand *(Schaden).*
2. Der Medienproduzent bringt Mehrleistung (in Form der Leitung der Sitzungen) ein, weil er seinen *Willen zur Kooperation* zeigen möchte.
3. Der Medienproduzent fordert *(der Schuldner hat ein Recht auf Mahnung)* den Ausgleich mehrmals, aber zu spät, ein.
4. Er geht dabei in eine *überlegene Position,* weil er der Jugendeinrichtung die Chance auf Ausgleich verwehrt, indem er die erbrachte Mehrleistung zu spät anspricht (einmahnt). Die Mehrleistung wird von der Jugendeinrichtung aufgrund der unklaren Absprachen als selbstverständlich gesehen und damit *nicht als Schuld anerkannt.* Den Forderungen wird nicht nachgekommen – Die *Ausgleichsverpflichtung wird nicht anerkannt.*

5. Das Projekt wird gestoppt – die darauf folgende seitens der Jugendeinrichtung angebotene *Ausgleichsleistung* (im konkreten Fall Honorar) ist für den Medienproduzenten zu wenig, weitere Ausgleichsleistungen werden nicht angeboten. Der Ausgleich erfolgt nur zum Teil in der *Währung des Gläubigers* (mangelnde Höhe) + *die Anerkennung der Ausgleichsverpflichtung fehlt* (Worte der Entschuldigung/Einsehens) – die Ausgleichsleistung wird von Medienproduzent zwar angenommen (Geld), aber wiederum nicht anerkannt. Damit ist der *Ausgleich aufgehoben*.
6. Die Kooperation wird auch in anderen Projekten aufgrund eines Geschäftsführerwechsels bei der Jugendeinrichtung auf Eis gelegt.

Zusammenfassung

Nicht jede Kooperation ist komplex, aber oftmals wird die Komplexität gar nicht gesehen. Ein genauer Blick durch die richtige Brille kann ein vielfältig vernetztes System einfach und überblickbar machen. Daher empfehlen wir Ihnen, sich die Zeit zu nehmen, das Kooperationssystem, die Grenzen und Kontexte und ihre Ausgleichsprozesse genau zu analysieren und mit Ihren KooperationspartnerInnen zu thematisieren. Eine gelingende Kooperation lebt durch ihr ausgeglichenes System.

4.4 Die Spirale der Entwicklung:
„Eine Frage der Ehre"

In dem Film „Eine Frage der Ehre" von Rob Reiner werden zwei US Marines angeklagt, einen Kameraden ermordet zu haben. Der Verteidigung (Tom Cruise) gelingt es nachzuweisen, dass die Misshandlung (deren zufolge der Soldat starb) befohlen wurde. Sie werden freigesprochen, aber unehrenhaft aus der Armee entlassen, weil es ihre Aufgabe gewesen wäre, Schwächere (wie diesen Kameraden) zu schützen. Die beiden stecken in einem Dilemma, ausgelöst durch unterschiedliche Werte und Normen.

Werte prägen die Realität. Als tiefste Ebene beeinflussen Werte menschliches Handeln, Denken und Fühlen. Sie sind wenig oder kaum veränderbar und können, falls verschieden, zu ausgeprägten Konflikten führen. Die Geschichte zeigt uns dies in Form der unterschiedlichen Religionskriege bis in die Gegenwart. Natürlich waren oft wirtschaftliche Überlegungen die wahren Ursachen für diese unter dem Deckmantel der Religion geführten kriegerischen Auseinandersetzungen. Aber auch dahinter stehen entsprechende Werte. Kulturen sind durch Werte definiert, Familien leben Werte, auch Einzelpersonen handeln wertbezogen. Unternehmen leben eine Unternehmenskultur (denn man kann nicht „keine Kultur haben") und haben ausgesprochene oder unausgesprochene Leitbilder. Werte wie Normen und damit Unternehmenskultur sind die Grundlage unternehmerischen Handelns. Werte und Normen verändern sich nur langsam und sind somit eine träge Stütze dieser Kultur. Veränderung findet nichtsdestotrotz statt. So wie Menschen sich im Laufe ihrer Individualentwicklung vom Säugling zum Erwachsenen immer weiter entwickeln, so verändern sich auch Organisationen, Unternehmen und Gesellschaften.

Kooperationen verändern sich und/oder scheitern oft wegen unterschiedlicher Werte der handelnden Personen oder der dahinter stehenden Unternehmen. Verändert sich ein Unternehmen, zum Beispiel wegen wirtschaftlicher Schwierigkeiten oder eines Führungswechsels, so ist es notwendig, die Kooperation neu anzupassen. Das Praxisbeispiel „Kooperationen verleihen Flügel" zeigt dies in anschaulicher Form (siehe Kapitel 8.4). Die Kooperation eines sehr flexiblen, sehr offenen, netzwerkartig strukturierten Unternehmens (zum Beispiel der Zusammenschluss von Künstlern) mit einer Einrichtung, die sehr hierarchisch aufgebaut ist (zum Beispiel Schule, Kirche, Militär) wird scheitern, wenn sich die beiden Institutionen nicht entsprechend aufeinander einstellen. Ziel dieses Kapitels ist daher, einen Einblick in die individuellen und organisationellen Entwicklungsphasen zu geben und herauszuarbeiten, worauf dabei in Kooperationen zu achten ist.

Don Edward Beck und Christopher C. Cowan haben in ihrem Buch „Spiral Dynamics" diese Entwicklungsphasen in einer Spirale dargestellt und auf einer Ich- und einer Wir-Ebene (Bild 25), einer individuellen und gemeinschaftlichen Ebene beschrieben.[89]

Die gesamte Spirale wird von einer pendelnden Bewegung bestimmt, wobei der Fokus mal auf „mir", mal auf „uns" liegt, ähnlich wie beim Yin und Yang der chinesischen Philosophie oder Martin Bubers „Ich und Du".[90]

Die eine Gruppe dieser kulturellen Vorstellungen und Errungenschaften, Gerald Ziegler bezeichnet sie als Bewusstseinsebenen,[91] ist auf das Ich ausgerichtet, die andere ist an der Selbstaufopferung und dem Wir orientiert. Schon hier wird deutlich, dass diese Bewusstseinsebenen für die Analyse von Kooperationen sehr geeignet sind, weil jede Form der Kooperation genau in dieser Pendelbewegung lebt, zwischen Ich und Wir.

Friedrich Glasl definiert in seinem Buch „Dynamische Unternehmensentwicklung", das er aufbauend auf die Überlegungen von und mit Bernard Lievegoed geschrieben hat, vier in der Managementliteratur sehr bekannte Phasen, die Unternehmen und Organisationen von ihrer Grün-

Ich-Bewusstseinsebene　　　　　　　　Wir-Bewusstseinsebene

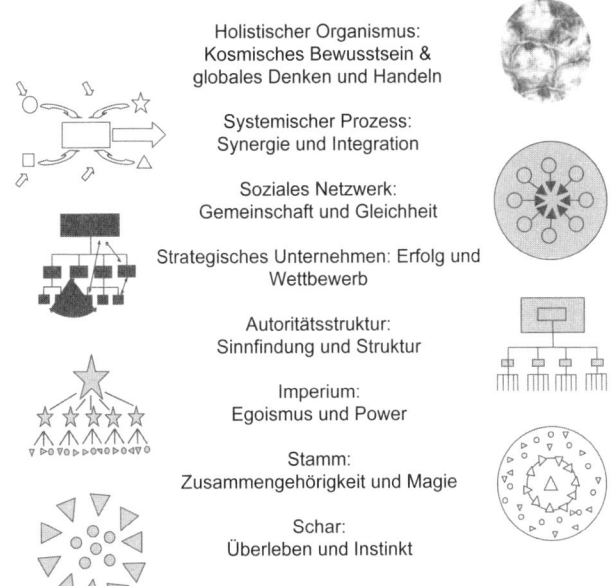

Bild 25　Kulturelle Vorstellungen und Errungenschaften

dung an durchleben, indem sie wachsen und reifen.[92] In jeder dieser Entwicklungsphasen finden Unternehmen und Organisationen die passende Form des Organisierens und Führens und sie arrangieren sich anders mit dem Umfeld. In jeder Phase verhält sich das Unternehmen zu MitarbeiterInnen und Führungskräften, zu Kunden und Lieferanten anders.

Wir wollen hier die beiden Modelle nebeneinander stellen und die Frage beantworten, wie Unternehmen und Organisationen in diesen Phasen mit Kooperationen umgehen können. Es liegt nahe, dass diese beiden Modelle tatsächlich eine unterschiedliche Beschreibung der gleichen Entwicklung repräsentieren. Nichtsdestotrotz bauen sie auf unterschiedlichen Grundlagen auf, die Organisationsentwicklungsphasen auf der Unternehmenskultur, die Bewusstseinsebenen auf individuellen Werten und der den Werten entsprechenden Wahrnehmung und Bewusstheit. Eine Vergleichbarkeit ist damit nur bedingt möglich. Wir möchten Sie ermuntern, mit dem Modell der Organisationsentwicklungsphasen größere Unternehmen zu betrachten und mit dem Modell der Bewusstseinsebenen individuelle Entwicklungen, sowie kleine und kleinste Unternehmen/Institutionen, die stark in der Abhängigkeit gesellschaftlicher Entwicklungen stehen.

4.4 Die Spirale der Entwicklung

> Die Organisationsentwicklungsphasen sind im Einzelnen:[93]
> *Pionierphase:* Pulsieren einer informellen Organisation rund um Personen.
> *Differenzierungsphase:* Aufbauen eines beherrschbaren, steuerbaren Apparates.
> *Integrationsphase:* Entwicklung eines ganzheitlichen Organismus.
> *Assoziationsphase:* Vernetzung des Unternehmens mit den Umwelten.

Allein aus der Beschreibung der Assoziationsphase könnte man schließen, dass dies die optimale Phase wäre, um Kooperationen einzugehen. Das ist sicherlich so, aber nicht jedes Unternehmen steht in der Assoziationsphase. Wie aus den weiteren Ausführungen ersichtlich wird, ist auch aus einer anderen Phase heraus und mit Unternehmen in anderen Phasen Kooperation möglich.

Phase 1

Die Pionierphase

„Das Unternehmen als verschworene Aktionsgemeinschaft bzw. große Familie."

Die ganze Unternehmung wird von den Pionierpersönlichkeiten geprägt. Alles ist rund um Personen und persönliches Funktionieren gebaut. Die Pionierpersönlichkeiten haben eine – meist nicht ausgesprochene – Vision. Sie leben diese Auffassung vor. Die anderen Führungskräfte und auch die MitarbeiterInnen identifizieren sich mit dieser Vorbildfunktion und bemühen sich, entsprechend zu handeln. Die Führung ist charismatisch-autokratisch, das heißt, es wird sehr direktiv geführt, aber voll akzeptiert von den Menschen im Unternehmen. Im Grunde kennt jeder jeden und weiß, welche Bedeutung sie oder er im Ganzen hat. Typisch ist, dass spontane, intensive und direkte Kontakte sowohl zu den Kunden wie auch zu den eigenen MitarbeiterInnen gepflegt werden. Es ist wie in einer großen Familie. Jeder kennt mehr oder weniger die unterschiedlichen Kundenbedürfnisse. Man geht grundsätzlich auf alle Sonderwünsche ein und ist dem Kunden treu. Alles für unsere Kunden![94] Wir finden diese Phase häufig in Familien- oder mittelständischen Unternehmen, in denen die Meinung der Besitzer/Gründer eine hohe Bedeutung hat:

Eine Kooperation in und mit dieser Phase könnte definiert sein durch große Abhängigkeit zum Kooperationspartner, in ähnlicher Form, wie die Kundenbeziehungen gestaltet werden. Die Pionierpersönlichkeit dominiert nicht nur das Unternehmen, sondern möglicherweise auch die Kooperation (persönlich oder durch ausgesprochene oder unausgesprochene Vision). Ziel für eine gelingende Kooperation sollte es sein, eine Gleichwertigkeit der Partner herzustellen. Das kann unter anderem durch gute Überzeugungskraft ohne Besserwisserei gelingen oder durch Einfühlungsvermögen in die Gefühle und Bedürfnisse der relevanten Persönlichkeiten des Pionierunternehmens. Die Bedürfnisse der jeweiligen Phase und Handlungsanregungen für die Kooperationspartner sind in einer Tabelle am Ende dieses Kapitels zusammengefasst. Sind die Pioniere des Unternehmens entsprechend berücksichtigt, ergeben sich daraus gute und tragkräftige Entscheidungen für die Kooperation. Vereinbarungen werden in dieser Phase mit dem Argument „Wir haben Handschlagqualität" gerne mündlich getroffen. Wir empfehlen generell, aber besonders in dieser Phase, die Vereinbarungen zu verschriftlichen, um unnötigen Missverständnissen oder Konflikten vorzubeugen.

Die erste Bewusstseinsebene

In der ersten Ich-Bewusstseinsebene *„Überleben und Instinkte"* geht es um das Überleben der Institution, es ist ein sehr fragiler, zerbrechlicher Zustand. Nach der Gründung muss das Gebilde der neuen Firma geschützt werden. Es bilden sich Überlebensverbände, um zu überleben. Menschen und Organisationen werden auf diese Bewusstseinsebene zurückgeworfen, wenn das wirtschaftliche Überleben auf dem Spiel steht. (siehe Praxisbeispiel „Wirtschaftliche Schwierigkeiten lindern", Kapitel 8.10).

In der ersten Wir-Bewusstseinsebene *„Zusammengehörigkeit und Magie"* ist das individuelle Überleben gesichert und das Bewusstsein wird auf die nächsten Menschen erweitert. Diese Ebene ist gekennzeichnet durch einen hohen Zusammenhalt in der Kleingruppe, wie Familien, Clans, ... Die Welt ist beseelt, Geistwesen, mythische Zeichen und Rituale sind wichtig. Für Unternehmen ist grundlegend, die Tradition und Familienbande aufrechtzuerhalten. Schriftliche Anweisungen sind ohne Bedeutung, besser sind mündliche Vereinbarungen, gemeinsam erlebte Geschichten und Erfahrungen, Rituale (Sitzordnung bei Meetings, jährlicher Betriebsausflug, ...).

Die nächste Ich-Bewusstseinsebene *„Egoismus und Power"* besinnt sich wieder der Ich-Stärke. Die Natur ist da, um erobert zu werden. In Unternehmen sagt die Führung klar, wo es lang geht. Eine gesunde Ausprägung dieser Bewusstseinsebene hilft Führungskräften, Energien im Unternehmen freizusetzen, und gibt ihnen eine gewisse natürliche Macht und Autorität (wichtig in Krisensituationen oder am Beginn von Veränderungsprozessen).

Auch bei diesen drei Bewusstseinsebenen steht bei Kooperationen jenes zu empfehlende Verhalten im Vordergrund, das schon bei der Pionierphase zu beachten war: Die Entscheider mitberücksichtigen und wertschätzen. Oft steht das Überleben im Vordergrund, auch vor dem größeren Ganzen einer Kooperation, somit sind die Existenzängste des Kooperationspartners zu würdigen und zu berücksichtigen.

> **Wie funktioniert Kooperation von NPOs?**
>
> Non-Profit-Organisationen unterliegen aufgrund von Organisationsform und Ausrichtung nicht den Prinzipien der freien Wirtschaft. Investitionsbereitschaft und Gewinnspannen als definierbare Messgrößen für den Erfolg einer Kooperation sind auf den ersten Blick nicht anwendbar. NPOs schaffen gemäß dem eigenen Auftrag rein ideelle Werte, über deren gesellschaftlichen Impact Erfolg und Wert der Organisation gemessen werden bzw. ihr Fortbestand mittels Basis- und Projektförderungen gesichert wird.
>
> Zur Betrachtung einer Kooperation zwischen NPOs sind also Auslastung der Ressourcen und Infrastruktur dem zu generierenden ideellen Wert gegenüberzustellen und anteilig zu betrachten. Bei ausgeglichenen Anteilen gleichwertiger Partner sind Kooperationen zwischen NPOs durchwegs sinnvoll und Gewinn bringend. Bei Kooperationen mit unausgeglichenen Anteilen sind jeweilige Interessen und Risiken sowie generierte Werte und deren Wirkung für die jeweilige Organisation klar zu definieren, wonach sich zu erbringende Aufwände und finanzielle Risiken für auszulagernde Leistungen innerhalb der Kooperation zuordnen lassen. Eine partnerschaftliche und gleichwertige Verteilung von Aufwänden unter Organisationen mit sehr unterschiedlichen Volumen führt zwangsläufig zu Nachteilen bis hin zur existenziellen Bedrohung für den jeweils „kleineren" Partner. Ressourceneinsatz und finanzielle Investitionen sind gemäß Größe der Organisation und nicht laut gemeinsamer ideeller Wertschöpfung zu verteilen.
>
> *Markus Weisheitinger-Herrmann, edu-media, Bildungs- und Dokumentarfilmproduzent und Geschäftsführer von FS1,*
> *Freies Fernsehen Salzburg*

Phase 2

Die Differenzierungsphase

„Das Unternehmen als rationales Konstrukt, bzw. als Apparat."

Das Unternehmen bemüht sich jetzt um Transparenz, Systematik, Logik und Steuerbarkeit. Dies wird dadurch erreicht, dass die Organisation nach den Hauptprinzipien der klassischen, technostrukturellen Organisationslehre rational durchkonstruiert wird: Standardisierung, Spezialisierung und Koordination, Mechanisierung und Automation, Formalisierung usw. machen aus dem Unternehmen einen Apparat, der gut geschmiert läuft. Planende, ausführende und kontrollierende Funktionen werden logisch getrennt und verschiedenen Abteilungen zugewiesen. In der Organisation entstehen beratende Stabsstellen und entscheidende Linienfunktionen. Wenn möglich, werden häufig vorkommende Abläufe analysiert und in formellen Anweisungen zwingend vorgeschrieben. Die Führung ist rational und sachlich. Nach diesen Prinzipien wird der Markt analysiert, und es kommt zu einer Bereinigung der Produktpalette und zur Konzentration auf die lukrativsten Märkte. Der Markt wird über anonyme Methoden und Instrumente bearbeitet. Wir verkaufen das, was für uns gut ist! Wir sind ein Räderwerk![95]

Diese Organisationsphase findet man in vielen öffentlichen Verwaltungen und verwaltungsnahen Einrichtungen (Schulen, Universitäten, Ministerien usw.), aber auch in Großbetrieben und Konzernen. Unternehmen, die mit dem Gesetz in Konflikt gekommen sind, reagieren oftmals mit verstärkten internen Vorschriften und Kontrollen und verstärken somit diese Phase bzw. fallen vielleicht sogar in sie zurück. Viele, sehr detaillierte Vorschriften und klare Einhaltung vorgeschriebener Wege sollen in Zukunft Vorfälle wie diese verhindern. Die Organisationen sind vielfach mit sich selbst beschäftigt, Kooperationspartner haben einen hohen Anpassungsdruck an die vorherrschenden Regeln und Normen. Emotionen haben wenig Platz. Für Kooperationen in und mit Unternehmen in dieser Phase empfehlen wir, die Regeln und Normen zu erheben, zu akzeptieren und einzuhalten, Stabsstellen und deren Einflüsse auf das Gesamtunternehmen sind zu berücksichtigen und die Kooperation ist auf der bestehenden Struktur aufzubauen. Querdenken und ein Mehr an Emotion sind wünschenswert, um in die nächste Phase zu kommen, gleichzeitig aber gefährlich und daher sehr sparsam einzusetzen.

Sinnfindung und Struktur

Die Wir-Bewusstseinsebene „*Sinnfindung und Struktur*" ist als Gegenpol zu der Ich-Dominanz der vorherigen Phase zu sehen. Die persönlichen Egos werden von Regeln und Strukturen kanalisiert. Gesetze, Vorschriften und Disziplin bilden die Grundsäulen der Moral. Das Leben und die Aufgabe müssen einen höheren Sinn haben. Das Individuum ordnet sich diesem Sinn unter. Freundschaftliche Beziehungen finden nur mit Gleichgesinnten statt. Diese Bewusstseinsebene ist in Unternehmen gekennzeichnet durch klare Organisationsstrukturen und definierte Prozesse, in denen Verantwortung und Zuständigkeiten geklärt, eine formale Hierarchie eingeführt und Kontrollmechanismen festgelegt sind. Respekt bekommt man durch die Funktion, die Persönlichkeit tritt in den Hintergrund. Bei

Kooperationen mit Unternehmen in dieser Phase ist aus unserer Sicht zu beachten: Der Kooperation einen gemeinsamen Sinn geben, Sinn im Sinne von Ziel und Nutzen artikulieren. Günstig ist die Überlegung, mit welchen Funktionen und Prozessen kooperiert wird, um den Nutzen für diese Organisationsteile klar herauszuarbeiten und entsprechend argumentieren zu können. Zu beachten sind dabei, wie schon bei der Differenzierungsphase angemerkt, die Funktionen und Regeln, Normen und Gesetze des Kooperationspartners und dessen Unternehmens.

Erfolg und Wettbewerb

Auf dieser Ebene beginnen Menschen ein ausgeprägtes Streben nach Erfolg zu entwickeln, im Sinne des gegenseitigen Wettbewerbs. Der Glaube an Fortschritt und Wissenschaft steht im Vordergrund, das Vertrauen auf die eigenen Fähigkeiten und der Kampf um Autonomie und Unabhängigkeit. Das Spiel wird gespielt, um zu gewinnen, auch in Form von Win-Win-Lösungen. Wettstreit ist etwas Gutes, aber beide Seiten dürfen gewinnen. Unternehmen gedeihen durch zielorientierte Strategien und Konkurrenzdenken: Wir sind die Besseren, Wachstum und Expansion sind oberste Ziele. Es zieht die Sprache des Krieges ein, es geht um Sieger und Verlierer, der Mensch wird zum Produktionsfaktor, für Emotion und Gefühl ist immer noch wenig Platz. Statussymbole sind wichtig. Diese Bewusstseinsebene bietet gute Voraussetzungen für Kooperation auf der Inhaltsebene. Erfolg und Wettbewerb stehen im Vordergrund, um beides zu erreichen, können Kooperationen gute Dienste leisten, wenn der Nutzen/Mehrwert für beide Seiten deutlich wird. Da auf dieser Ebene die Sprache und das Verhalten des Krieges vorherrschen, bietet sich an, sehr sorgfältig und exakt zu kommunizieren. Kommunikationsformen, wie die Gewaltfreie Kommunikation, beschrieben von Marshall B. Rosenberg,[96] sind hier zu empfehlen. Die Kooperation kann schnell wieder in Konkurrenz kippen, steht doch das Gewinnen im Vordergrund. Gleichzeitig ist Anpassung um jeden Preis auch nicht das Mittel der Wahl, sondern ein flexibler Umgang mit dem Kooperationspartner. Unsere Kapitel 3.2, 4.2 und 5.4 zeigen mögliche Wege auf, mit diesen Herausforderungen umzugehen.

Phase 3

Die Integrationsphase

„Das Unternehmen als offener, dynamischer, ganzheitlicher Organismus."

Das Bindende im Unternehmen ist nicht mehr in den Koordinationsmechanismen zu finden, sondern in der gemeinsamen Ausrichtung der Führungskräfte auf Sinn und Zweck, also auf die Mission des Unternehmens. Die Führung ist sehr unterschiedlichen Anforderungen und Möglichkeiten situationsgerecht angepasst und begünstigt Teamarbeit sowie hohe Mitarbeiterbeteiligung. Die Organisation wird in überschaubare Einheiten gegliedert, die sich stark auf eigene Produktgruppen oder Marktsegmente richten und möglichst viel selbständig entscheiden und handeln. Die Abläufe und Prozesse der Leistungserbringung richten sich immer am Kundennutzen und an den Kundenbedürfnissen aus. Die kleineren, organisatorischen Einheiten übernehmen grundsätzlich wieder ganzheitliche Aufgaben und können weitgehend selber planen, organisieren und Selbstkontrolle ausüben. Zentrale Stabsstellen steuern und reglementieren nicht, bieten Dienstleistungen beratend und unterstützend an, welche es den dezentralen Stellen erlauben, ihre Eigenverantwortung bei der Gestaltung der Arbeitsabläufe besser wahrzunehmen. Wir lösen die Probleme unserer Kunden! Wir schaffen Kundennutzen![97] Kooperation ist mit kleinen Unternehmenseinheiten möglich, die sehr autonom entscheiden können. Das ganze Unternehmen muss nicht mehr in dem Sinne beachtet werden wie in den vorhergehenden Phasen, dennoch ist eine Ausrichtung am Gesamtnutzen des Unternehmens wichtig. Innerhalb dieses Gesamtnutzens kann sehr eigenverantwortlich mit klar definierten und individuell gestalteten Regeln gearbeitet werden. Sprache und Haltung werden beziehungsorientierter, Gefühle haben wieder Platz.

Gemeinschaft und Gleichheit

Die Wir-Bewusstseinsebene „*Gemeinschaft und Gleichheit*" setzt auf Fürsorge, Achtsamkeit und Menschlichkeit, erforscht das Innenleben des Menschen. Das Gemeinsame steht über der persönlichen Nutzenmaximierung. Gefühle dürfen wieder sein. Es entstehen soziale Netzwerke, die sich auch um die Randgruppen der Gesellschaft kümmern. Das wirkt sich auf die Unternehmen so aus, dass sie beginnen, die Menschen nicht mehr als reinen Kostenfaktor zu sehen, sondern erkennen sie als Aktivposten, die man fördern und entwickeln sollte. Es beginnt die Zeit der Teamarbeit und des synergetischen Handelns. Auch Netzwerke werden immer wichtiger: private, berufliche und Unternehmensnetzwerke. Die Hierarchien der Firmenstrukturen werden immer flacher, die Arbeitsplätze team- und prozessorientierter. Corporate Social Responsibility (CSR) hält Einzug in die Unternehmen.

Phase 4

Die Assoziationsphase

„Das Unternehmen als Glied im ‚Biotop'."

In der Integrationsphase sind Führung und Organisation ganzheitlich gestaltet worden. Die Grenzen der Organisation sind aber gleichzeitig die Grenzen der Gestaltungsmöglichkeiten und der Verantwortung. In der Assoziationsphase werden die Unternehmensgrenzen ausgeweitet, die Umwelt wird mit einbezogen und das Prozessbewusstsein erweitert. An vielen Stellen wird das Management der internen und externen Nahtstellen in die Verantwortung der Menschen gelegt, die für die Primärprozesse (Kernprozesse, wie zum Beispiel Produktion) tätig sind. Permanente Verbesserung der Produkte und Verfahren sind ein tägliches Anliegen. Personalentwicklung wird als Voraussetzung für eine lernende Organisation gefördert. Mit Lieferanten werden intensive lang anhaltende Vertrauensbeziehungen aufgebaut, Produkte und Fertigungsmethoden werden gemeinsam weiterentwickelt. In Problemsituationen hilft man sich gegenseitig aus und teilt den dadurch erzielten wirtschaftlichen Erfolg fair miteinander. Die Kunden werden in gleichem Maße integriert, um miteinander zu lernen und Probleme zu lösen. Wir sind in einer „Schicksalsgemeinschaft".[98] Wenn die Grenzen des Unternehmens ausgeweitet werden und die Umwelt mit einbezogen wird, ist dies die ideale Phase für Kooperation. Durch Kooperation können ganze Abteilungen ersetzt, Produkte oder Dienstleistungen im Unternehmen ergänzt werden, ohne dass dafür neue Strukturen aufzubauen sind. Unternehmen können Produkte/Dienstleistungen in ihr Portfolio aufnehmen, ohne selbst das exakte Know-how zu haben. Der Vergleich mit der Natur drängt sich hier auf, die Kooperationspartner sind in einem Fließgleichgewicht, gemeinsam flexibel genug, um sich schnell auf neue Rahmenbedingungen einzustellen, wie ein funktionierendes Ökosystem. Hier sprechen wir von echten Win-Win-Situationen.

Synergie, Integration, kosmisches Bewusstsein und globales Handeln

Die nächste Ebene der Spirale der Entwicklung[99] ist die Ich-Bewusstseinsebene *„Synergie & Integration"*. Alle Wahrnehmungen und Handlungsmuster der unteren Bewusstseinsebenen werden integriert und können flexibel eingesetzt werden. Die Menschen entwickeln einen Meta-Blick auf ihr Handeln. Systemisches Denken steht im Vordergrund, der Blick geht vom Problembewusstsein zum Lösungsbewusstsein, Paradoxa und Chaos werden als natürlich erlebt. Der Mensch ruht in sich, frei von den Bedürfnissen der anderen, diese können aber daneben erstrahlen. Unternehmensstrukturen orientieren sich an flexiblen und lebensfähigen Modellen.

Die Ausrichtung auf betriebswirtschaftlichen Erfolg bleibt, es gibt aber keine kurzfristige Gewinnmaximierung mehr. Die nachhaltige Verantwortung für Mitarbeiter, Gesellschaft und Umwelt kommt stärker ins Bewusstsein. Unternehmerische Abläufe bekommen eine Perspektive des flexiblen Strömens. Eine klare, vertrauensvolle und wertschätzende Kommunikation ist gefragt. Die MitarbeiterInnen entwickeln den Willen und die Fähigkeit, ein hohes Maß an Verantwortung zu übernehmen und sich gestaltend in die Unternehmen einzubringen; sie werden eigenverantwortliche Unternehmer, Entrepreneure ihrer Talente, Potentiale und Fähigkeiten. Führungskräfte begleiten und fördern dies. Für Kooperation heißt dies: Flexibilität, Anpassungsfähigkeit, aber auch Fokussierung und Bewusstheit der eigenen Bedürfnisse. Dies sind die Handlungsmuster des Delfins im Kapitel 3.2, eine Verbindung zu dieser Strategie ist somit gut herstellbar.

Die letzte beschriebene Entwicklungsebene auf der Spirale der Entwicklung ist die Wir-Bewusstseinsebene *"Kosmisches Bewusstsein & globales Denken und Handeln"*. Dieses Bewusstsein umfasst den Zugang zu allen vorherigen Entwicklungsstufen und bezieht uns als Teil des Universums, inklusive Kosmos mit ein. Alles verbindet sich in ökologischer Ausrichtung mit allem. Die ganze Erde ist ein dynamischer Organismus mit kollektiver Vernunft. Menschen agieren aus einem authentischen Selbst heraus, sind sowohl Beobachter als auch Gestalter der Welt. Emotionen und Gefühle werden verstärkt dem Wissen hinzugefügt, das Vertrauen auf Intuition und Instinkt steigt. Kooperationen in und mit dieser Bewusstseinsebene sind gut mit dem Schlagwort zahlreicher Ökologiebewegungen zusammengefasst: „Global denken, lokal handeln." Es braucht globales, vernetztes Denken, um eine nachhaltige, lokale Kooperation eingehen und erfolgreich durchführen zu können.

Da diese Entwicklungsebene ein mögliches Zukunftsszenario beschreibt, ist sie für uns noch wenig greifbar oder nachvollziehbar, wenngleich die Vermutung nahe liegt, dass wir heute, am Beginn des 21. Jahrhunderts, an ihrer Schwelle stehen und sie somit für Unternehmen der Zukunft relevant werden könnte.

Kooperation aus Sicht eines Statistikers
Bei unvermindert 1,1 % Bevölkerungswachstum wäre im Jahr 3176 die gesamte Landoberfläche der Erde mit Menschen belegt, von denen jeder den Platz eines Legebatteriehuhns hätte. Nun sollten Klimaforscher und Demographen nicht auch noch die Überflutungsfläche durch schmelzendes Grönlandeis einrechnen, sondern interdisziplinär Schranken aufzeigen, bevor die Evolution nach Rückzug aus der „Sackgasse Homo Sapiens" auf dem Blauen Planeten ohne uns weiter macht.
Axelrods evolutionäre Spieltheorie lehrt uns, dass „Wie du mir, so ich dir!" eine brauchbare Basisstrategie darstellt. In einer von Dichtestress geprägten „Weltrisikogesellschaft" (Ulrich Beck) wäre diese von bilateraler Kon-

frontations- zur multilateralen Kooperationsbereitschaft weiterzuentwickeln.

Als „wir" noch" Papst waren, gab es eine unerklärte Allianz von Klerus und Mullahs gegen Empfängnisverhütung und die Anerkennung von „Grenzen des Wachstums". Papst Franziskus setzte dagegen, Katholiken „müssten sich nicht wie die Karnickel vermehren". Mit seiner Enzyklika „Laudato si" könnte das „christliche Abendland" statt mit „wachse und herrsche" den Fluchtursachen mit „teile und kooperiere" begegnen.

Von höchster Ebene bis zum kleinsten Ehrenamts-Netzwerk suchen wir heute mehr Sinn stiftende Zusammenarbeit – auch in der Wirtschaft im nicht (mit Geld) Messbaren, etwa in der Gemeinwohl-Ökonomie-Bewegung. Auch unternehmerischer Erfolg erwächst zunehmend aus der Überwindung von Konkurrenzdenken und „Quantifizierungsdogma". Eine erwachsene Gesellschaft braucht hierzu auch einen neuen Umgang mit Komplexität, bei dem das qualitative Verständnis der Hauptzusammenhänge in einem vernetzten System entscheidend ist. Auch „Big Data" lässt Statistiker und Wirtschaftspolitiker dagegen oft den Wald vor lauter Bäumen nicht sehen.

Im Bereich der menschlichen Kommunikation ist der sprichwörtliche Erbsenzähler wenig beliebt. Zurecht, denn das Zeitalter von Qualität und Kooperation löst das von Quantität und Verdrängungswettbewerb ab.

Theo Schneider, Dipl.-Statistiker (Univ.)

Was lässt sich daraus für Kooperation ableiten?

Sowohl in der Assoziationsphase wie auch in den letzten beiden Bewusstseinsebenen ist Kooperation und kooperatives Handeln beschrieben; aus unserer Sicht ist sie sogar Grundlage dieser Phase bzw. Ebenen. In den Beschreibungen bleiben jedoch zwei Fragen offen: 1. Wie kann Kooperation gelingen? Das ist ja die Grundfrage dieses Buches, die in den weiteren Kapiteln noch detailliert wird. Und: 2. Wie ist damit umzugehen, wenn weder ich noch mein Kooperationspartner diese Phase schon erreicht haben?

Auf Grundlage der oben geschilderten Entwicklungsstufen ergeben sich aus unserer Sicht vier Empfehlungen:

1. Analysieren, in welcher Phase bzw. Bewusstseinsebene man sich befindet.
2. Auf die jeweilige erreichte Phase bzw. Bewusstseinsebene einstellen.
3. Bedürfnisse in den darunter liegenden Phasen berücksichtigen und entsprechende Maßnahmen ergreifen, um einen Rückfall zu verhindern.
4. Gemeinsam die nächste Phase bzw. Bewusstseinsebene erreichen.

Um sich auf die jeweils erreichte Phase bzw. Bewusstseinsebene einzustellen, scheint aus unserer Sicht folgendes Vorgehen denkbar: Analysieren Sie auch, in welcher Phase bzw. auf welcher Bewusstseinsebene sich das Unternehmen/die Organisation befindet, mit dem/der Sie kooperieren. Wenn Sie diesen Entwicklungsstand (und auch Ihren eigenen) entsprechend berücksichtigen, sollte der Kooperation aus organisatorischer Sicht nichts im Wege stehen. Wenn sie diese Entwicklungsstände nicht berücksichtigen, kann die Kooperation aus organisatorischen Gesichtspunkten scheitern, auch wenn Sie sonst viel Aussicht auf Erfolg hätte. Eine Empfehlung: Kooperieren Sie möglichst mit Partnern auf der gleichen oder einer nahe stehenden Organisationsentwicklungsphase bzw. Bewusstseinsebene.

Der dritte Schritt zu einer gelungenen Kooperation besteht darin, die eigenen Bedürfnisse und die Bedürfnisse des Kooperationspartners innerhalb und außerhalb der Kooperation auf allen darunter liegenden Bewusstseinsebenen zu befriedigen. Es sollten immer alle Bedürfnisse der unteren Ebene erfüllt sein, um die nächste Ebene zu erreichen. Wenn das jeweilige tiefer liegende Bedürfnis nicht befriedigt ist, besteht die Gefahr, eine Stufe zurück zu fallen. Welche Bedürfnisse zu welcher Phase gehören, zeigt Tabelle 2. Dazu ein Beispiel aus der jüngeren Vergangenheit: In wirtschaftlich schwierigen Zeiten, in denen Gewinne ausbleiben, verschwinden globales Bewusstsein, wertschätzende Haltung und Sprache, Gefühls- und Menschenorientierung aus den Unternehmen. Mitarbeiterfortbildungsprogramme werden gestrichen, Kurzarbeit wird eingeführt, Mitarbeitern gekündigt, um kurzfristige Sparziele zu realisieren bzw. die Aktionäre zufrieden zu stellen. Einzelunternehmer kämpfen um das wirtschaftliche Überleben, nehmen jeden Auftrag an, egal ob er zum Unternehmen passt oder nicht. Wettbewerb und Gewinnorientierung stehen im Vordergrund. Viele Unternehmen sind in den letzten Jahren Stufen zurückgefallen, weil die entsprechenden wirtschaftlichen Bedürfnisse nicht befriedigt waren.

Wendet man dieses Prinzip auf die Spirale der Entwicklung an, bedeutet das, es müssen die Bedürfnisse aller Bewusstseinsebenen, bis zur höchsten erreichten Ebene erfüllt sein, damit ein gutes Miteinander möglich ist. Sie könnten sich überlegen: Welches Bedürfnis entsteht in Ihrer Kooperation auf welcher Bewusstseinsebene und wie können Sie dieses Bedürfnis (bei sich selbst und bei Ihrem Kooperationspartner) befriedigen? Das Ziel Ihrer Kooperation und die der Phase und der Ebene entsprechenden Bedürfnisse sollten im Einklang stehen. Erst wenn dies erreicht ist, können Sie sich und Ihren Kooperationspartner einladen, gemeinsam auf die nächste Stufe zu gehen. Erwecken und entdecken Sie gemeinsam ein Interesse am Bedürfnis der nächsten Stufe. Wenn zum Beispiel der finanzielle und Imagegewinn wieder hergestellt ist, können Sie in der Kooperation wieder

Tabelle 2 Organisationsphasen, phasentypische Bedürfnisse und daraus resultierende Maßnahmen

Organisationsphase[93]	Bewusstseinsebene	Bedürfnis von A	Maßnahme von B
Phase 1: Pionierphase	„Überleben und Instinkte"	Monetäre Einnahmen	Gewinnaussichten, finanziellen Erfolg in den Mittelpunkt stellen. Verantwortung klar aufteilen.
	„Zusammengehörigkeit und Magie"	Rituale, Handschlagqualität,	Vertrauensbildende Maßnahmen einleiten und Rituale mittragen.
	„Egoismus und Power"	Zielorientierte Führung	Klarheit in Richtung und Ziel herbeiführen.
Phase 2: Differenzierungsphase	„Sinnfindung und Struktur"	Sinnhaftigkeit des Handelns	Sinn und Nutzen der Kooperation klären.
	„Erfolg und Wettbewerb"	Finanzieller und Imagegewinn	Gewinnorientierten Mehrwert klar machen.
Phase 3: Integrationsphase	„Gemeinschaft und Gleichheit"	Respektvoller Umgang	Wertschätzende Haltung und Sprache praktizieren.
Phase 4: Assoziationsphase	„Synergie & Integration"	Flexibilität im Umgang miteinander	Eigenen und Bedarf der anderen erkennen.
	„Kosmisches Bewusstsein & globales Denken und Handeln"	Zugehörigkeit zum Großen und Ganzen	Vernetzt denken.

wertschätzende Haltung vorleben und damit Ihren Kooperationspartner einladen, es Ihnen gleich zu tun. Thematisieren Sie die zukünftigen Ziele Ihrer Kooperation und denken Sie dabei die nächste Ebene mit. Zum Beispiel in der Form: Wie können wir unsere gemeinsamen Kunden vom Kunden zum Partner machen? Wie verkaufen wir nicht nur, sondern entwickeln gemeinsam neue Lösungen? Damit kämen Sie, ausgehend von der Differenzierungsphase, der Integrationsphase einen Schritt näher.

5 Wege der Kooperation: „Das Schweigen der Lämmer"

Der US-amerikanische Film „Das Schweigen der Lämmer" aus dem Jahre 1991 steht für uns als Pate für dieses Kapitel, in dem es darum gehen wird, wie Kooperation aus unserer Perspektive und Erfahrung gestaltet werden kann. Der Film handelt von einer jungen, sich noch in Ausbildung befindenden FBI-Anwärterin Clarice Starling (Jodie Foster), die an einem besonders schwierigen Fall mitarbeiten muss. Das FBI ist auf der Jagd nach einem Serienmörder, der von der Boulevard-Presse Buffalo Bill genannt wird. Die Ermittler tappen im Dunkeln und haben sich entschlossen, den inhaftierten Serienmörder Dr. Hannibal Lecter (Psychiater) einzubeziehen, der aber seinerseits als psychopathisch gilt. Er hat einen entscheidenden Vorteil gegenüber der Polizei. Er kann sich aus seiner Rolle als Psychiater in die Gedanken des Täters hineinversetzen und dessen nächste Schritte erahnen. Der Film geht hochspannend weiter, vor allem weil Clarice Starling mit Hannibal Lecter einen Deal aushandelt, der das FBI Schritt für Schritt zu dem Serienmörder führt. Der Grund, warum wir uns für diesen auf der einen Seite brutalen, aber auf der anderen Seite filmisch genial gemachten Film entschieden haben, ist, dass er das Prinzip Quid pro Quo, das dem Kooperationsprinzip Tit for Tat sehr ähnelt, in reinster Weise umsetzt und wir davon überzeugt sind, dass dies ein Prinzip ist, welches nicht immer, aber sehr oft dazu beitragen kann, Ihre Kooperation gelingen zu lassen.

In diesem Kapitel wollen wir Ihnen einen Weg anbieten, den wir gemeinsam aufgrund vieler eigener Erfahrungen aufgebaut haben und durch Diskussionen während unserer Bucharbeit weiterentwickelt sowie anhand von Praxisbeispielen überprüft haben. Wir bieten Ihnen diesen Weg als Diskussionsgrundlage an: zum Ausprobieren, um eigene Erfahrungen damit zu sammeln und den Weg mit ihren Erfahrungen zu ergänzen, zu verändern, zu erweitern, kreativ zu sein und ihn mit eigenen Inhalten zu füllen.

Phasen einer gelungenen Kooperation

Die Anfänge von Kooperation sind vielfältig, oft beginnt sie mit nur einem Kontakt zu anderen Unternehmen, zu einem Mitarbeiter oder zu einem Freund und der Idee „wir könnten ja mal kooperieren" (siehe dazu auch Kapitel 6). Wir wollen Ihnen im Folgenden sieben Phasen der Kooperation vorstellen, die Sie dabei unterstützen sollen, Ihre Kooperationen (selbst)bewusst zu gestalten (Bild 26).

1. Vertrauen

Der Leitsatz für diese Phase lautet: „*Vorleistung weckt Interesse.*"

Der erste Schritt zu einer gelingenden Kooperation bedeutet, von sich aus in Vorleistung zu gehen, ganz nach den Prinzipien „Tit for Tat" und dem Ausgleichsprinzip aus der systemischen Herangehensweise. Das heißt, den Willen zur Kooperation zeigen und verbal zu äußern. Man kann diesen ersten Schritt dahingehend dokumentieren, dass man sich öffnet, sich oder sein Unternehmen darstellt, die (Unternehmens)Ziele vorstellt und

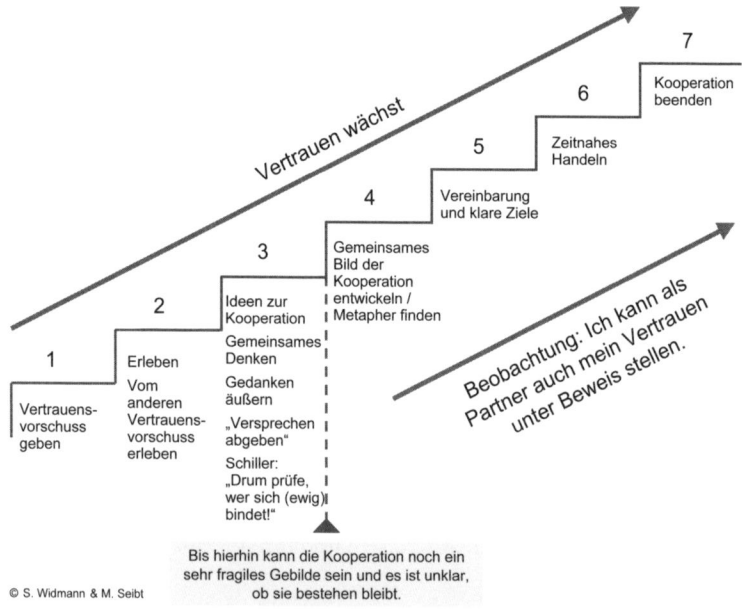

Bild 26 Taten statt Worte – Die sieben Schritte einer gelungenen Kooperation (entwickelt von Stefanie Widmann und Martin Seibt)

von seiner Kooperationsidee berichtet, damit den ersten Schritt anbietet und einen gemeinsamen Nutzen darlegt. Zum Beispiel kann man einer anderen Institution anbieten, deren Veranstaltung(en) über die Kommunikationskanäle der eigenen Institution mit zu bewerben, damit signalisiert man Kooperationsbereitschaft und schafft Nutzen für den zukünftigen Kooperationspartner.

Genauso wie es Fledermäuse tun, wenn sie über ihre Familiengrenzen hinaus anderen Individuen Nahrung abgeben (siehe Kapitel 3.1) und so ihren „Willen" zeigen, die anderen im Überleben zu unterstützen, und gleichzeitig ihre Kooperationsbereitschaft signalisieren. Oder wenn Darwinfinken den Schildkröten durch Ihren Tanz andeuten „ich möchte dich putzen", dann erteilen sie den Schildkröten das Signal: „Ich möchte dir etwas Gutes tun und dabei Nahrung für mich gewinnen." Die Tierwelt erkennt den Nutzen dieses Angebotes von sich aus, in zwischenmenschlichen Kooperationen sehen wir es als unerlässlich, den Nutzen deutlich zu formulieren und auch gemeinsam zu diskutieren.

Die Spieltheorie hat mit dem Prinzip Tit for Tat nachgewiesen, dass sich Kooperation dann entwickelt, wenn ein Kooperationspartner als ersten Schritt *Kooperation* anbietet. Ein möglicher Kooperationspartner beobachtet Ihr Kooperationsverhalten auch, wenn Sie nicht direkt mit ihm kooperieren. Vielleicht stellt er sogar fest, dass Sie bewusst Nachteile in einer Kooperationssituation in Kauf nehmen, obwohl Sie keinen direkten Vorteil aus dieser Kooperation ziehen. Aus evolutionsbiologischer Sicht ist das ein Minusgeschäft, und doch wird es, wie das Beispiel der Fledermäuse dokumentiert, immer wieder praktiziert.[100] Die Spieltheorie weist deutlich nach, dass die Reputation, die sich ein Spieler erwirbt, wenn er bei der Handlung von einem anderen Spieler beobachtet wird, wichtig für den weiteren Verlauf des Spieles ist.

Was trägt eine gut definierte Marke zu einer gelungenen Kooperation bei?

Eine Marke klärt die Identität – auch die einer Kooperation. Sie gibt Antworten auf die Fragen: Was verbindet uns? Was leitet uns? Welchen Nutzen stiften wir? Damit wird eine notwendige gemeinsame Verständnisbasis geschaffen, von der die Standards hinsichtlich der Qualität der Inhalte sowie der Zusammenarbeit abgeleitet werden.

Die Funktionen einer Marke sind daher: Schaffen von Klarheit und Transparenz sowie Stärkung des Zusammenhalts der einzelnen Kooperationspartner.

Sabine Lehner, MARKENwerkstatt, Markenentwicklung

2. Erleben

Der Leitsatz für diese Phase lautet: *„Beobachtbare Taten stützen das Vertrauen."*

Wenn die Vorleistung das Interesse des möglichen Kooperationspartners geweckt hat, entsteht eine Handlung auf seiner Seite, die wiederum zu beobachtbaren Taten seinerseits führt. Das bedeutet, die Vorleistung ist bei dem Partner angekommen und er reagiert. Wenn er im Sinne des Prinzips Tit for Tat handelt, dann wird er möglicherweise an dieser Stelle einen Vertrauensvorschuss zurückgeben. Eventuell lässt er nach außen auch ein Verhalten sichtbar werden, das er einem anderen Kooperationspartner angedeihen lässt. Sie können dabei herausfinden, ob die Handlungsweisen zu den ihren passen und ob es sich lohnt, weiter an eine Kooperation zu denken. Die Intuition, gefördert durch die Spiegelneuronen, kann hierbei sehr nützlich sein. Unabhängig davon kann es von Belang sein, die Reaktion des Partners auf Ihr Kooperationsangebot abzuwarten.

Einmal mehr findet sich hier die theoretische Fundierung in der Spieltheorie. Das Prinzip Tit for Tat (Wie Du mir so ich Dir) besagt, dass Sie es dem Verhalten des anderen gleichtun sollten. Kooperiert der Partner nicht – kooperieren Sie auch nicht. Sollten Sie trotzdem kooperieren, laden Sie ihn möglicherweise zu einer Symbiose im Sinne der Transaktionsanalyse ein, indem Sie signalisieren: „Du kannst mit mir machen, was Du willst, ich bin trotzdem kooperationsbereit." In diesem Fall besteht große Gefahr, dass die Kooperation nicht symmetrisch verläuft. Nach dem Nicht-Kooperieren des Partners empfiehlt sich in jedem Fall, wieder einen Schritt zu tun, der Kooperationsbereitschaft signalisiert, sonst kann es zu einer Eskalation kommen: Nach unserer Erfahrung gilt auch in Kooperationen „Druck erzeugt Gegendruck", und so wird, wenn einer der Partner einen druckvollen Schritt ausführt, der andere Partner höchstwahrscheinlich mit Gegendruck reagieren. Dies kann sich bis zu einem Konflikt aufschaukeln, entsprechend den Eskalationsstufen nach Friedrich Glasl.[101] Wenn das bereits hier, in der 2. Stufe von Kooperation passiert, dann wackelt die Kooperation bereits an dieser Stelle und es gilt zu überlegen, die Kooperation nicht zu vertiefen.

3. Ideen zur Kooperation

Der Leitsatz für diese Phase lautet: *„Ver-rückte Ideen führen zum Erfolg."*

Der dritte Schritt dient dazu, unter den Kooperationsbeteiligten gemeinsam dergestalt Ideen zu erarbeiten, dass die Ideen kreativ, aus der Norm abweichend, den eigenen Bezugsrahmen erweiternd, bewusst Normen und Grenzen ver-rücken. Es können also verrückte Ideen sein, aber es dürfen eben auch Ideen sein, die ver-rückt im Sinne von Norm verschiebend sind.

Dabei können in kreativen Sitzungen alle Formen von Kreativitätstechniken angewendet werden, um neuartige Ideen zur Kooperation zu finden. Manchmal findet eine solche Sitzung ganz zu Beginn der Kooperation statt – es ersetzt aber aus unserer Sicht die beiden oben beschriebenen Schritte nicht. Bei diesem Treffen empfiehlt sich, geeignete KollegInnen oder MitarbeiterInnen einzuladen, um deren Know-how in ihren Arbeitsbereichen und ihre Kreativität zu nutzen. Im Kapitel 3.2 haben wir dargestellt, welche Elemente/Spieler (Konkurrenten, Kunden, Lieferanten, Komplementäre) sich um ein Unternehmen gruppieren. So erscheint uns in diesem Schritt entscheidend, dass Sie Ihre eigene Organisationsentwicklungsphase und die Ihrer möglichen Kooperationspartner analysieren und gegebenenfalls gemeinsam hinterfragen und jedenfalls Ihren Bedarf für Ideen klären und ansprechen.

4. Gemeinsames Bild der Kooperation entwickeln

Der Leitsatz für diese Phase lautet: *„Eine gemeinsame Vision verbindet."*

In diesem vierten Schritt einer Kooperation betreten wir den Raum des Visuellen. Hierbei geht es darum, ein- und dasselbe (Visions-)Bild zu entwickeln. Wir haben automatisch alle Bilder in unseren Köpfen, angelehnt an unsere Vorkenntnisse, Erfahrungen, Wissen usw. Daraus entstehen unsere Ideen. So hat jeder Mensch entsprechend seiner Erfahrungen, seines Wissens und seiner Erwartungen unterschiedliche Bilder im Kopf. Diese miteinander abzugleichen, auszutauschen, auszuhandeln, zu verargumentieren und zu verstehen, kann die Kooperationspartner einander näher in ihrer Vorstellung bringen, was für sie „kooperieren" bedeutet.

- Die Bilder austauschen,
- einander zuhören und verstehen,
- und damit ein einheitliches Verständnis herzustellen,

könnten aus unserer Sicht drei Schritte in einem Gespräch sein, mit dem Ziel, eine gemeinsame Vision auszuarbeiten und ein Einvernehmen/eine Übereinstimmung herzustellen. „Verstehen" bildet dabei die Grundvoraussetzung, ganz nach einem indianischen Sprichwort: *„Großer Geist, bewahre mich davor, über einen Menschen zu urteilen, ehe ich nicht eine Meile in seinen Mokassins gegangen bin."* [102]

Erforderlich bei diesem vierten Schritt ist, in Bildern oder Analogien zu sprechen, denn Bilder sind nicht nur oft leichter zu verstehen, sie sind zumindest in jedem Fall anschaulicher und verständlicher. Sie sprechen mit Bildern auch Ebenen des Unbewussten an, die mit Sprache als Form der

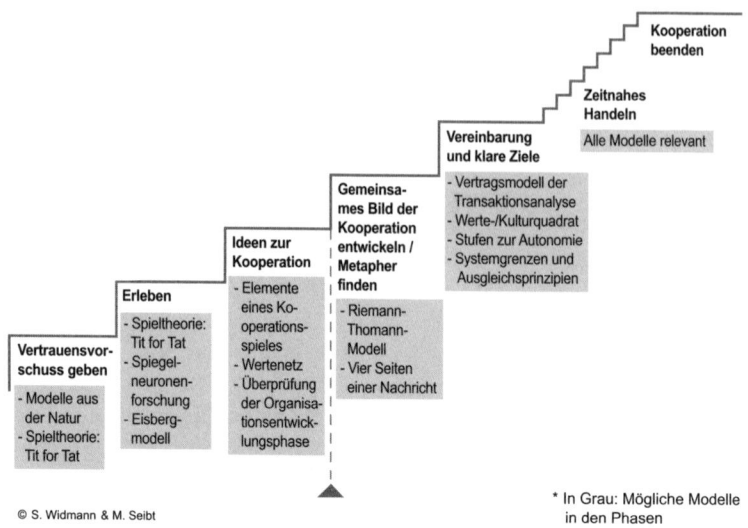

Bild 27 Kooperationsmodelle, die in diesem Buch beschrieben und für die jeweilige Stufe relevant sein können

bewussten Verständigung nicht zugänglich sind. Sie berücksichtigen somit auch Elemente auf der „Bauchebene", denn gute Entscheidungen fallen mit Kopf und Bauch.[103] Worte waren einst Zauber – Bilder sind heute noch Magie!

Eine gemeinsame Vision verbindet und schafft einen ersten Schritt in Richtung Verbindlichkeit.

5. Vereinbarung und klare Ziele

Der Leitsatz für diese Phase lautet: *„Vereinbarte Ziele schaffen Verbindlichkeit."*

Die fünfte Stufe dient der Klarheit, der Bewusstheit und der Verbindlichkeit. Spätestens hier sollten sich alle Kooperationsbeteiligten der Tragweite und der Konsequenzen der Kooperation bewusst sein und die Verantwortung für sich selber, für das Thema der Kooperation sowie für die Auswirkungen, die es auf den Kooperationspartner haben könnte, übernehmen und bereit sein, diese auch im Falle eines Scheiterns zu tragen. Alles, was sich ab jetzt verändert und nicht in einem Vertrag festgehalten wurde, hat spätestens ab jetzt sowohl rechtliche als auch wirtschaftliche Auswirkungen und Konsequenzen. Aus diesen Gründen muss man sorgfältig erwägen, bei welchen Vereinbarungen und Vertragszielen man guten Gewissens zustimmen kann, aber bei welchen man möglicherweise auch ablehnen will/muss. Folgerichtig diskutieren Sie gemeinsam mit Ihrem/Ihren Kooperationspartner(n) Konsequenzen, um keinen Fall außer Acht zu lassen und damit Missverständnissen, Enttäuschungen oder möglichen Konflikten vorzubeugen. Spätestens hier ist zu prüfen, ob man bei komplexen Kooperationsthemen nicht leichtfertig „Ja" sagt oder die Kooperation einfach nur eingeht, weil man den anderen mag.

Als klares Ziel dieser Stufe eröffnet sich für uns ein gemeinsam ausgehandelter Vertrag mit eindeutig vereinbarten Zielen, egal ob mündlich oder schriftlich fixiert. Ganz nach dem Grundsatz: Nur was ausgesprochen und festgeschrieben ist, kann Wirklichkeit werden.

Je komplexer sich eine Kooperation gestaltet, desto zielführender ist es, den Vertrag schriftlich festzuhalten. Dabei können bereits erste Arbeitspakete, To-do's, also Handlungsaufträge, verhandelt werden, die dann 1:1 umsetzbar sind. Dabei können alle Methoden des Projektmanagements, wie Projektpläne, Meilenstein-Planung usw., unterstützen. In dieser Phase können Sie gemeinsam mit Ihrem/Ihren Partner(n) auch eine Risikoanalyse durchführen.

„Eine Analyse möglicher Probleme und Störungen basiert auf der Überzeugung, dass im Voraus erkannte künftige Störungen oder Fehlentwicklungen als Folge von Plänen oder Entscheidungen der Gegenwart durch rechtzeitig eingeleitete Maßnahmen erst gar nicht auftreten müssen oder in ihrer negativen Auswirkung eingeschränkt werden können."[104]

Das heißt, auch in Kooperationen können Sie wie in Projekten vom Ende her denken, von hinten nach vorne, und dabei folgendes überlegen:

- Was könnte schief gehen?
- Was ist die Schwachstelle, das mögliche Problem oder die Störung?
- Wie relevant ist dieses Problem für die Kooperation?
- Was könnten Sie jetzt dagegen unternehmen?
- Was könnte in Zukunft auftreten, das die Kooperation gefährdet?
- Mit welchen Auswirkungen ist zu rechnen?
- Was ist der Grund, die Ursache für die Störung?
- Wie relevant ist das Problem für die Kooperation (Bewertung in Prozent)?
- Welche Maßnahmen sind präventiv möglich, um die Störung im Vorfeld zu vermeiden?
- Welche Maßnahmen sind korrektiv möglich? Das bedeutet, wenn die Störung aufgetreten ist: Wie lassen sich die Auswirkungen und Folgen mindern? Was ist dazu bereits im Vorfeld schon planbar?

In dieser Phase gibt jeder Kooperationspartner seine verbindliche Zustimmung, ab jetzt gelten rechtliche Grundlagen (siehe Kapitel 5.5). Greifen wir noch einmal aus der Phase 2 den Gedanken von „Druck und Gegendruck" auf, so zeigt sich oft in dieser Phase der Kooperation, wie Kooperationspartner miteinander umgehen, vor allem wenn etwas nicht wie geplant läuft. Gerade in dieser Phase kann Druckausübung zu den Eskalationsstufen 5 bis 9 nach Glasl (siehe Kapitel 5.4) führen.

6. Zeitnahes Handeln

Der Leitsatz für diese Phase lautet: *„Auf Worte folgen Taten."*

Tun, Umsetzen, Abarbeiten, Handeln, Spaß und Freude dabei entwickeln, reagieren auf unerwartete Ereignisse, erste Früchte ernten, erste wirtschaftliche Erfolge einfahren, den Nutzen der Kooperation sehen/spüren/generieren und genießen... Das alles passiert aus unserer Sicht in dieser Phase einer gut gelingenden Kooperation. Grundvoraussetzung dafür ist, dass alle Schritte davor bewusst und gemeinsam gestaltet wurden. Es ist auch möglich, dass sich nach dem Ankommen in dieser Phase die Schritte 4 bis 6 wiederholen; das kann gerade bei veränderten Rahmenbedingungen und äußerlich unvorhersehbaren Ereignissen sinnvoll und notwendig sein. Wenn es zu Störungen oder Konflikten zwischen den Kooperationsbeteiligten kommt, kann es auch zweckmäßig sein, wieder zu Phase 1 zurückzugehen und mit den Kooperationsbeteiligten über den Nutzen und die Ursprungsidee zu diskutieren.

Auf jeden Fall sollten die Kooperationspartner wie im Projektmanagement ein Controllingsystem einbauen, um immer wieder einen Soll-Ist-Vergleich herzustellen und damit ihr Kooperationsziel im Auge zu behalten (Bild 28).

7. Kooperation beenden

Der Leitsatz für diese Phase lautet: *„Erreichte Ziele führen zu einem klaren Ende."*

Die Kooperation hat ihr Ziel erreicht! Ist das Ziel der Kooperation erfüllt, sind alle Arbeiten abgeschlossen, ist der gemeinsame Vertrag erfüllt, so kann die Kooperation beendet werden. Haben sich Rahmenbedingungen verändert, kann die Kooperation weitergeführt werden, aber eventuell macht es Sinn, die Kooperation hier an der Stelle zu beenden und eine neue zu starten. Ist die Kooperation gescheitert, kann es ebenfalls zu einer neuen Kooperation kommen, aber auch in diesem Falle sollte die Kooperation beendet werden. Klar und rechtzeitig zu sagen „Jetzt ist Ende!" erfordert eine Portion Mut. Wenn der Bedarf für die Kooperation gedeckt ist,

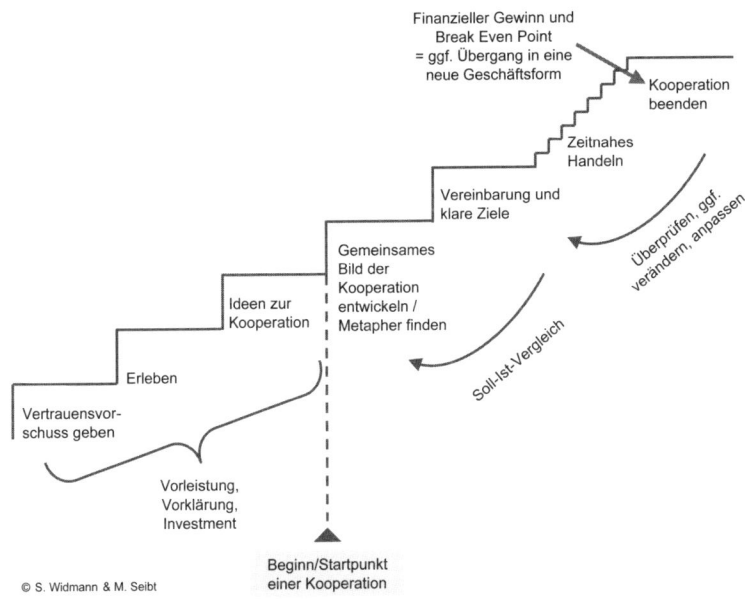

Bild 28 Soll-Ist-Vergleich und Phasen wiederholen

die Früchte der Kooperation geerntet sind und die Ernte eingefahren ist, kann die Kooperation in aller Vielfalt beendet werden (siehe auch Kapitel 9 „Das Beste kommt zum Schluss"):

- das Ende formulieren
- Abschied nehmen mit aller Freude und Trauer
- den Abschied feiern
- sich verabschieden.

Ab hier kann der Kreislauf mit demselben Kooperationspartner wieder von vorne beginnen, ggf. zu einem neuen Kooperationsthema (siehe Praxisbeispiel mit dem Titel „Kooperation – oder die Lust, es einfach zu tun", Kapitel 8.9) oder gar mit einem neuen Kooperationspartner, eventuell auch zu demselben Thema!

Am Ende dieses Kapitels geben wir Ihnen die sieben Phasen noch einmal im Überblick (Bild 29). Dieses Mal mit Anregungen für Methoden, die Sie bei der Umsetzung der einzelnen Phasen in die Praxis unterstützen können.

Aus unserer Erfahrung führen diese sieben Phasen, wenn sie bewusst gestaltet, diskutiert und partnerschaftlich ausgehandelt wurden, zu einer

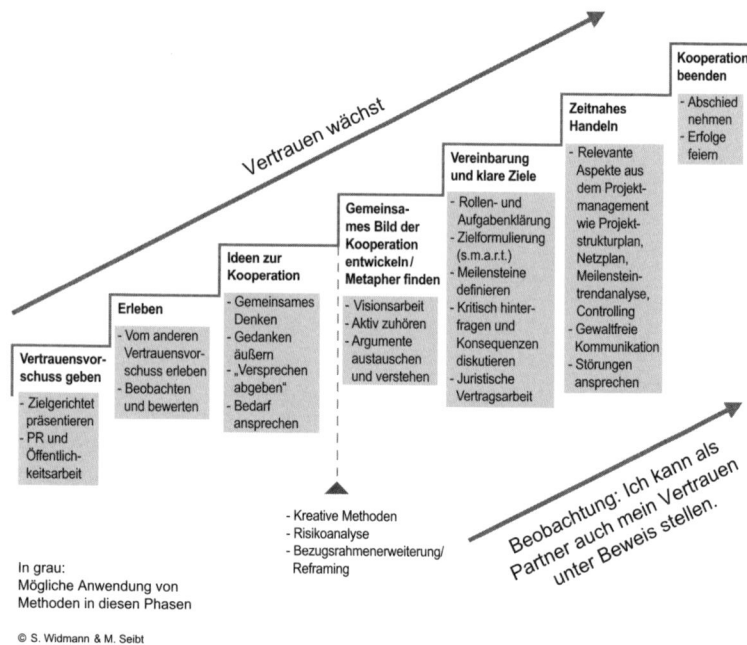

In grau:
Mögliche Anwendung von
Methoden in diesen Phasen

© S. Widmann & M. Seibt

Bild 29 Methoden, die bei der Umsetzung der sieben Phasen in die Praxis unterstützen

erfüllten, erfolgreichen und gelungenen Kooperation. Wir wünschen Ihnen viel Freude beim Ausprobieren!

5.1 Wahl der Kooperationspartner: „Der unsichtbare Dritte"

Stellen Sie sich vor, Sie haben eine neue Geschäftsidee, vielleicht ist Ihnen im Laufe zum Beispiel Ihrer Ingenieurtätigkeit die Idee für ein innovatives Produkt gekommen, ein Produkt, von dem Sie sagen, das würde mir meine Arbeit ungemein erleichtern. Sie setzen sich eines Abends hin, fertigen eine Skizze an und erstellen eine Mindmap, welche Schritte notwendig wären, um dieses Produkt in die Tat umzusetzen und Realität werden zu lassen. Dabei wird Ihnen klar, Sie könnten das schaffen und könnten damit vielleicht auch sogar ein lukratives Geschäft aufbauen, mit dem Sie zusätzlich zu Ihrer bisherigen Arbeit viel Geld verdienen. Darüber hinaus würde es Ihnen auch eine Bekanntheit bringen, die Ihrem Geschäft zuträglich ist.

Möglicherweise könnten Sie die Produktion auch alleine umsetzen, aber eventuell mit einem viel höheren Aufwand für Ressourcen, Kosten, Schnelligkeit, Know-how-Aufbau usw. Das wäre ein klassischer Fall, bei dem wir sagen, es lohnt sich, eine Kooperation einzugehen – oder auch, im Sinne des Wertenetzes nach Brandenburger und Nalebuff (siehe Kapitel 3.2), um Ihr Produkt gemeinsam mit einem Komplementär um eine Ergänzung zu bereichern.

Bei der Gemeinwohlökonomie spielen noch weitere Faktoren bei der Auswahl Ihres Kooperationspartners eine Rolle, zum Beispiel ökologische Nachhaltigkeit, soziale Gerechtigkeit, Solidarität und vieles mehr. Aber dazu kommen wir an späterer Stelle.

Aber wie findet man nun den richtigen Kooperationspartner? Und worauf sollte man achten, wenn man sich für einen Kooperationspartner entscheidet?

In dem Film „Der unsichtbare Dritte" von Alfred Hitchcock wird ein New Yorker Werbefachmann eines Nachmittags während einer Geschäftsbesprechung im New Yorker Plaza Hotel von bewaffneten Männern abgefangen, als er sich auf dem Weg zu einer Telefonzelle befindet. Die Gangster halten ihn irrtümlich für einen Mann, den sie zuvor ans Telefon rufen ließen und mit dem sie „kooperieren" wollen. Der Entführte lehnt ab, ihm wird Alkohol eingeflößt und er wird in ein gestohlenes Auto gesetzt. Ihm gelingt die Flucht, er wird aber von der Polizei geschnappt und bleibt so weiter in die Geschehnisse verwickelt. Diese Szenen sind spannend, jedoch ist „Kidnapping" alles andere als der Beginn einer gelungenen Kooperation.

Eine notwendige Voraussetzung für eine gelingende Kooperation scheint uns stattdessen eine offene Grundhaltung anderen und neuen Perspektiven gegenüber. Innere Werte wie Wertschätzung, Vertrauen und Integrität stabilisieren diese, und klare, eindeutige Ziele, die gemeinsam ausdiskutiert und entschieden wurden, geben einer Kooperation die nötige Richtung vor.

Gründe, Kooperationen einzugehen

Eine Kooperation einzugehen, kann auf sehr verschiedenen Gründen basieren. Hier einige Beispiele:
- Innovationen schaffen für die Erschließung neuer Märkte
- Risiken wie Zeitverzug, Pönalen usw. minimieren

- Kosten senken, eigenen finanziellen Einsatz beschränken
- gemeinsam ein Produkt oder Konzept entwickeln
- gemeinsam Lösungen für Probleme finden
- Kunden langfristig binden
- eigene Schwächen ausgleichen
- Know-how von außen dazu gewinnen
- schnell Informationen austauschen (ein willkommener Nebeneffekt)
- letztendlicher Gewinn: Fokussierung auf Dinge, die ich tun will.

Allen Gründen ist gemeinsam, dass der Fokus der Kooperation (zum Beispiel neue Markterschließung, neues Produkt usw.) alleine nur schwer bis gar nicht gelöst werden kann und ein Kooperationspartner die Chance auf Erfolg steigen lässt.

Je nachdem, welche Gründe man für eine Kooperation hat, wird man unterschiedlich auf die Suche nach Kooperationspartnern gehen. Je nach Branche, Vorlieben, Kenntnissen und Erfahrungen werden sich weitere Wege anbieten.

> **Wie finden und entscheiden wir uns für Kooperationspartner in der PR-Branche?**
>
> Die PR-Branche, gerade im Technologie- und IT-Umfeld, ist sehr international ausgerichtet. Um für Unternehmen aus diesem Bereich als Dienstleister interessant zu sein, haben wir uns sehr früh dafür entschieden, ein Netzwerk von vorwiegend europäischen Partnern aufzubauen.
>
> Vor der eigentlichen Suche nach geeigneten Geschäftspartnern galt es, einen Ziel- und Kriterienkatalog zu erstellen, der uns bei der Auswahl leiten sollte und Prioritäten setzte. Für das Finden gibt es keine allgemeingültige Methode. Der einfachste Weg führt über einen konkreten Auftrag oder persönliche Empfehlung. Aber auch dann ist der Schritt zu einer gut funktionierenden Kooperation noch groß. Neben formalen Auswahlkriterien sollte die persönliche Ebene nicht außen vor bleiben. Entscheidend für eine gute Partnerschaft ist neben den formalen Kriterien die persönliche und kulturelle Ebene. Auch bei internationalen Beziehungen muss die Chemie stimmen. Hinzu kommt, dass eine Verständigung reibungsloser verläuft, wenn jeder sich auf die Mentalität und Befindlichkeit der anderen (Geschäfts-)Kultur einlässt und sie zu deuten weiß. Eine gemeinsame Sprache zu sprechen heißt nicht automatisch, sich zu verstehen. Für eine interkulturelle Kooperation ist ein hoher Kommunikationsaufwand nötig, aber die gewonnenen Erfahrungen sind für das Unternehmen sehr wertvoll.
>
> *Liane Lahl, Fortis PR*

Ein kurzer Ausflug in die Gemeinwohlökonomie

Ende 2010 startete Christian Felber gemeinsam mit Unterstützern aus Unternehmen und Organisationen den Prozess der Gemeinwohl-Ökonomie. Die Grundidee dabei ist, dass das Wohl aller Menschen und der natürlichen Mitwelt gleich wichtig ist. Alle inhaltlichen Eckpunkte der Gemeinwohl-Ökonomie wurden im Mitbestimmungsrecht aller Beteiligten diskutiert. Sie folgt drei Grundsätzen:

- Den Werte-Widerspruch zwischen der Wirtschaft und der Gesellschaft auflösen.
- Die Werte und die Ziele unserer Verfassung sollen in der Wirtschaft konsequent umgesetzt werden.
- Die wirtschaftliche Erfolgsmessung wird umgestellt von Tauschwertindikatoren (Mittel) auf Nutzwertindikatoren (Nutzen). Das, was Menschen benötigen und was sie zufrieden macht, soll Bedeutung bekommen.

Die zwei Hauptgründe, warum wir in unserem Buch einen Ausflug zur Gemeinwohl-Ökonomie unterstützen, sind:

1. Weil die Gemeinwohl-Ökonomie die Kooperation als einen wesentlichen Wert beinhaltet und
2. weil sie aus unserer Sicht unseren Kooperationsgedanken wesentlich erweitert. Während die Form der Kooperation, wie wir sie anbieten, auch nur zum Wohle der beteiligten Kooperationspartner geführt werden kann, gilt der Grundsatz der Gemeinwohl-Ökonomie zum Wohle aller und der Umwelt um uns herum.

Christian Felber verfolgt wie wir den Ansatz, dass das zukünftige wirtschaftliche Handeln auf dem Prinzip der Kooperation aufgebaut sein muss, um erfolgreich im Sinne der Menschenwürde zu sein. *„…Konkurrenz sportnt zweifellos zu so mancher Leistung an (dazu später), aber sie richtet einen ungemein größeren Schaden an der Gesellschaft und an den Beziehungen zwischen den Menschen an. Wenn Menschen als oberstes Ziel ihren eigenen Vorteil anstreben und gegeneinander agieren, lernen sie, andere zu übervorteilen … Wenn wir jedoch andere übervorteilen, dann behandeln wir uns nicht als gleichwertige Menschen: Wir verletzen unsere Würde."* [105]

Die Gemeinwohlökonomie stellt auch das Messen des unternehmerischen Erfolgs, wie er bislang über Finanzbilanzen erfolgt ist, infrage und bietet eine weit umfassendere und systemisch komplexere Bilanzierungsmöglichkeit an: die Gemeinwohl-Bilanz. Sie misst den Erfolg eines Unternehmens nach 5 Werten:

- Menschenwürde
- Solidarität

5.1 Wahl der Kooperationspartner

- Ökologische Nachhaltigkeit
- Soziale Gerechtigkeit
- Demokratie/Mitbestimmung/Transparenz.

Außerdem nach Berührungsgruppen wie Lieferanten, Geldgeber, Mitarbeiter sowie Eigentümer, Kunden, Gesellschaftliches Umfeld und Negativkriterien.

Alle Unternehmen, die sich dem Gemeinwohlökonomie-Gedanken anschließen wollen, werden nach diesen Kriterien gemessen und geprüft.

Leider ist das Thema der Gemeinwohl-Ökonomie zu umfassend, um es hier noch ausführlicher zu beschreiben, aber wenn Sie Gefallen finden an der Idee, Ihre Kooperation nicht nur für sich selber und Ihren Kooperationspartner lukrativ zu gestalten, sondern auch für die Gesellschaft und unsere Umwelt Vorteile zu schaffen, dann empfehlen wir Ihnen, sich tiefer mit der Gemeinwohl-Ökonomie auseinanderzusetzen (www.ecogood.org).

Kooperationspartner-Suche

Ansatzpunkte zur strukturierten Suche von Kooperationspartnern sind:

- Virtuelle Netzwerke (zum Beispiel XING, Facebook, mycorners, LinkedIn)
- Alumni-Gruppen
- Sozialvereine, z. B. Lions Club oder Rotary
- Migranten
- in Projektarbeit
- aus früheren Projekten
- ehemalige Kooperationspartner
- usw.

Ansatzpunkte zur spontanen/„zufälligen" Kooperationspartner-Suche:

Wir sind davon überzeugt, Zufälle gibt es nicht. Nach dem Prinzip der subjektiven Wahrnehmung fällt mein Blick genau auf die Dinge, mit denen ich mich gerade intensiv beschäftige. Wenn ich zum Beispiel ein Auto brauche, weil bei meinem das Getriebe nach 320.000 km erneut kaputt gegangen ist, werde ich nach Automodellen schauen, mir Autowerbungen mit einer besonderen Aufmerksamkeit ansehen, und wenn ich bereits ein Modell näher ins Auge gefasst habe, werde ich immer und überall dieses Modell in den unterschiedlichsten Varianten sehen. So meinen wir: Wenn Sie einen Kooperationspartner suchen, werden Sie fast automatisch mit einem darauf fokussierten Blick durch ihr Berufsleben laufen.

Alle bislang beschriebenen Ideen, um Kooperationspartner zu finden, beruhen auf dem Zugang, dass zuerst eine inhaltliche Idee für eine Kooperation vorhanden ist und dann der geeignete Kooperationspartner dazu gesucht und gefunden wird. Aus unserer Sicht gibt es aber noch weitere hilfreiche Zugänge, hier alle im Überblick:

1. Erst die Idee, dann der Kooperationspartner.
2. Zuerst besteht die Bekanntschaft zum Kooperationspartner und aus der guten Beziehung überlegt man, zu welchem Thema man kooperieren könnte. Der Nutzen besteht dann für beide Partner darin, miteinander zu arbeiten und damit die Arbeitsbeziehung zu intensivieren.
3. Ein dritter Zugang besteht darin, dass sowohl die Idee als auch die Kooperationspartner (und damit die Kooperation) von außen, von einer dritten Person vorgeschlagen werden.
4. Ein vierter Weg besteht in der Zufälligkeit, das bedeutet völlig ungeplant und vielleicht sogar unvorhersehbar.

Zu diesen verschiedenen Wegen bieten wir Ihnen einige persönliche Beispiele an, wie sie von Stefanie Widmann erlebt wurden.

1. Erst die Idee, dann der Kooperationspartner

Während einer Kaffeepause im Training fragte Elke Meyer, wie es denn wäre, gemeinsam ein Buch über Flipchartgestaltung zu schreiben. Wir verabredeten einen Termin, an dem wir ein erstes Brainstorming für eine mögliche Gliederung durchführten und anschließend alle weiteren konkreten Schritte vereinbarten.

Auch mit Martin Seibt entstand während eines gemeinsamen Trainings die Idee, gemeinsam dieses Buch zu schreiben. Die Grundidee war, gemäß dem Firmentitel „Wege der Kooperation" ein Buch zu veröffentlichen und in diesem Rahmen auch die naturwissenschaftliche Seite zu beleuchten. Martin ist Biologe und fand Gefallen an der Idee, weil er schon lange nach Parallelen zwischen der Natur und Management sucht und selbst viele Kooperationen lebt. Wie bei der ersten Buchkooperation fand ein erstes Treffen mit Konkretisierung der Idee statt und viele weitere Arbeitstreffen mit Aufgabenverteilung und inhaltlicher Diskussion folgten.

2. Zuerst der Kontakt, dann die Idee

Es bestand bereits der gute und vertrauensvolle Kontakt zu einem Trainerkollegen, mit dem der Wunsch bestand, zu kooperieren. So wurde der Plan geschmiedet, gemeinsam neue Kunden zu akquirieren und Konzepte für

Führungskräfte zu entwickeln. Erweiternd dazu wurde in einer Ausbildungsgruppe die Idee geboren, in dieses Angebot das Spektrum eines Ausbildungskollegen, eines Bergführers, zu integrieren, um damit das Angebot auf interessante Weise zu erweitern.

3. Von außen vorgeschlagen

Bei den „Modernen Parabeln" hingegen vermittelte unser Verleger Dr. Gerhard Seitfudem den Kontakt zu Andreas Wenzlau, und die Kooperation funktionierte die erste Zeit nur über Telefon und E-Mail. Das erste Treffen zu dritt fand statt, als die meisten Geschichten geschrieben waren und die Reihenfolge, die Titel, sowie die Überarbeitung der Fazits entschieden wurde. Diese Kooperation ist ein wunderbares Beispiel für eine funktionierende „virtuelle" Kooperation (siehe Kapitel 7), die reibungslos, wertschätzend und humorvoll miteinander ablief. Das Ziel war klar, die Modernen Parabeln sollten innerhalb eines Jahres fertig beim Verlag vorliegen. Im Moment überlegen wir Herausgeber, die Modernen Parabeln auch als Hörbuch zu verlegen und sind auf der Suche nach Sponsoren. Mittlerweile haben die beiden auch die 2. Auflage ihres Buches virtuell erfolgreich abgeschlossen.

4. Zufällig

In einem meiner Urlaube in Südfrankreich lernte ich Dr. Arne Thies kennen, der mir eines seiner Ferienhäuser vermietete. An einem der Tage kam er vorbei, um etwas zu reparieren, und dabei kamen wir ins Plaudern. Bei einem Espresso berichtete er mir von seiner Lebensvision, eine Stiftung zu gründen, über die es Frauen in Afrika ermöglicht werden soll, Kredite zu bekommen, um damit kleine Projekte zu finanzieren. Ich entschied mich dazu, das von ihm geschriebene Konzept zu redigieren, und so entstand die Idee, wenn die Stiftung ins Leben gerufen wird, eine Kooperation einzugehen. Mittlerweile ist daraus der gemeinnützige Verein BonAgera e.V. (www.bonagera.biz) entstanden, der Projekte unterstützt, mit Ansätzen aus der ökologisch-sozialen Marktwirtschaft, und dabei Menschen in „Entwicklungsländern" die Möglichkeit bietet, ihre Zukunft selbst in die Hand zu nehmen. Aktuelle Projekte sind z. B. Brunnenbau, Zugang zu Energie, Aufbau von Krankenstationen usw. Ich bin stolz, dass ich bei der Entstehung dieser wunderbaren Idee einen kleinen Beitrag leisten konnte.

Wenn Sie systematisch und strukturiert auf die Suche nach einem Kooperationspartner gehen wollen, dann können Sie nach bestimmten Kriterien vorgehen. Tabelle 3 leistet Ihnen dazu vielleicht gute Dienste.

Tabelle 3 Kriterienliste zur Wahl des eigenen Kooperationspartners

Wichtige Kriterien/Merkmale für meinen Kooperationspartner
Sachebene
Wie sieht unsere Kooperationsvision aus?
Welches Kooperationsziel verfolge ich?   Welches Ziel verfolgt mein Kooperationspartner?   Inwiefern passen die beiden zusammen?
Welche Kooperationsstrategien verfolge(n) ich/er/wir?
Wie sehen unsere bisherigen Unternehmenskulturen aus?
Wie lange warte ich auf Ergebnisse von meinem Kooperationspartner?
In was ergänzen wir uns?
Wie viel Zeit hat mein Kooperationspartner?   Genau so wenig/viel wie ich?
Welche (guten) Kontakte bringt ein potentieller Kooperationspartner mit?
Zwischenmenschliche Ebene
Wie sympathisch ist mir mein Kooperationspartner?
Wie komme ich mit dem Kooperationspartner zurecht?
Wie gut kenne ich ihn?
Für wie vertrauenswürdig halte ich ihn?
Wie zuverlässig erlebe ich ihn?
Wie leicht/schwer erlebe ich die Kommunikation mit ihm?
Was sind seine und meine Vorlieben/Stärken/Schwächen?
Bei was sind wir uns sehr ähnlich?
Worin unterscheiden wir uns maßgeblich?
Was glaube ich, verheimlicht er bewusst vor mir?
Was weiß ich noch nicht über ihn?
Wie strukturiert arbeitet der Partner?   Ertrinken wir im gegenseitigen Chaos?
Wie hektisch oder ruhig geht er an aktuelle Probleme?
Wie geht mein Partner mit Krisen und/oder kritischen Situationen um?
Wie löst er Konflikte?

Diese Liste bietet noch keine Vollständigkeit und doch kann sie als erste Gedankenstütze dienen.

> **Welche Funktion hat die PR für Kooperationen?**
> Hinter PR versteckt sich die Botschaft „Tue Gutes und rede darüber!". Ziel ist, eine Öffentlichkeit auf sein Unternehmen mit seinen Produkten, Dienstleistungen oder Personen aufmerksam zu machen. Je sichtbarer ein Unternehmen im Web, in den Medien oder in seinem Netzwerk ist, umso wahrscheinlicher ist es, dass potenzielle Partner und Kunden es wahrnehmen. Eine gute Außendarstellung durch Presse- und Öffentlichkeitsarbeit ist ein wichtiger Schritt, um Glaubwürdigkeit zu vermitteln und Kompetenz zu zeigen. Die Suche nach geeigneten Kooperationspartnern beginnt heute ganz selbstverständlich mit einer Internet-Recherche. Je klarer das Bild eines Unternehmens oder einer Person im Web dargestellt ist, umso stärker ist die Differenzierung zum Wettbewerb und umso einfacher fällt die Auswahl für einen künftigen Partner.
> *Liane Lahl, Fortis PR*

In Kooperationen erleben wir es als günstig, von Zeit zu Zeit zu überprüfen, welche Ansprüche, Erwartungen und Hoffnungen man an seinen Kooperationspartner stellt und welche davon man selbst zu erfüllen bereit ist – mit dem Ziel, die Balance in Kooperationen zu halten, die Ausgewogenheit im Sinne der Ausgleichsprinzipien. Dies heißt nicht, dass die Arbeitsteilung zu jedem Zeitpunkt ausgeglichen ist, ähnlich wie in einer Partnerschaft zwischen Mann und Frau. Mal gibt vielleicht der eine mehr, mal der andere. Der Ausgleich kann auf sehr unterschiedliche Art und Weise passieren, zum Beispiel dergestalt, dass der eine mehr organisiert und der andere Kunden akquiriert. Oder: Der eine übernimmt den kreativen Part, während der andere die Struktur in die Kooperation einbringt.

Und doch: Am Ende kann es zu einem zufriedenstellenden Ergebnis führen, wenn beide Kooperationspartner sagen: „Ja, die Balance ist bei uns beiden gegeben".

Riemann-Thomann-Modell

Wir wollen die Suche nach einem Kooperationspartner ergänzend noch mit Hilfe des Riemann-Thomann-Modells (Bild 30) betrachten. Das Modell, das Christoph Thomann aus Fritz Riemanns „Grundformen der Angst" weiterentwickelt hat, *„unterscheidet vier Grundstrebungen, die für die meisten Menschen mehr oder weniger zutreffen, das heißt in ihnen und zwischen ihnen aktiviert werden können… Jeder verfolgt die Tendenzen in unterschiedlichem Maße, unterschiedlicher Intensität und Reihenfolge."*[106]

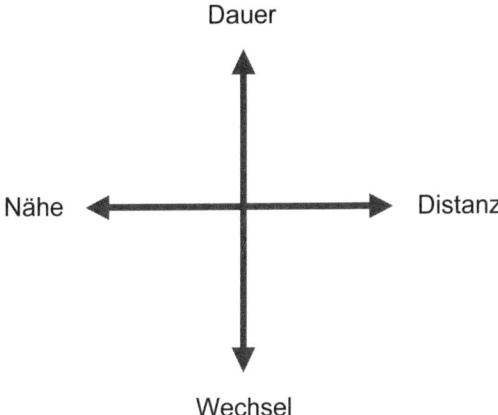

Bild 30 Die vier Grundtendenzen im Riemann-Thomann-Modell

Je nachdem, welcher Grundtendenz ein Mensch nachstrebt, verfolgt er vermutlich auch in Kooperationen unterschiedliche Ziele.

- *Nähe*

Ein Mensch, bei dem die Nähe-Tendenz stark im Vordergrund steht, sucht in Kooperationen voraussichtlich das gemeinsame Erlebnis, das gemeinsame Tun, er will sooft wie möglich kooperative Treffen herbeiführen, um im gemeinsamen Arbeiten Ergebnisse zu erzielen. Er sucht verbindende Interessen und strebt nach Harmonie. Trifft ein nähebedürftiger Kooperationspartner auf einen distanzorientierten, gibt es unter anderem Bedarf, zu klären, wie nah die beiden Partner tatsächlich zusammenarbeiten, wie oft Treffen stattfinden können/müssen usw.

Menschen mit Nähe-Tendenz tendieren in der Übertreibung dazu, ihre Kooperationspartner in den Vordergrund oder gar über sich zu stellen (die Haltung, die sie dabei einnehmen, entspricht häufig der Haltung Ich nicht o.k. – Du o.k., siehe Kapitel 4.2), sich und seine eigenen Bedürfnisse dabei hintan zu stellen oder sogar ganz zu vernachlässigen, außerdem dazu, den anderen zu idealisieren und dessen Schwächen und Fehler zu bagatellisieren. Er vermeidet Spannungen, kann schwer Nein sagen und zielt auf ein harmonisches Miteinander ab. Dabei besteht die Gefahr, dass er von den anderen ausgenutzt wird.

- *Distanz*

Ein Kooperationspartner, der eine erhebliche Tendenz in Richtung Distanz zeigt, sucht die Abgrenzung von anderen Menschen und strebt nach

5.1 Wahl der Kooperationspartner

Unabhängigkeit und Autonomie (siehe Kapitel 4.2). In Kooperationen wird er vermutlich klare Abgrenzungen (Rollen, Aufgaben, Verantwortlichkeiten) fordern und dazu neigen, vieles im Alleingang zu bewältigen. Der Nutzen einer Kooperation steht klar im Vordergrund, denn wenn dieser nicht deutlich ist, arbeitet ein „distanzierter" Kooperationspartner lieber allein, bevor er sich der Mühsal hingibt, sich mit anderen Beteiligten auseinandersetzen zu müssen. In diesem Sinne neigen diese Menschen auch zu Einzelgänger- oder Eigenbrötlertum und sie wirken auf ihre Mitmenschen unnahbar, distanziert und befremdlich, und sie können, ist ihr Maß an Nähe erst einmal gefüllt, auch zurückweisend wirken. „Im Extremfall neigt er zu Arroganz, beißender Ironie, Zynismus und Sadismus."[107]

- *Dauer*

Der Wunsch nach Ordnung und Struktur steht bei einem Dauer-geprägten Kooperationspartner im Vordergrund, mit dem Ziel, Sicherheit zu gewinnen. Er ist überzeugt, dass Planung mit Vorsicht und Voraussicht in Kooperationen das grundlegende Prinzip von Erfolg ist. Gesetze, Normen, Rahmenbedingungen, Theorien usw. bilden für ihn wichtige Ergänzungen in Kooperationen. Im Zwischenmenschlichen setzt er auf Werte wie Verantwortung, Pflicht, Pünktlichkeit, Sparsamkeit und Treue. Trifft in Kooperationen ein Dauer-orientierter Partner auf einen Wechsel-Typ, hat er seine liebe Mühe, ihn von all diesen Tugenden zu überzeugen. Wie der Name schon sagt, hält ein Dauer-geprägter Mensch gerne an Altbewährtem und Liebgewordenem fest, und er wird damit gerne zu einem Sammler. Aus diesem Grund weist er aber auch Angst vor Veränderung auf, seine Stärke liegt nicht in der Risikobereitschaft, sondern er belässt am liebsten alles so, wie er es kennt und mag. Übertreibt er diese Eigenschaften, wird er leicht zum Dogmatiker und zum Prinzipienreiter. So kontrolliert er am liebsten, um seine tradierten Vorstellungen durchzusetzen. *„In Kleinigkeiten kann er recht pedantisch sein und starr auf Zeit, Geld und Pflichten schauen und gegen Freude, Genuss und Lust kämpfen."*[108] Ebendiese Genauigkeit kann die Zusammenarbeit mit einem Dauer-geprägten Menschen in Kooperationen erschweren, wenn es darum geht, Neues und Innovatives voranzutreiben.

- *Wechsel*

„Diese Tendenz beschreibt den Wunsch nach dem Zauber des Neuen, dem Reiz des Unbekannten, von Wagnissen und des Abenteuers; den Rahmen sprengen, den Augenblick erleben. Das Bedürfnis nach Spontaneität und Leidenschaft, ..., nach Temperament, Genuss, ... wird deutlich."[109] Wenn wir dabei an das Bud-

get, Ziele, Terminvereinbarungen oder Planungen in Kooperationen denken, wird sofort deutlich, wo Menschen mit dieser Tendenz sich schwer tun. Und dass sie gleichzeitig auch wieder ihre Stärken zeigen, wenn es darum geht, Neues, Innovatives und Riskantes zu probieren. Sie bringen Abwechslung, Freude, Farbe und Kreativität in Kooperationen und können wunderbar auf Menschen zugehen und Menschen für ihre Ideen gewinnen. Für die Umsetzung in die Tat kann der Wechsel-Orientierte gut einen Dauer-Menschen gebrauchen, der ihm hilft, Beständigkeit und Kontinuität in die Arbeit zu bringen. Wenn es darum geht, mit Menschen der Wechsel-Tendenz Verträge zu machen, sie an ihre Verpflichtungen, Spielregeln, Vorschriften und Konventionen zu erinnern, reagieren diese Menschen eher mit Rückzug; soviel Konservatismus macht ihnen Angst. Auch beim Tragen von Konsequenzen sind sie pfiffig und wendig und finden leicht eine Lösung, all dem auszukommen.

Es erscheint naheliegend, dass sich die jeweiligen Pole in ihren Extremen sehr wohl gut ergänzen und damit in Kooperationen ganz nach dem Sprichwort „Gegensätze ziehen sich an" gut zusammenpassen. Gleichwohl bestehen darin auch die Schwierigkeiten der Zusammenarbeit.

Die Grundtypen erleben wir nicht nur in Reinform, sondern sie treten im Besonderen auch als Zwischenform auf. Wir führen unsere Buchkooperation als Dauer-Distanz-Kooperation. Prinzipiell sind wir beide Distanz-Dauer-orientiert, das bedeutet:

Wir gehen strukturiert vor, machen gerne Pläne, arbeiten gerne Pläne ab und überprüfen diese zeitlich (Dauer-Typen).

Aber: Wenn es um Kooperationen geht, dann lassen wir uns manchmal gerne überraschen (mit Anteil Wechsel). Damit kommt auch Mehrarbeit auf uns zu und manches Geplante muss hinten anstehen, aber unsere Erfahrung ist, dass viel Bereicherndes zurückkommt, so dass sich die Mehrarbeit lohnt. Wenn man Kooperationen immer nur als Dauer-Distanz-Typ eingeht, dann wird man wohl immer die gleichen Kooperationen führen, mit immer den gleichen Personen. Und daher ist es aus unserer Sicht und unseren persönlichen Erfahrungen förderlich, immer wieder einmal in die Wechsel-Tendenz zu gehen, um damit auf neue, auf bislang nicht gedachte Ideen zu kommen (neue Geschäftsideen, interessante neue Informationen, die Einsicht in andere Perspektiven, Aneignung von Wissen, weitere Kontakte, die mir Aufträge vermitteln, gute Imagepflege usw.)

Welche Auswirkung hat nun das Wissen über das Riemann-Thomann-Modell auf Kooperationen?

Wir erkennen den großen Vorteil darin, wenn sich die Kooperationspartner bewusst sind, in welcher Grundtendenz sie leben, um damit über ihre

Bedürfnisse und ihr eigenes Handeln Klarheit zu bekommen. Auch um zu beobachten, in welcher Grundtendenz ihre Kooperationspartner handeln und welche Grundbedürfnisse beim anderen sich dahinter verbergen.

Manchmal versteckt sich hinter dem eigenen Verhalten auch die Sehnsucht hin zu einer anderen Tendenz (Schattenseite), so kann zum Beispiel ein Dauer-Distanz-orientierter Mensch den geheimen Wunsch hegen, spontaner, aber auch mit mehr Nähe zu agieren (Nähe-Wechsel-Tendenz). Das Riemann-Thomann-Modell kann dabei unterstützen, den Kooperationspartner und sein Handeln besser zu verstehen, eigenes Verhalten leichter einzuordnen und folglich könnte aufgrund dieser Reflexion Kooperation leichter gelingen.

Unsere Kernbotschaft dieses Kapitels an Sie als unseren Leser heißt:

Den richtigen Kooperationspartner zu finden erfordert Geduld, Offenheit, (Selbst)Bewusstheit und Klarheit. Gute Kooperation braucht Pflege, ähnlich wie in einer guten Freundschaft oder Partnerschaft. Ein Arbeitskollege aus dem sonnigen Schwabenland sagte einmal: „Mädle muss man pfläsche!" So ist es auch mit guten Kooperationspartnern.

5.2 Bedürfnisse in Kooperationen: „Meerjungfrauen küssen besser"

„Gestalten Sie Ihr Leben, Ihre Beziehungen und Ihre Welt in Übereinstimmung mit Ihren Werten."

So untertitelt Marshall B. Rosenberg sein Standardwerk „Gewaltfreie Kommunikation" und schreibt weiter in dem Kapitel „ Verantwortung für unsere Gefühle übernehmen":[110]

„... dass das, was andere sagen oder tun, ein Auslöser für unsere Gefühle sein mag, aber nie ihre Ursache ist."[111]

Was ist nun der Auslöser für unsere Gefühle? Gefühle entstehen aus unseren Bedürfnissen und Erwartungen in der aktuellen Situation und deren Befriedigung bzw. Nichtbefriedigung. Abraham H. Maslow führt in seinem Standardwerk „Motivation und Persönlichkeit", in dem er auch die vielzitierte Bedürfnispyramide (Physiologische Bedürfnisse > Sicherheitsbedürfnisse > Bedürfnisse nach Zugehörigkeit und Liebe > Bedürfnis nach Achtung > Bedürfnis nach Selbstverwirklichung) beschreibt, zusätzlich die Motivation ein, indem er die Bedürfnisse als Grundlage menschlicher Motivation beschreibt.[112] Hinter allen Motiven und Bedürfnissen stecken unsere menschlichen, gesellschaftlichen und unternehmerischen Werte:

"Werte sind tief verankerte Auslöser und Quellen unseres Denkens und Handelns."[113]

Gefühle, Handeln, Bedürfnisse, Motivation und Werte – wie hängen nun diese unterschiedlichen Ebenen voneinander ab, bzw. wie greifen Sie ineinander? Uns scheint Klarheit hier wichtig, um welche Ebenen es sich handelt, um entsprechend reagieren zu können: Ist ein Gefühl oder eine Handlung anzusprechen, eine Motivation zu nennen oder ein Bedürfnis zu erfüllen, ist der zugrunde liegende Wert klar definierbar? Diese vier Ebenen in eine, zumindest aus unserer Sicht, sinnvolle Reihenfolge zu bringen, könnte etwa aussehen wie in Tabelle 4.

Tabelle 4 Zusammenspiel von Wert, Bedürfnis/Motiv, Handeln und Gefühl/Emotion

	Erklärung	Beispiel
Gefühl, Emotion	Folge aus dem Handeln (ausgelöst durch eigenes Tun bzw. Reaktion der Anderen auf mein Tun)	Wärme im Bauch, ein Gefühl von Zufriedenheit (wenn Handeln beim Gegenüber angekommen ist)
Handeln	Der aus dem Bedürfnis/Motivation resultierende Wunsch ins Tun umgesetzt	Z.B.: mit Argumenten überzeugen und entsprechendes Auftreten
Bedürfnis/Motivation	Wunsch an die Umwelt und an sich selbst	Ernst genommen zu werden
Wert	Basis des Handelns	Glaubwürdigkeit

Werte, Bedürfnisse/Motive und Gefühle greifen somit intensiv ineinander. Sie bauen aufeinander auf und erlauben ein gutes gemeinsames Handeln, wenn sie entsprechend Berücksichtigung und Beachtung finden, führen aber zu Konflikten, wenn dies nicht passiert. D.h., die Grundlage für eine möglichst konfliktfreie Kooperation ist die Klarheit der eigenen Werte und Bedürfnisse, um sie ebenso klar anzusprechen.

Maja Storch und Frank Krause trennen zwischen bewussten Motiven und unbewussten Bedürfnissen und machen damit deutlich, dass Bedürfnisse nicht immer offensichtlich sein müssen.[114] Dies trifft auf das Geschäftsleben, wie auch im Privaten zu, wie in unserem Filmbeispiel. Der Film „Meerjungfrauen küssen besser", der dieses Kapitel überschreibt, zeigt sehr deutlich, was passieren kann, wenn Bedürfnisse nicht befriedigt werden oder vielleicht auch gar nicht bewusst sind.

5.2 Bedürfnisse in Kooperationen

Die 15jährige Charlotte Flax lebt mit ihrer sexuell freizügigen Mutter Rachel und ihrer 8jährigen Schwester Kate zusammen und hat ihren Vater nie kennen gelernt. Das große Problem und die einzige Konstante dieser Kleinfamilie ist der ständige Ortswechsel, verursacht von Mrs. Flax, die nach jeder gescheiterten Beziehung mitsamt ihren Töchtern umzieht, nur um in einer neuen Stadt eine neue, für sie nicht befriedigende Beziehung einzugehen. Die Töchter haben sich ihre eigenen Fluchten aus der Realität geschaffen: Kate ist begeisterte Schwimmerin und fühlt sich unter Wasser am wohlsten, Charlotte zeigt ein großes Interesse an der katholischen Religion, obwohl die ganze Familie jüdisch ist. Ein erneuter Umzug führt die drei in eine Kleinstadt in New England. Dort stürzt sich Mrs. Flax in eine Beziehung mit dem geschiedenen Schuhverkäufer Lou, der sich nicht nur um die schwierige Mrs. Flax, sondern auch um deren Töchter bemüht und für Charlotte und Kate zu einem Ersatzvater wird. Zum ersten Mal entwickelt Mrs. Flax ernsthafte Gefühle für einen Mann. Auch Charlotte entdeckt unerwartet die Liebe, was ihr streng religiöses Weltbild reichlich durcheinander bringt. Der Mann ihrer Träume ist der junge, schweigsame Schulbusfahrer Joe. Als sich Charlotte und Joe näher kommen, vernachlässigt Charlotte ihre Aufsichtspflicht gegenüber Kate, die beinahe ertrinkt. Daraufhin kommt es zu einem heftigen Streit zwischen Charlotte und Mrs. Flax. Am Ende verstehen sich Mutter und Tochter jedoch besser als zuvor. Mrs. Flax führt eine ernsthafte Beziehung mit Lou und Charlotte flieht nicht länger in die Religion.[115]

Mrs. Flax versucht durch ihre flüchtigen, sexuell dominierten Beziehungen eine Befriedigung für ihr eigentliches Bedürfnis zu finden. Der Schlüssel passt jedoch nicht in das Schloss: Ersatzhandlungen, die an die Stelle der eigentlichen bedürfnisbefriedigenden Handlungen treten, haben den Nachteil, dass sie das Bedürfnis nicht oder nur kurzfristig befriedigen, weil sie für das Bedürfnis nicht adäquat sind. Die Religion für Charlotte Flax, der Schwimmsport für Kate und die flüchtigen sexuellen Beziehungen von Mrs. Flax sind nichtadäquate Bedürfnisbefriedigungen für ein tiefes Bedürfnis nach Geborgenheit, Nähe und Familie. Erst als das eigentliche Bedürfnis befriedigt wird, verlieren die ursprünglichen Ersatzhandlungen an Bedeutung. Der ausgetragene Konflikt zwischen Mutter und Tochter klärt die Situation und macht eine andere Form des gemeinsamen Lebens möglich.

Ziel der weiterführenden Überlegungen ist, die Bedeutung der eigenen und der Bedürfnisse des Kooperationspartners für die Kooperation klar zu machen und Ideen für einen wertschätzenden Umgang zu formulieren.

Stellen Sie sich folgende Situation vor: Ihr Kooperationspartner schickt Ihnen eine Rechnung, auf der alle Leistungen, bis hin zu der eher unüblichen Verrechnung der Mitbeförderung von Personen, nach Buchstaben des Gesetzes, in Höhe von Centbeträgen, aufgelistet sind. Sie lesen diese Rechnung und merken ein Unwohlsein in der Magengegend – Ärger kommt auf. Sie möchten diese Situation aber klären und stellen sich die Frage, welches Bedürfnis wohl dahinter steckt. Handelt es sich um ein persönliches oder organisationales Bedürfnis, welche Werte und Motive treiben den Kooperationspartner nun an? Ist dieses Bedürfnis überhaupt auf der Ebene der Kooperation zu befriedigen oder kann das Bedürfnis auch außerhalb der Kooperation in den anderen Geschäftsfeldern angegangen werden? Welche Bedürfnisse wurden bei Ihnen verletzt – woher kommt der Ärger?

Den Hintergrund des Ärgers zu klären, ist nun ein empfehlenswerter erster Schritt, ein klärendes Gespräch ein möglicher zweiter. Helmut Joainig entwickelt in seiner Beschäftigung mit deeskalierender Kommunikation ein Kommunikationsmodell, um Bedürfnisse adäquat anzusprechen, das RINO-Modell.[116] Er gibt Hilfestellung, indem er persönliche Bedürfnisse kategorisiert und eine leichtere Einordnung möglich macht. In seiner Analyse macht er vier Grundkategorien von persönlichen Bedürfnissen fest. Eine ähnliche Einteilung der in Kooperationen gleichermaßen wichtigen Bedürfnisse von Organisationen haben wir schon im Kapitel 4.4 auf Basis der unterschiedlichen Organisationsentwicklungsphasen vorgenommen.

Welche Rolle spielen Bedürfnisse aus Sicht der Transaktionsanalyse für Kooperation?

Kooperation ist ein sehr kontaktvolles Geschehen: Wir lassen uns ein auf andere und auf eine gemeinsam zu bewältigende Aufgabe. In und durch dieses Beziehungsgeschehen werden eine Reihe besonderer Bedürfnisse aktiviert und stimuliert: Gerade die Beziehungsbedürfnisse (nach Richard Erskine[117]) nach Kontakt, nach Nähe, nach Austausch, nach Gesehen-werden und Anerkennung können durch gute Kooperation besonders befriedigt werden.

In Kooperation müssen wir zwar das Bedürfnis nach Bestätigung unserer Einmaligkeit etwas zurückstellen, es gibt also keine Anerkennung für Einzelkämpfertum. Dafür aber erleben wir Befriedigung durch Zugehörigkeit zu anderen, indem wir einen Beitrag beisteuern und für andere wichtig sind. Das Beziehungsbedürfnis nach Initiierung, also „das in Gang setzen" durch andere ebenso wie das Bedürfnis, für andere etwas zu tun, andere zu unterstützen und hilfreich zu sein, kann nur in sozialem Geschehen befriedigt werden, wie eben bei guter Kooperation. Auch ist das ein guter Schutz gegen die Antreiber „Sei stark" und „Sei perfekt" und befriedigt das Bedürfnis nach Entlastung. Interessanterweise steigert das ja noch die Leistungsergebnisse, fördert die Kreativität sowie die persönliche Befriedigung.

Almut Schmale-Riedel, M.A. Institut Team Gilching

5.2 Bedürfnisse in Kooperationen

Als ersten Bedürfniskomplex beschreibt Joainig das Bedürfnis nach *Bindung*, das Grundbedürfnis nach menschlicher Interaktion, der zweite Bedürfniskomplex, den er bei seiner Literaturanalyse herausarbeitet, ist der Bereich der *Struktur, Ordnung und Kontrolle*. Das dritte Bedürfnissystem ist geprägt vom Selbstwert des Menschen, das Bedürfnis nach *Anerkennung*, und als letzten definiert er den Bedürfniskomplex *Kongruenz*, das Bedürfnis nach Zufriedenheit und Lustgewinn sowie Unlustvermeidung. Die Ähnlichkeiten dieses Modells zur oben angesprochenen Bedürfnispyramide von Maslow sind deutlich erkennbar und unterstreichen diese Grundkategorien menschlicher Bedürfnisse. Als Analyseinstrument dienen beide.

Helmut Joainig geht aber noch einen Schritt weiter, er entwickelt das Modell mit dem Ziel einer deeskalierenden Kommunikation, einer Klärung, aufbauend auf den Bedürfnissen. Aus den vier Anfangsbuchstaben der angeführten englischen Begriffe für die jeweiligen Interventionsschritte ergibt sich der Name des Modells: RINO, das in Tabelle 5 zusammengefasst ist.

Das Modell ist somit eine Bedürfniskategorisierung, die es möglich macht, die eigenen und die fremden Bedürfnisse in Kooperationen zu klären und einzuordnen. Darüber hinaus ist das Modell ein Interventionsinstrument: Ist das Bedürfnis einmal fassbar, kann es mit der vorgeschlagenen Methode leicht angesprochen werden. Konflikte kosten Zeit und Energie, nicht berücksichtigte Bedürfnisse sorgen dafür, dass kein Ergebnis erzielt und kein Mehrwert (ideeller und materieller Gewinn) erwirtschaftet wird. Wie wir an dem untenstehendem Beispiel deutlich machen, können mit einer offenen Bedürfnisansprache Unstimmigkeiten vermieden, Kon-

Tabelle 5 Das RINO-Modell

Bedürfniskomplex	Interventionsschritt	Methode
Bindung	**R**elationship: Beziehung aufbauen	Offene Grundhaltung, aktives Zuhören, ...
Struktur	**I**nformation: Struktur/Information geben	Ich-Botschaften formulieren, Übersicht schaffen, ...
Anerkennung	**N**egotiation: Verhandeln/ Dialog führen	Verhandlungsmodelle anwenden, Wertschätzung und Anerkennung aussprechen
Kongruenz	**O**ption: Lösungen finden/ Optionen erweitern	Für beide Seiten stimmige Lösung ausarbeiten

flikte frühzeitig geklärt, der eigene Nutzen in der Kooperation fokussiert und damit das gemeinsame Handeln zeiteffizient und nutzeneffektiv strukturiert werden.

Für den stimmigen Umgang mit eigenen und fremden Bedürfnissen erscheinen uns damit folgende ergänzende Fragestellungen zum RINO-Modell von Bedeutung:

- Handelt es sich um ein persönliches oder Organisationsbedürfnis?
- Wie weit steht das auftretende persönliche Bedürfnis mit dem vorherrschenden Organisationsbedürfnis in Einklang bzw. umgekehrt? Ergeben sich Widersprüche, die zu klären sind?
- An wen wendet sich das Bedürfnis – wer ist der richtige Ansprechpartner?
- Wie ist das Bedürfnis konkret zu formulieren, damit eine adäquate Befriedigung stattfinden kann?

Ist das Bedürfnis nicht offensichtlich, können methaphorische Methoden, wie die Arbeit mit Bildern oder Symbolen, helfen, Bedürfnisse von einer unbewussten auf die bewusste Ebene zu heben.

Diese Überlegungen auf das oben angesprochene Beispiel angewendet, ergibt folgende Möglichkeit: Der Kooperationspartner, der die Rechnung schickt, hat das Organisationsbedürfnis des wirtschaftlichen Überlebens. Beim anderen Kooperationspartner wird das Bedürfnis Interaktion (Bedürfniskategorie Bindung) nicht befriedigt, sondern durch eine sehr klare und haarklein aufgeschlüsselte Rechnung missachtet. Ein persönliches Gespräch, das die finanzielle Situation des Kooperationspartners klarlegt, beim Überbringen der Rechnung geführt, hätte den Ärger verhindern können.

Der Schritt in eine deeskalierende, bedürfnisorientierte Kommunikation könnte nun wiederum nach dem RINO-Modell stattfinden:

1. Kontakt aufbauen,
2. Grund des Gesprächs (Verärgerung) und Ziel (Veränderung der Rechnungslegung) nennen,
3. Neue Ideen verhandeln, in denen die jeweiligen Bedürfnisse berücksichtigt werden, und
4. Eine für beide Seiten stimmige und kongruente Lösung vereinbaren.

Gelingende Kooperation soll möglichst konfliktfrei funktionieren, nur wenn die jeweiligen Bedürfnisse auf persönlicher, wie auch Organisationsebene entsprechend berücksichtigt und angesprochen werden, kann dies gelingen. Konflikte können trotzdem nicht hundertprozentig ausgeschlossen werden. Welche Rolle Gefühle und Konflikte in Kooperationen spielen, wird in den nächsten Kapiteln Thema sein.

> **Wie sieht Kooperation zwischen Verlag und Autor aus?**
>
> Zwei, die auf Gedeih und Verderb aufeinander angewiesen sind, sind der Autor und sein Lektor: Der Lektor wünscht vom Autor ein perfektes Manuskript – der Autor wünscht vom Lektor, dass dieser das Manuskript perfektioniert. Der Lektor muss den Autor motivieren, diese Aufgabe (am besten auch noch termingemäß) zu erfüllen. Dazu bietet er ihm auf Wunsch immer wieder kleine „Geschenke" – Tipps zum Umgang mit Word, eine Recherche, die der Autor nicht selbst ausführen möchte oder kann, ein Entgegenkommen bei der Titelbildgestaltung... Die finanziellen und zeitlichen Möglichkeiten des Verlags bei weitem überschätzend – Originalzitat „Sie verdienen doch viel Geld mit meinem Buch" – hält mancher Autor diese Leistungen für selbstverständlich. So hat er keine Skrupel, sich mit seinen Wünschen zeitsparend an den Lektor zu wenden, dem im Sinne seiner Zielsetzung „gutes Buch zum geplanten Zeitpunkt" oft nichts anderes übrig bleibt, als die manchmal lästigen Anliegen des Autors zu erfüllen.
>
> Eine wesentliche Aufgabe des Lektors ist es, diese Kooperation zu steuern und die Balance zu halten zwischen zu großem Aufwand und schlechtem Produkt, zwischen persönlichem Frust und verärgertem Autor, zwischen kleinem Finger und ganzer Hand. Gleichzeitig Fluch und Segen ist dabei die E-Mail. Sie hilft dem Lektor, seine Anliegen klar zu übermitteln – und sie senkt die Hemmschwelle des Autors, mal schnell etwas zu fragen (oder sich zum dritten Mal das Template schicken zu lassen). Ein Telefonat kann manches klären, bringt aber oft zu wenig Präzision. Und wenn der Autor gar wissen möchte, warum der Verlag etwas nicht tut (zum Beispiel aus unscharfen Vorlagen scharfe Grafiken zaubern, oder dafür sorgen, dass amazon mehr Bücher verkauft), dann wird Kooperation für den Lektor zum psychologischen Drahtseilakt.
>
> *Gerhard Seitfudem, Publicis Pixelpark*

5.3 Die Rolle von Emotionen: „*Fire & Ice*"

Fire & Ice ist ein Sportfilm von Willy Bogner aus dem Jahre 1986. Was uns an diesem Film fasziniert, ist nicht die oberflächliche Liebesgeschichte, sondern es sind die spektakulären Skiszenen, die unterschiedlichste Emotionen beim Betrachter auslösen: Angst, Begeisterung, Euphorie, Melancholie usw. Und genau darum soll es in diesem Kapitel gehen. Emotionen, die manchmal erscheinen wie Feuer und Wasser, die nicht zusammen zu passen scheinen und damit vielleicht das Kooperieren erschweren.

„Emotionen haben in Kooperationen nichts verloren", werden Sie vielleicht denken. Wir arbeiten viel mit Führungskräften zusammen, und gerade in Großunternehmen erleben wir, dass Manager sehr ungern Emotionen reflektieren, geschweige denn über sie sprechen. Emotionen sind wichtig, weil unser menschliches Agieren immer auf zwei Ebenen verläuft, auf der Sach- und auf der Beziehungsebene (siehe Kapitel 4.1), und wir diese nicht ausschalten können wie einen Kühlschrank, den wir je nach Bedarf an- oder ausmachen. In diesem Kapitel wird es vor allem darum gehen, Sie zu sensibilisieren, dass Emotionen in Kooperationen wichtig sind und dass schon manche Kooperation gescheitert ist, weil verleugnete oder unreflektierte Emotionen zu Konflikten führten, die innerhalb der Kooperation nicht mehr lösbar waren.

Emotionen sind wichtige Lenker unseres Lebens, sie treiben uns an, sie bereichern unser Leben und machen uns existenzfähig. Gleichzeitig sind sie unbequem und manchmal lästig, weil sie uns langsam werden lassen und uns manchmal nicht so funktionieren lassen, wie wir das gerne hätten. Aus diesem Grund entstand wohl die Tendenz in unserer heutigen Gesellschaft und eben auch in globalen Wirtschaftsunternehmen, Emotionen zu tabuisieren. In Kooperationen steht die Sache im Vordergrund, um Erfolg zu haben, um monetären Gewinn zu machen, ein Antrieb für Kooperation liegt in der Wirtschaft in der Gewinnmaximierung, ein messbarer Mehrwert. Vielmehr geht es darum, sich die eigenen Emotionen bewusst zu machen, diese zu lenken und sich nicht unbewusst treiben zu lassen. Man muss sich nicht sofort mit den aufkommenden Emotionen beschäftigen, aber umso früher man das tut, desto leichter wird es.

Die Wichtigkeit von Emotionen im Leben und damit auch in Kooperationen anzuerkennen, ist wesentlich, um sich selbst und andere ernst zu nehmen. Und erst im zweiten Schritt geht es um die Frage, wie man mit Emotionen umgeht.

Otto Buchinger (ein deutscher Arzt und der Begründer des Buchinger-Heilfastens) sagte einmal: „Nur der Bewegte bewegt sich, nur der Ergriffene ergreift"![118]

Sich selbst zu „er-greifen" heißt aus unserer Sicht, die eigenen Emotionen er-kennen und sie annehmen. Sie nicht weg zu denken. Die folgenden Fragen werden uns im weiteren Verlauf intensiver beschäftigen:
- Wie erkennen wir unsere Emotionen?
- Wo liegt der Unterschied zu Stimmungen?

5.3 Die Rolle von Emotionen

- Wie können wir mit unseren Emotionen in Kooperationen umgehen?
- Wie können wir Einfühlungsvermögen und damit Verständnis für andere und ihre Emotionen entwickeln?
- Wie können wir unsere eigenen Emotionen erkennen?

In der Hektik des Alltags sind unsere Emotionen häufig überlagert und stehen hintenan. Das bedeutet, wenn wir unseren Emotionen auf die Spur kommen wollen, braucht es Zeit. Zeit zur Entspannung, Zeit zum Nachspüren, Zeit ganz bei uns zu sein. Diese Zeiten fliegen uns nicht wie selbstverständlich zu, sondern wollen eingerichtet sein. So bietet es sich an, morgens nach dem Aufstehen, abends vor dem Zubettgehen oder auch während des Tages, sich 10 Minuten der Ruhe zu gönnen, um in sich hinein zu spüren.

Wir haben Menschen in unseren Trainings erlebt, die sagten, ich spüre nichts. Das kann natürlich aus ganz verschiedenen Gründen kommen. Aber vielleicht der einfachste Weg, etwas zu spüren, zu fühlen, zu verspüren, ist, wenn Sie sich mal selbst in den Arm zwicken. Je nachdem, wie fest Sie zwicken, kann es ziepen, brennen oder richtig schmerzen. Das Zwicken kann wehtun und ein Unwohlsein hervorrufen, das Zwicken löst Emotionen aus. Emotionen sind das, was unser Körper empfindet, verspürt.

Ausgelöst werden unsere Emotionen meist durch eine Wahrnehmung, die wir haben, und eine fast automatisch gedachte Interpretation. Oftmals sind uns diese Interpretationen gar nicht bewusst.

Ein Beispiel dazu:

Angenommen, Sie und Ihr Kooperationspartner hätten heute Abend ein Abendessen mit einem Ihrer Zulieferer ausgemacht, um die Konditionen des neuen Vertrages mit ihm zu besprechen. Sie sagen ihm, dass Sie heute Abend leider nicht teilnehmen können, weil Ihre Frau krank ist und Sie sich um die Kinder kümmern müssen. Wenn Ihr Kooperationspartner die Stirn runzelt, dann ist das erst einmal Ihre Wahrnehmung. Erst die Interpretation, er könnte gestresst sein oder womöglich sogar verärgert, dass Sie so kurzfristig absagen und nicht bei dem wichtigen Gespräch dabei sein können, kann zum Beispiel Schuldgefühle in Ihnen auslösen. Mit diesen Schuldgefühlen agieren Sie anders, als wenn Sie sich sicher wären, dass er Ihre Unabkömmlichkeit zuhause versteht. Zum Beispiel lassen sie Sie zögerlich antworten oder selbst einen strengen Blick aufsetzen, weil Sie sich in der Situation nicht verstanden fühlen. Der entsprechende Emotionskreislauf ist in Bild 31 dargestellt.

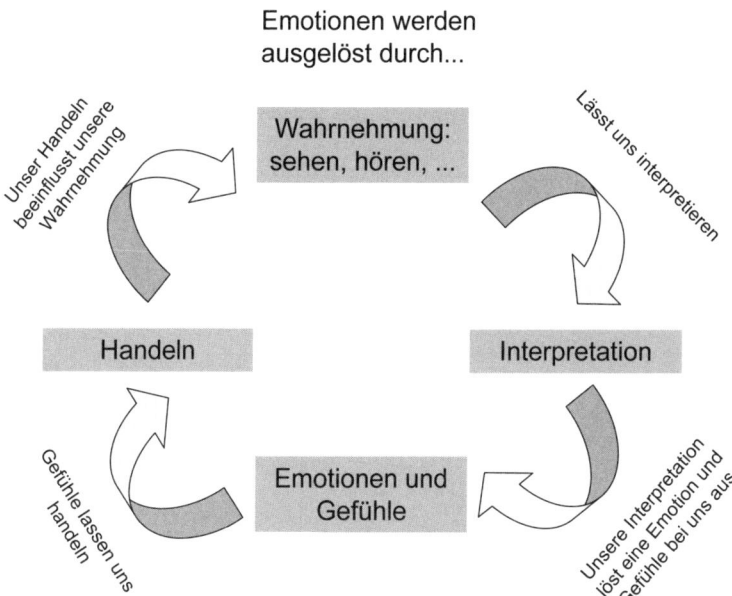

Bild 31 Emotionskreislauf, der Taten folgen lässt

In der Transaktionsanalyse sprechen wir von vier Grundgefühlen:[119]
- Trauer
- Ärger
- Freude
- Angst.

Aber uns Menschen wohnen noch viel mehr Emotionen inne, die uns in den unterschiedlichsten Situationen zur Verfügung stehen und die verschiedene Ausprägungen der vier Grundgefühle sind: Liebe, Freude, Euphorie, Wohlgefühl, Unbehagen, Enttäuschung, Zuneigung, Furcht, Wut (Ärger), Sehnsucht, Hoffnung, usw.

Manchmal sind uns diese Emotionen gar nicht bewusst, und dennoch bestimmen sie unser Handeln. Fanita English[120] spricht davon, dass Trauer ein häufiges Ersatzgefühl für Ärger ist. Was ist ein Ersatzgefühl? Manchmal liegen hinter Gefühlen, die wir meinen zu spüren, andere Gefühle. *„Echte Gefühle und Wahrnehmungen sind unmittelbare Reaktionen auf innere oder äußere Reize. Sie werden empfunden, als Sinneseindruck aufgenommen und sind nach einer gewissen Zeit zu Ende. Sie werden nicht wiedergekäut und ständig von neuem wiederholt ... Ersatzgefühle sind im Gegensatz dazu Empfindungen, die von dem Betreffenden präsentiert werden. Sie haben einen falschen*

5.3 Die Rolle von Emotionen

Ton, einen schalen Beigeschmack ... Der Umwelt kommt es so vor, als höre sie immer wieder die gleiche Platte ... Immer dann, wenn in bestimmten Situationen solche unbewussten, verdeckten Gefühle, die die betreffende Person selber nicht identifizieren kann, an die Oberfläche des Bewusstseins drängen, macht sich stattdessen ein Ersatzgefühl bemerkbar." [121]

Nehmen wir das Beispiel, dass Trauer ein häufiges Ersatzgefühl für Ärger sein kann. Gesellschaftlich ist das insofern nachvollziehbar, weil es oft leichter ist, mit Menschen umzugehen, die traurig sind, als mit Menschen, die wütend sind. Um mit Gefühlen gut umzugehen, bedeutet das, dass wir auf dieses Phänomen der Ersatzgefühle achten sollten, und dazu benötigen wir eine starke Selbstbewusstheit.

Menschen, die einen Zugang zu ihren „echten" Gefühlen haben, ihre Gefühle kennen und auch spüren können, werden sich auch leichter in andere Menschen versetzen können, aber dazu später mehr.

Wie unterscheiden sich Stimmungen, Emotionen, Gefühle, und Affekte? [122]

Während unserer zahlreichen Diskussionen über Gefühle in Kooperationen wurde uns bewusst, dass es notwendig ist, all diese Begriffe zu unterscheiden, um für sich selbst Klarheit zu erreichen und sie dann mit seinem Kooperationspartner auch verständlich ansprechen zu können. Wir haben uns dazu insbesondere Anregungen aus dem Fachgebiet der Klimatologie und Wikipedia geholt sowie aus der Literatur von Fanita English, Eric Berne, Rosenberg u.a. und bieten Ihnen im Folgenden eine einfache Analogie an.

Emotionen und Stimmungen verhalten sich zueinander wie das Wetter zum Klima.

„Wetter" ist der stets wechselnde atmosphärische Zustand, den wir *tagtäglich* erfahren. Er ist charakterisiert durch Temperatur, Wind, Niederschlag, Luftfeuchtigkeit, Wolkenbedeckung und andere Merkmale. Das aktuelle Wetter ist das Resultat von schnell entstehenden und wieder vergehenden Wetterlagen wie einem durchziehenden Tiefdruckgebiet oder einer etwas länger anhaltenden Hochdruckzone. Wetter ist nur begrenzt, d.h. nicht über eine Woche hinaus vorhersagbar.

Unter „Klima" versteht man dagegen das durchschnittliche Wetter einschließlich seiner Extremwerte über einen *längeren Zeitraum* an einem bestimmten Ort. Das Gebiet kann klein oder groß sein, eine Stadt oder ein Kontinent oder der ganze Globus. Der Zeitraum muss groß genug für die Bildung eines statistischen Mittelwertes sein. Als Referenzzeit für die Bestimmung des Klimas der Gegenwart werden 30 Jahre zugrunde gelegt, zurzeit sind es die Jahre 1971 bis 2000. Im Gegensatz zum Wetter lassen sich die statistischen Mittelwerte des Klimas theoretisch längerfristig vorhersagen, insbesondere für größere Räume wie Kontinente oder den Globus, zum Beispiel die globale Mitteltemperatur.[123]

So sind die Stimmungen ein komplexer Prozess, der auf verschiedenen psychischen Ebenen abläuft und häufig kognitiv erklärt und verstanden werden kann. Also im Sinne des Klimas, das große Ganze. Gefühle symbolisieren das subjektive Erleben und Empfinden der jeweiligen Emotion. Wenn wir uns die Emotion der Wut ansehen, dann reagieren Menschen sehr unterschiedlich darauf. Nehmen wir einmal an, die Grundstimmung eines Menschen ist frustriert und gestresst. Dazu kommt seine Emotion der Wut. Das Gefühl, was ein Mensch eventuell dazu spürt, umfasst Druck in der Magengegend, Herzrasen und Hitzewallungen. Mögliche Handlungen, die daraus resultieren, sind vielleicht lautes Schreien oder sich zurückziehen und still werden. Man kann nur an der Körpersprache erkennen, dass der Mensch wütend ist. Die Ausprägungen des „menschlichen Wetters" sind sehr mannigfaltig.

Bild 32 zeigt die Entwicklungs-Treppe von Grundstimmung, vom Klima, über Emotion und Gefühl, das Wetter, bis hin zum Handeln.

Im Vergleich zu Stimmungen sind Emotionen eher kurz und ausgeprägt. Die Auslöser sowie die seelischen und psychischen Ausprägungen sind oft bekannt und stehen im Zentrum der Aufmerksamkeit. Stimmungen und deren Auslöser hingegen bleiben oft unbemerkt. So sind Stimmungen auch oft länger ausgeprägt, etwa in Form von „gute Laune" oder „Depression", und lassen uns die Welt durch die eigene „Stimmungsbrille" sehen.

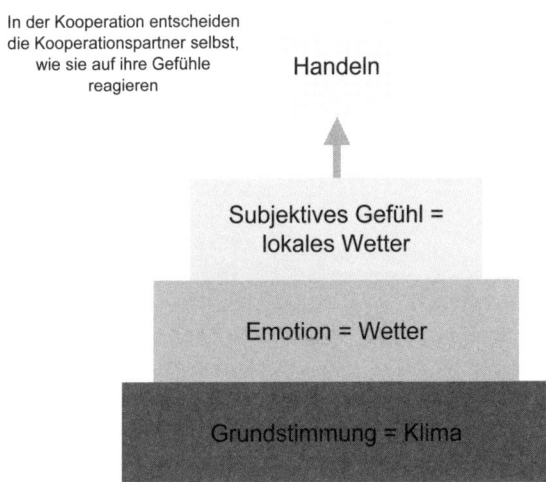

Bild 32 Entwicklungs-Treppe von der Grundstimmung bis hin zum Handeln

5.3 Die Rolle von Emotionen

Als Beispiel können Sie sich vorstellen: Wenn die Grundstimmung grundsätzlich gut ist, dann fällt es schwerer, verärgert zu sein. So passt sich das Wetter auch dem Klima an und nicht umgekehrt.

Vielleicht ist es insofern wichtig, die Unterschiede zu kennen, damit Sie sich selber bewusst werden können, was genau sie bewegt und was gegebenenfalls der/die Auslöser dafür waren. Um im Anschluss daran situationsangemessen und erwachsenengerecht mit Ihrem Gefühl oder Stimmung umzugehen.

Wie können wir mit unseren Gefühlen in Kooperationen „zielführend" umgehen?

Folgende Situation wollen wir uns ansehen:

Ein Kooperationspartner A hat einen außergewöhnlichen Einfall, wie er gemeinsam mit seinem Partner Neukunden gewinnen kann. Der Einfall kam ihm spontan, aber anstatt gleich loszuspurten, um diese Idee seinem Partner mitzuteilen, nahm er sich noch die Zeit, darüber nachzudenken, Vor- und Nachteile abzuwägen, eine Struktur aufzuschreiben und auf Umsetzbarkeit zu prüfen. Aus seiner Sicht also alles Notwendige, was für einen Vorschlag reicht, um einen anderen überzeugen zu können und auch eine realistische Chance zu sehen, die Idee zur Tatsache werden zu lassen. So gerüstet, geht er freudestrahlend und stolz zu seinem Kooperationspartner.

Der Kooperationspartner B ist gerade sehr frustriert, weil er eine Absage auf sein Angebot von einem anderen Kunden bekam und ist davon über-

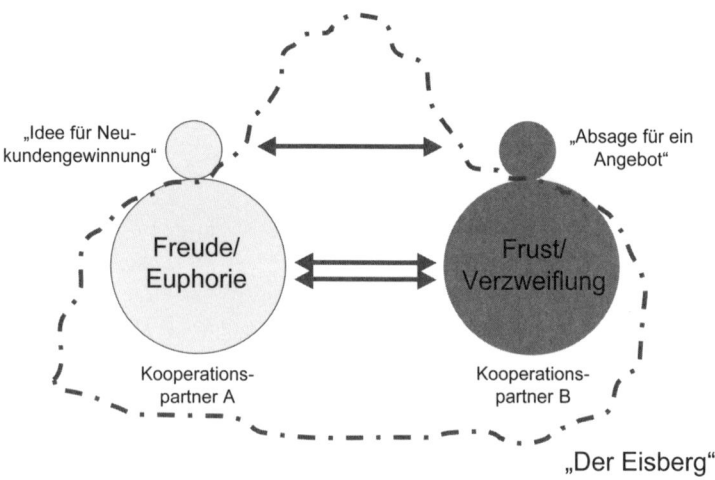

Bild 33 Der „angewandte Eisberg"

zeugt, er selber sei unfähig, überhaupt Kunden zu gewinnen, und fühlt sich recht verzweifelt bei dem Thema der Kundenakquise.

Hier prallt also auf der Sachebene eine Idee auf die Absage eines Angebotes. Während auf der Beziehungsebene Freude, wenn nicht sogar Euphorie und Frust bzw. Verzweiflung aufeinanderprallen. Was hier unter der Oberfläche abläuft, zeigt das darauf angewandte Eisbergmodell in Bild 33.

Das Szenario kann nun in ganz verschiedene Richtungen weitergehen. Es könnte sein, dass die beiden so in ihren eigenen Gedanken und Gefühlen verhaftet sind, dass sie gar nicht wirklich hören, was der andere sagt, die Sachebene nicht wahrnehmen können, sich nicht verstehen können und sie sich Botschaften zukommen lassen wie

- von Kooperationspartner A:

  „Hast Du mal wieder nicht genügend bei unserem Kunden nachgefragt, was er genau braucht?"

  „Du warst wahrscheinlich mal wieder voreilig."

  „Bestimmt hast Du Wesentliches im Angebot vergessen ..."

- von Kooperationspartner B:

  „Du immer mit Deinen Ideen."

  „Das wird sowieso nichts."

  „Du bist immer so voreilig."

Wir können sicher sein, wenn die beiden so eine Weile weiter miteinander kommunizieren, dass es zu einem dicken Streit kommt, den sie vielleicht nicht mehr lösen können oder der sich sogar noch weiter aufstaut.

In der „Gewaltfreien Kommunikation" nach Marshall B. Rosenberg geht es darum, Gefühle annehmbar zu formulieren. Es geht im Wesentlichen darum, die eigene Aufmerksamkeit auf seine Wahrnehmungen zu richten, die einem wichtig sind. Vermeiden sollte man hingegen alles, was beim Gegenüber als Bewertung, Beschuldigung, Kritik oder Angriff ankommen könnte. Begriffe wie „immer", „wieder" usw. Daher die Definition als „gewaltfreie Kommunikation".

Marshall B. Rosenberg[124] empfiehlt folgende vier Schritte, um eigene Gefühle wertschätzend und vor allem annehmbar zu verbalisieren:

1. Beobachten statt Bewerten oder Interpretieren.
2. Gefühle wahrnehmen und benennen.
3. Bedürfnisse wahr- und ernst nehmen.
4. Auf der Grundlage der Bedürfnisse klare und erfüllbare Bitten äußern.

5.3 Die Rolle von Emotionen

Bei allem Bemühen, wertschätzend und „richtig" zu kommunizieren, sagt Paul Watzlawick:

„... dass ‚gute' Kommunikation klar, offen, ehrlich und direkt – in einem Wort: total – zu sein habe. Statt damit aber totale Kommunikation herzustellen, ist das Ergebnis ihrer Bemühungen bestenfalls totalitär." [125]

Wir leiten aus diesem Zitat von Watzlawick ab, dass wertschätzende Kommunikation ein Weg sein kann, mit schwierigen Kooperationssituationen umzugehen. Manchmal können andere Wege, wie Spontan-Äußerungen, Du-Botschaften, Appelle usw. ebenfalls sehr wirksam und hilfreich sein.

Um herauszufinden, wie das funktionieren kann, müssen wir noch eine andere Frage beantworten: Wie entwickele ich Empathie?

Empathie bedeutet, sich in die (Gefühls-)Lage des anderen versetzen zu können. Um dies zu bewerkstelligen, braucht es als Voraussetzung die Wahrnehmung der Gefühle des anderen, oft vielleicht nur nonverbal zum Ausdruck gebracht. Dann zu verstehen, warum der andere gerade so fühlt. Sowie sich mit anderen Lebenssituation(en) und Motiven identifizieren zu können. „Darin besteht die Fähigkeit, ‚für andere zu fühlen', ihre Gefühle zu empfinden, als wären es die eigenen." [126]

„Jeder kennt Situationen, in denen eine Person, die im Moment nichts Böses tut, in uns das ungemütliche Gefühl weckt, etwas Bedrohliches könnte geschehen. Erst wenn das Gefühl der Sicherheit plötzlich nicht mehr da ist, wird uns bewusst, wie sehr wir von impliziten Gewissheiten abhängig sind. Spiegelphänomene machen Situationen – ob im Guten oder im Schlechten – vorhersehbar. Sie erzeugen ein Gefühl, das wir Intuition nennen und das uns ahnen lässt, was kommen könnte." [127]

Claude Steiner schlägt dazu vor, der eigenen Intuition zu trauen,[128] die durch die Informationen entsteht, die wir zusätzlich zu den verbalen Aussagen über die nonverbale Sprache unseres Gesprächspartners erhalten.

Die Spiegelneuronen sind im Prinzip dafür verantwortlich, wahrzunehmen, was beim anderen abläuft, und lösen damit bei einem selber ein Gefühl aus, das zu einer Emotion führt, die mit der Emotion beim anderen vergleichbar ist. Spiegelneuronen sind dafür verantwortlich, dass Intuition und, darauf aufbauend, Empathie entsteht.

„Wenn wir die Gefühle eines anderen Menschen miterleben, werden in uns selbst Nervenzellnetze in Resonanz versetzt, also zum Schwingen gebracht, welche die Gefühle des anderen in unserem eigenen seelischen Erleben auftauchen lassen. Die Fähigkeit, Mitgefühl und Empathie zu empfinden, beruht darauf, dass unsere eigenen neuronalen Systeme – in den verschiedenen Emotionszentren des

Gehirns – spontan und unwillkürlich in uns jene Gefühle rekonstruieren, die wir bei einem Menschen wahrnehmen."[129]

Allerdings ist unsere Intuition erst ein erstes Bild und gibt noch keine zuverlässigen Annahmen darüber, wie der andere sich wirklich fühlt. Oft sind wir auf unsere Annahmen angewiesen, weil es nicht unbedingt üblich ist, Menschen danach zu fragen, warum sie so handeln und wie es ihnen dabei geht. Vor allem im internationalen Umfeld (siehe Kapitel 6) kann das Ansprechen oder Äußern von Gefühlen zu herbem Gesichtsverlust beim Kooperationspartner führen.

Um nun nicht nur bei der eigenen Intuition zu bleiben, sondern seine eigene Empathie zu stärken und zu lernen, die Gefühle der anderen zu verstehen, bietet Claude Steiner die „Handlung/Gefühl-Technik"[130] an. Sie hat den Zweck, eine bestimmte Handlungsweise des anderen zu beschreiben und das Gefühl (oder die Gefühle), das diese Handlung zur Folge hat. Das heißt man beschreibt, „wenn der Gesprächspartner so und so handelt, dann löst das die oder die Empfindung aus". Das Ziel ist, seine eigene Gefühlslandschaft besser kennen zu lernen und die eigenen Empfindungen zu erkunden, und damit auch die Gefühlswelt des anderen zu verstehen.

Um nun in Kooperationen gut mit den eigenen und den Emotionen der Kooperationspartner umzugehen, braucht es nach Claude Steiner[131] schlussendlich drei Schritte:

1. die eigenen Gefühle zu verstehen,
2. die Fähigkeit, anderen zuzuhören und sich in deren Gefühle hineinzuversetzen (Empathie entwickeln), und
3. die Fähigkeit, Gefühle sinnvoll zum Ausdruck zu bringen.

Wenn Sie nun die eigenen Gefühle (er)kennen/verstehen, die Fähigkeit entwickeln, sich in die Gefühlslage des anderen zu versetzen, und Ihre eigenen Gefühle annehmbar zum Ausdruck bringen können, dann spricht Claude Steiner[132] von Emotionaler Kompetenz (Daniel Goleman von Emotionaler Intelligenz), die in unseren Augen Grundvoraussetzung für eine gelingende Kooperation ist.

„Es war ein langer Weg, bis ich zu dem wurde, der ich heute bin. Erst in den späten sechziger Jahren lernte ich meine eigenen Gefühle kennen, oder besser, ich stieß auf sie wie der Entdecker auf ein exotisches Land. Ich war fasziniert und gefesselt von der Gefühlslandschaft, die sich in mir auftat und mich umgab, und beschloss, Emotionen zum Gegenstand meiner psychologischen Arbeit zu machen. Auch wenn ich heute besser über menschliche Gefühle Bescheid weiß als damals, so bleibt noch vieles unklar. Doch die Suche nach einem tieferen Verständnis jener Bereiche scheint mir lohnenswert, und ich ziehe Freude und Kraft aus dieser Aufgabe."[133]

Kooperationen basieren auf einer gemeinsamen Vision, klar vereinbarten Zielen, ausgehandelten Vorgehensweisen und klaren sachlichen Strukturen, die auf Mehrwert und Nutzengewinn ausgerichtet sind. Die eigenen Bedürfnisse dabei zu kennen und die des Kooperationspartners zu berücksichtigen, sind ein weiterer Schritt, um eine Kooperation gelingen zu lassen. Emotionen und Gefühle an Stellen bewusst und transparent zu machen, lassen die Kooperation eine Tiefe entfalten, die zu einem gelingenden Miteinander beiträgt.

5.4 Störungen und Konflikte: „Mr. & Mrs. Smith"

In den beiden vorangegangen Kapiteln ging es um Bedürfnisse und Emotionen in Kooperationen. Dabei haben wir in unseren Diskussionen immer wieder festgestellt, dass es zu Störungen in der Kooperation kommen kann, wenn Kooperationspartner ihre eigenen und die Emotionen und Bedürfnisse der anderen übergehen, nicht berücksichtigen. Des Weiteren können Konflikte daraus entstehen, wenn die Störungen negiert werden.

So erleben wir das in dem Film Mr. & Mrs. Smith, eine romantische Action-Komödie aus dem Jahr 2005 mit Brad Pitt und Angelina Jolie in den Hauptrollen. Die beiden (Jane und John Smith) sind allem Anschein nach ein ganz normales Ehepaar und leben in ihrem eigenen Haus in einer typisch amerikanischen Vorstadtidylle. In Wahrheit gehören sie beide aber zu den gefährlichsten Auftragskillern der Welt, arbeiten für unterschiedliche Organisationen und nutzen ihre Ehe lediglich als Tarnung. So verwundert es auch nicht, dass sie ihre wahre Identität sogar voreinander verheimlichen. Hier beginnt bereits die erste Störung – sie legen ihre Berufe und Absichten nicht offen und schauen sich ihre Störungen in der Beziehung erst sehr spät mit Hilfe eines Psychiaters an. Im Verlaufe des Films kommt es zu der prekärsten Situation, die man sich wohl vorstellen kann: Die beiden werden von ihren Organisationen aufeinander angesetzt, um sich gegenseitig zu ermorden. Das führt zu erheblichen Eheproblemen, was das Paar schlussendlich wieder in einer Eheberatung landen lässt. In dem Film sind all die turbulenten Situationen und Komplikationen natürlich gewünscht, um dem Film Spannung und Brisanz zu verleihen. Aber wollen wir das in einer Kooperation auch?

In diesem Kapitel geht es uns nicht darum, Ihnen zahlreiche Anregungen zu geben, wie Sie Konflikte in Ihren Kooperationen lösen können. Dazu gibt es unserer Meinung nach bereits gute Literatur (zum Beispiel bei Friedemann Schulz von Thun, Christoph Thomann, Paul Watzlawick etc.). Wir wollen vielmehr aufzeigen, woran Sie Störungen schon frühzeitig erkennen können, welchen Nutzen Störungen und Konflikte auch in Kooperationen bieten, und wollen Ihr Augenmerk im Weiteren darauf lenken, wo Konfliktherde und mögliche Fallen in Kooperationen gerne wiederkehrend auftreten. Damit möchten wir Sie sensibilisieren, diese im Verlaufe Ihrer Kooperationen im Hinterkopf zu behalten und wachsam zu sein.

Störungen und ihre Merkmale

Bei einer guten und störungsfreien Zusammenarbeit zwischen Menschen werden Themen sachlogisch argumentiert – auch wenn die beiden Partner unterschiedlicher Meinung sind, kommt es vielleicht zu einer harten sachlogischen Auseinandersetzung, aber schlussendlich können gemeinsam Entscheidungen getroffen werden, die Ergebnisse (auf der Sachebene, siehe Kapitel 4.1) werden von beiden Parteien getragen und beide sind mit dem Ergebnis zufrieden. Wenn wir von Störungen in Kooperationen sprechen, meinen wir Störungen auf der Beziehungsebene. Das heißt: Plötzlich passt etwas in der Art der Zusammenarbeit nicht mehr, einer oder beide Kooperationspartner sind nicht mehr zufrieden mit dem Miteinander, nörgeln am Anderen oder eventuell auch an Ergebnissen und Entscheidungen herum. Die Beziehungsebene ist gestört. Wenn diese Störungen häufiger auftreten, können die Sachergebnisse erheblich darunter leiden. Störungen drücken sich häufig nonverbal aus; erkennen können wir solche Störungen auf der Beziehungsebene unter anderem an:

Bei mir:
- Anhaltende Emotionen
- Bauchgrummeln
- Fantasien/Tagträumen
- Schlecht schlafen
- Kein Hunger/übermäßiges Essen
- Viel und oft darüber reden (aber nicht mit dem Betroffenen selber)
- Cliquenbildung (den anderen ausschließen)
- Informationen nicht an den Kooperationspartner weitergeben
- Arbeit des anderen untergraben
- Verbale Spitzen setzen
- Andeutungen/Anspielungen

Beim anderen:
- Stirnrunzeln
- Augenbrauen hochziehen

- Fest aufeinander gekniffener Mund
- Heruntergezogene Mundwinkel
- Augenverdrehen
- Stöhnen
- Laut werden der Stimme
- (verlegenes) Wegsehen
- Häufiges Ja... aber-Argumentieren
- ...

All diese (non)verbalen Verhaltensweisen können auch andere Interpretationen zulassen, aber sie können ein erstes Anzeichen für eine Störung sein. Parallel dazu können wir beobachten, dass die Sachergebnisse beeinträchtigt sind, nicht mehr die Qualität und Zufriedenheit bei den Kooperationspartnern aufweisen, wie sie es bisher vom jeweils anderen gewohnt sind.

Treten Störungen sehr oft auf und ist fast jedes Aufeinandertreffen der Kooperationspartner davon geprägt, werden Sach- und Beziehungsebene beharrlich miteinander verflochten. Plötzlich hinterfragt man die gesamte Kooperation, macht sich eventuell Vorwürfe – „wie konnte ich nur jemals mit diesem Menschen kooperieren" – und versucht vielleicht ein Aufeinandertreffen gar zu vermeiden. Ist das der Fall, ist es allerhöchste Eisenbahn zu reagieren, bevor es zu einer „Explosion", einem „Chronischen Konflikt" oder gar einem „Kalten Konflikt"[134] kommt. Das lateinische „configere" bedeutet „zusammenstoßen, kämpfen". Unter Konflikten verstehen wir nach Prof. Dr. Frey „*die zukunftswirksame Gegensätzlichkeit von Interessen, Zielen, Handlungen, Meinungen oder Werten ... Eine solche Gegensätzlichkeit kann sich auf Personen-, Gruppen- und Organisationen- oder gar Nationenebene ergeben und sich entweder innerhalb von (intra-) oder zwischen (inter-) Einheiten einer Ebene entwickeln.*"[135] Wir wollen Interessen noch erweitern um Emotionen und Bedürfnisse. Die wesentliche Aussage steckt darin, dass es bei beiden Kooperationspartnern zu gegensätzlichen Entwicklungen kommt, die auf den ersten Blick unvereinbar scheinen. Die Beteiligten haben das subjektive Empfinden, dass die unterschiedlichen Motive und Ziele nicht gleichzeitig realisierbar, wenn nicht sogar unvereinbar sind.

Friedrich Glasl definiert den sozialen Konflikt folgendermaßen:

„*Sozialer Konflikt ist eine Interaktion*
- *zwischen Aktoren (Individuen, Gruppen, Organisationen usw.),*
- *wobei wenigstens ein Aktor*
- *eine Differenz bzw. Unvereinbarkeit im Wahrnehmen und im Denken bzw. Vorstellen und im Fühlen und im Wollen*

- *mit dem anderen Aktor (den anderen Aktoren) in der Art erlebt,*
- *dass beim Verwirklichen dessen, was der Aktor denkt, fühlt oder will, eine Beeinträchtigung*
- *durch einen anderen Aktor (die anderen Aktoren) erfolge."*[136]

Oder, verkürzt ausgedrückt: Mindestens ein Aktor fühlt sich durch einen oder mehrere Aktoren beeinträchtigt.

Weiter unterscheidet Friedrich Glasl noch Unvereinbarkeiten im kognitiven Bereich, die im Leben nicht unbedingt zu Konflikten führen, sondern eine Voraussetzung sind für Kreativität und Ideenvielfalt.[137] Unvereinbarkeiten im Fühlen, Wollen oder Verhalten können dagegen sehr wohl zu Konflikten führen und weiter eskalieren. In Kooperationen können wir uns vorstellen, dass gerade die Unvereinbarkeiten im Wollen (zum Beispiel bei Zielformulierung, Vertragsgestaltung, Akquise, Werbung usw.) oder im Verhalten (etwas tun, was den eigenen Bedürfnissen entspricht, aber den Wünschen und Vorstellungen des/der Kooperationspartner(s) widerspricht oder sogar widerstrebt) zu schwierigen Konflikten führen kann.

Im interkulturellen Umfeld hat der Begriff des Konfliktes unterschiedliche Bedeutungen, dazu mehr in Kapitel 6. Was in der einen Kultur als Konflikt wirkt, kann in der anderen in der Ausprägung gerade einmal einer normalen Auseinandersetzung entsprechen. Nehmen wir die deutsche Kultur, so kann lautes Schreien zwischen Kooperationspartnern als Angriff, Ärger oder Aggression gelten. Während in einer der südeuropäischen Kulturen (Italien, Spanien) Schreien ein Ausdruck von Engagement und Lebendigkeit sein kann.

Konfliktarten

In der Literatur werden Konflikte häufig in heiße oder kalte bzw. verdeckte und offene Konflikte unterschieden. Bei kalten bzw. verdeckten Konflikten, die unterschwellig glimmen, kann man sich nach außen vormachen, es sei alles in Ordnung. Dabei werden im Hintergrund Wut, Ärger und Aggressionen aufgestaut. Sie können sich auch durch eisiges Schweigen oder in Form einer Blockade zeigen, man geht einander aus dem Weg, vermeidet jeglichen Kontakt. Bei heißen bzw. offenen Konflikten kommt es wie bei einem Dampfkochtopf zum Überkochen, zur Explosion. Die Konflikte zeigen sich nach außen, Wut und Ärger kommen zum Ausdruck. Der sprichwörtliche „Geduldsfaden ist gerissen". Emotionen kochen auf, ein sachlicher Austausch von Argumentationen scheint unmöglich.

Jutta Kreyenberg[138] unterscheidet Konfliktarten noch eine Stufe detaillierter in:

5.4 Störungen und Konflikte

1. Zielkonflikte
2. Bewertungs-/Wegekonflikte
3. Verteilungskonflikte
4. Persönliche Konflikte
5. Beziehungskonflikte
6. Rollenkonflikte.

Was kann diese Unterscheidung für Kooperationen bedeuten?

Bild 34 zeigt die möglichen Konfliktarten, die zwischen Kooperationspartnern auf der Sachebene auftreten können.

Zu Zielkonflikten kann es in Kooperationen kommen, wenn die Kooperationsbeteiligten unterschiedliche Ziele verfolgen, unterschwellige Ziele nicht transparent offen legen oder sich Ziele bei den Beteiligten im Laufe der Kooperation verändern.

Bei einem Bewertungs- oder Wegekonflikt beschreiben die Kooperationsbeteiligten unterschiedliche Wege, um ihr Ziel zu erreichen. Sie setzen verschiedene Methoden ein bzw. versuchen auf unterschiedlichen Wegen das Ziel zu erreichen, *„weil sie die Effektivität und Auswirkung dieser Vorgehensweisen unterschiedlich einschätzen"*[139] bzw. bewerten. Das kann auf unterschiedlichen Informations-/Wissensstand oder Erfahrungsschatz der Beteiligten zurückgehen, oder die Kooperationspartner schätzen die Tatsachen/Tatbestände aufgrund ihres kulturellen Hintergrundes unterschiedlich ein.

Bei Verteilungskonflikten können sich die Kooperationspartner nicht darüber einigen, wie sie persönliche, finanzielle oder technische Ressourcen aufteilen.

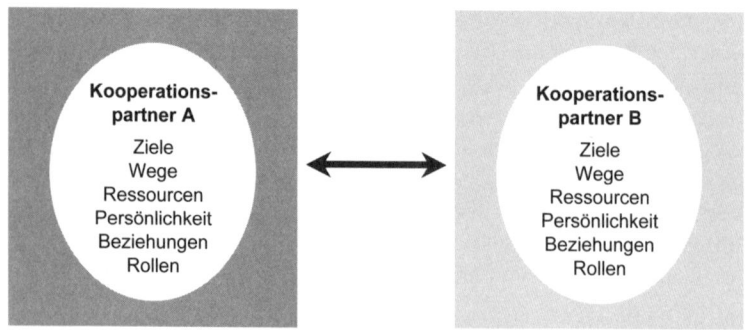

Bild 34 Konfliktarten zwischen Kooperationspartnern

Persönliche Konflikte kennt jeder Mensch und sie kommen auch in Kooperationen vor. Hierbei geht es darum, dass man in sich einen Widerstreit spürt, sei es bzgl. verschiedener Entscheidungs- oder Verhaltenstendenzen. Am besten drückt sich dieser Konflikt durch das Zitat von Goethe aus: *„Zwei Seelen wohnen, ach, in meiner Brust."*

> **Dialogkommentar zur Frage „Wie kann Gewaltfreie Kooperation in Kooperationen helfen, Konflikte zu lösen?"**
>
> „Kontakt kommt vor Konsens und Kooperation." Diese Weisheit zitieren Menschen immer wieder – und scheitern dann in der kommunikativen Umsetzung. Nicht, weil sie nicht möchten, sondern weil ihnen oft das nötige „Werkzeug" zur Verwirklichung fehlt. Vielleicht waren Sie in Konfliktsituationen auch schon einmal sprachlos oder hätten sich (hinterher) andere Worte aus Ihrem Mund gewünscht? Hier setzt die Gewaltfreie Kommunikation (GFK; Anmerkung der Autoren: S. auch Kapitel 5.3) an, indem sie ein einfaches Modell anbietet, eine wertschätzende und verbindende Haltung auch sprachlich umzusetzen. Kooperationen basieren auf Verständnis, Gegenseitigkeit, Gemeinsamkeit. Im beruflichen Alltag können diese Anliegen „unter die Räder" kommen – vermutlich können auch Sie ein Lied davon singen. Mit ihrem Fokus auf den menschlichen Anliegen trägt die GFK dazu bei, dass das im Vordergrund steht, was bei Zusammenarbeit das Wichtigste ist: die menschliche Verbindung. Denn: „stimmt die Chemie", lassen sich die meisten Probleme gemeinsam lösen. Und damit sie „stimmt", könnten Sie sich, statt Schuldige zu suchen oder Recht haben zu wollen, darauf konzentrieren, wie es Ihnen und der anderen Person mit der aktuellen Situation geht und was sie – wirklich – brauchen: Verständnis? Respekt? Aufrichtigkeit? Wertschätzung? Und dann gemeinsam Strategien entwickeln, dass Sie diese Anliegen in Ihrer Kooperation auch erleben.
>
> *Andi Schmidbauer, Geschäftsleitung Akademie Blickwinkel*

Wenn Menschen wie zum Beispiel in Kooperationen miteinander arbeiten, dann prallen ihre unterschiedlichen Bedürfnisse, Werte und Gefühle aufeinander (siehe auch die Kapitel 5.2 und 5.3). Wenn nun diese unvereinbar oder im extremen Widerspruch scheinen, spricht Jutta Kreyenberg von Beziehungskonflikten.

Zu Rollenkonflikten kann es in Kooperationen kommen, wenn die Rollen, die miteinander vereinbart wurden, verletzt/verlassen oder anders als vereinbart gelebt werden. Die Kooperationspartner können zum Beispiel vereinbaren, dass einer die Finanzverantwortung, der andere die Marketingverantwortung übernimmt. Rollen bedingen eine Aufgabenverteilung, in der sich dann der Rollenkonflikt deutlich zeigen kann, wenn plötzlich der eine die Aufgaben des anderen übernimmt. Manchmal wurden Rollen in einer Kooperation auch gar nicht definiert und es kommt genau aus dieser Unklarheit zu einem Rollenkonflikt.

Aus unserer Sicht finden Konflikte (meistens) auf der Beziehungsebene statt. Oder, anders formuliert, wenn die Beziehungsebene wertschätzend, tragfähig und verantwortungsbewusst gestaltet wurde, dann sind „Konflikte" auf der Sachebene auch zu lösen.

Konflikte und ihre Eskalationsstufen

Friedrich Glasl hat in seiner Tätigkeit als Berater und Mediator sowie als Coach bzw. Supervisior mehrere hundert Praxisfälle und Konflikte beleuchtet und aus seinen Beobachtungen die neun Stufen der Konflikteskalation abgeleitet (Bild 35). Dabei unterscheidet er im Wesentlichen drei Stufen:

- Win-Win-Situationen,
- Win-Lose-Situationen und
- Lose-Lose-Situationen.

Die erste Stufe entspricht ungefähr der vorherigen Beschreibung von Störungen, und hier findet aus seiner Sicht noch die Möglichkeit zu Kooperation statt. Umso höher auf den Stufen die Konflikte in Kooperationen angesiedelt sind – oder umso weiter die Art und Weise des Miteinanders gesunken ist – desto schwieriger wird es, die Konflikte zu lösen und die Kooperation zu retten. Schlussendlich werden Konflikte unlösbar, was Friedrich Glasl in der letzten Phase „Gemeinsam in den Abgrund" anspricht, wo die Bereitschaft, den anderen zu ruinieren, im Vordergrund steht[140], auch auf die Gefahr hin, sich selbst zu ruinieren.

Nutzen von Störungen und Konflikten

Den meisten Menschen sind Störungen und Konflikte lästig, wenn nicht sogar unangenehm, und es werden bewusst oder unbewusst ganz unterschiedliche Strategien angewandt, um mit ihnen umzugehen. Strategien wie

- Aussitzen
- Verschieben
- Ignorieren
- Vermeiden

sind die aus unserer Sicht wohl häufigsten Mechanismen, um mit Konflikten in Kooperationen umzugehen. Erst das vollständige Wahrnehmen der

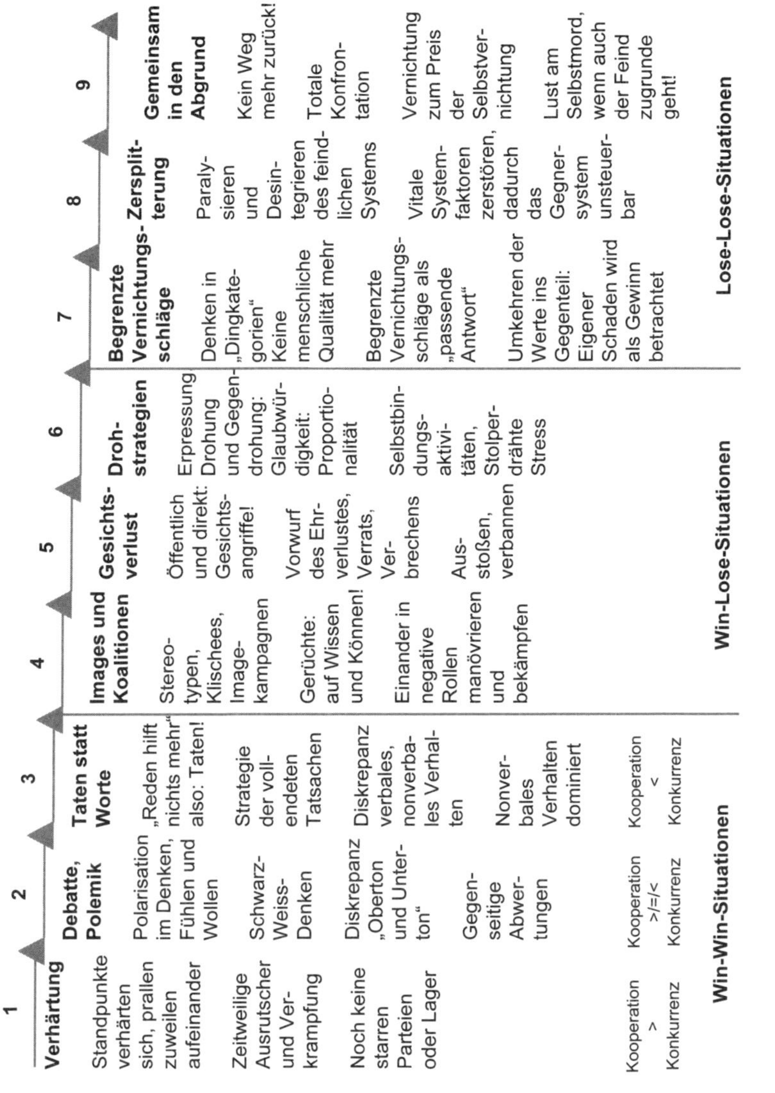

1	2	3	4	5	6	7	8	9
Verhärtung	Debatte, Polemik	Taten statt Worte	Images und Koalitionen	Gesichtsverlust	Drohstrategien	Begrenzte Vernichtungsschläge	Zersplitterung	Gemeinsam in den Abgrund
Standpunkte verhärten sich, prallen zuweilen aufeinander	Polarisation im Denken, Fühlen und Wollen	„Reden hilft nichts mehr" also: Taten!	Stereotypen, Klischees, Imagekampagnen	Öffentlich und direkt: Gesichtsangriffe!	Erpressung	Denken in „Dingkategorien"	Paralysieren und Desintegrieren des feindlichen Systems	Kein Weg mehr zurück!
Zeitweilige Ausrutscher und Verkrampfung	Schwarz-Weiss-Denken	Strategie der vollendeten Tatsachen	Gerüchte: auf Wissen und Können!	Vorwurf des Ehrverlustes, Verrats, Verbrechens	Drohung und Gegendrohung: Glaubwürdigkeit: Proportionalität	Keine menschliche Qualität mehr		Totale Konfrontation
Noch keine starren Parteien oder Lager	Diskrepanz „Oberton und Unterton"	Diskrepanz verbales, nonverbales Verhalten	Einander in negative Rollen manövrieren und bekämpfen	Ausstoßen, verbannen	Selbstbindungsaktivitäten, Stolperdrähte Stress	Begrenzte Vernichtungsschläge als „passende Antwort"	Vitale Systemfaktoren zerstören, dadurch das Gegnersystem unsteuerbar	Vernichtung zum Preis der Selbstvernichtung
	Gegenseitige Abwertungen	Nonverbales Verhalten dominiert				Umkehren der Werte ins Gegenteil: Eigener Schaden wird als Gewinn betrachtet		Lust am Selbstmord, wenn auch der Feind zugrunde geht!
Kooperation > Konkurrenz	Kooperation >/=/< Konkurrenz	Kooperation < Konkurrenz						
Win-Win-Situationen			Win-Lose-Situationen			Lose-Lose-Situationen		

Bild 35 Stufen der Konflikteskalation
(nach Friedrich Glasl, hier mit ausgewählten Details)

eigenen und der fremden Bedürfnisse führt zu der lösungsorientierten Konfliktstrategie[141] der Kooperation/des Konsens. Alle anderen Strategien, die sich entsprechend Bild 36 „auf niedrigerem Niveau des Koordinatensystems" befinden, sind wenig lösungsorientiert.

5.4 Störungen und Konflikte

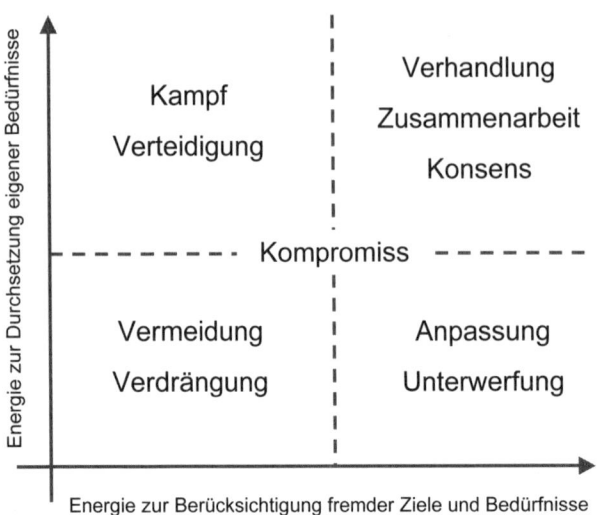

Bild 36 Konfliktstrategien

Damit erhöhen wir jedoch das Risiko in Kooperationen, dass der Konflikt bis zu Stufe neun in Friedrich Glasls Stufenmodell eskaliert. Der Nutzen, Störungen und Konflikte zu erkennen und zu akzeptieren, liegt aus unserer Sicht in dem Potential für jeden, sich weiterzuentwickeln und zu wachsen. Was meinen wir damit? Alles, was uns am anderen stört, entspricht häufig unserem eigenen Mangel, einer Schwäche oder einem so genannten Blinden Fleck, also einer Verhaltensweise, die wir bei uns nicht offen sehen und somit bei dem anderen kritisieren, weil es uns hier offenbar wird. Wir projizieren ein Verhalten auf den anderen, das uns bei uns selbst vielleicht gar nicht auffällt. Rüdiger Dahlke spricht hier auch von unserer Schattenseite. Wenn wir uns demnach der Störung oder auch dem Konflikt stellen, dann entdecken wir möglicherweise etwas in unserem eigenen Verhalten, das wir bisher negiert haben, und können uns durch die Bewusstwerdung und durch den bewussten Umgang damit ein Stück besser kennen lernen, somit unser Verhaltensrepertoire erweitern. Jeder Konflikt bietet uns eine Chance zur Reifung!

Ferner bieten das Wahrnehmen und die offensive Bearbeitung von Störungen und Konflikten die Aussicht, die Kooperationsbeziehung zu stärken. Das erscheint auf den ersten Blick widersprüchlich, aber wenn Sie es einmal selbst ausprobieren, werden Sie merken, dass durch die Reibung auch Wärme entsteht. Ein physikalisches Gesetz, das ebenso bei uns Menschen gilt. Durch Ihr eigenes Wachsen bieten Sie auch Ihren Kooperationspartnern eine Chance auf Weiterentwicklung, und was häufig entstehen kann, ist eine langfristige Dankbarkeit für den offensiven Umgang mit dem Konflikt, und fast noch wichtiger: Vertrauen zwischen den Beteiligten kann zunehmen und damit eine langfristige Basis für weitere Kooperationen bieten, ganz nach einem Zitat von Sir Peter Ustinov: „Die Akzeptanz der Unterschiede ist Voraussetzung für die Überraschung von Gemeinsamkeiten."[142] Voraussetzung dafür ist, dass beide Kooperations-Partner bereit sind, sich dem Konflikt bewusst zu stellen.

Potentiale für Störungen und Konflikte (typische Fallen)

Kooperationen bieten in ihrer gesammelten Komplexität viele Momente für Störungen und Konflikte. Wo sehen wir aus unserer Sicht die wichtigsten Herde oder Fallen (siehe dazu auch Kapitel 2.2)?

- Es gibt keine klare Zielvereinbarung.
- Das Ziel wird im Laufe der Kooperation vernachlässigt.
- Es gibt keinen Vertrag oder einen nur unzureichend vereinbarten Vertrag.
- Es wird Druck aufgebaut, um den Kooperationspartner auf eine schriftliche Vereinbarung festzulegen.
- Der Nutzen der Kooperation geht im Verlaufe der Arbeit für die Beteiligten verloren.
- Die Rahmenbedingungen (gesetzlich, Nutzen, wirtschaftlicher Rahmen usw.) für die Kooperation verändern sich.
- Der finanzielle Gewinn wird von einem der Beteiligten vollkommen außer Acht gelassen oder von dem anderen überbewertet.
- Die Kooperation wird von Mitbewerbern torpediert.
- Rechtliche Auswirkungen wurden nicht hinreichend beleuchtet/geklärt.
- Konsequenzen zum Beispiel der Form „was passiert, wenn ..." wurden nicht diskutiert.
- Verantwortlichkeiten, Rollenklärung und Aufgabenteilung wurden nicht besprochen.
- Es ergeben sich persönliche Veränderungen/Herausforderungen (wie Krankheit, Scheidung, Trennung usw.).
- Emotionen, Bedürfnisse des Kooperationspartners werden nicht ernst genommen oder nicht offen kommuniziert.

„In ihrem Versuch, den Konflikt beizulegen, begehen die beiden einen typischen Fehler: Während ihre Unstimmigkeiten auf der Ebene des Beziehungsaspekts liegen, versuchen sie, die Lösung auf der Inhaltsebene zu erreichen, wo keine Unstimmigkeit herrscht. Dieser Fehler führt daher

in einen für sie selbst unlösbaren Pseudokonflikt, der an den Witz von dem Betrunkenen erinnert, der seinen Hausschlüssel nicht dort sucht, wo er ihn wirklich verloren hat, sondern unter der Straßenlaterne, ‚weil es hier viel heller ist'."[143]

- Kooperation wird als Symbiose gelebt (siehe Kapitel 4.2).
- Es gibt keine Kommunikation mehr, beharrliches Schweigen.

Störungen und Konflikte zwischen uns Menschen können nicht verhindert werden, sie treten auf und haben auch ihren natürlichen Ursprung in unserem Menschsein, genauso wie sie in der Tierwelt vorkommen. Dort werden sie meist sofort ausgefochten, wie zum Beispiel bei Rangfolge-Kämpfen bei fast allen Säugetierarten, und sind damit auch erst einmal vom Tisch. Allerdings nicht ein für alle mal, sie treten in der Tierwelt wieder und wieder auf. So wohl auch bei uns Menschen und in unseren Kooperationen. Zu erkennen, welche Chancen diese Situationen uns bieten, gehört aus unserer Sicht zu einer gelingenden Kooperation dazu. Offen und reflektiert mit ihnen umzugehen, kann uns dabei unterstützen, lange und erfolgreiche Kooperationen zu führen und durch sie bereichert zu werden. Und somit – wie bei Mr. & Mrs. Smith – zu einem Happy End Ihrer Kooperation zu kommen. Allerdings: Manche Konflikte können auch nicht gelöst werden, sie heißt es zu akzeptieren und über die Zeit zu lernen, loszulassen.

5.5 Gesetzliche Grundlagen: „Die Jury"

„Die Jury" ist ein US-amerikanischer Justizthriller nach dem gleichnamigen Roman von John Grisham. Zwei weiße Männer vergewaltigen ein zehnjähriges schwarzes Mädchen und versuchen, sie umzubringen, was jedoch scheitert. Durch die Vergewaltigung ist sie nicht mehr in der Lage, später ein Kind zu gebären. Der Vater (Samuel L. Jackson) des Mädchens tötet die beiden Männer auf dem Weg in den Gerichtsaal, in dem Wissen, dass sie als Weiße nicht hart genug bestraft werden würden. Er wird des Mordes angeklagt. Ein weißer Anwalt verteidigt ihn und hat dabei viele Widrigkeiten zu überstehen, zum Beispiel wird sein Haus niedergebrannt. Am Ende wird der Vater freigesprochen.

In diesem Film geht es primär um die Rassenfrage in dem amerikanischen Bundesstaat Mississippi, in dem es mehr Rassenprobleme gibt als in anderen US-Staaten, und damit auch um die Frage der Auslegung der Gesetze.

Auch Kooperationen finden nicht im gesetzesfreien Raum statt, sondern sie unterliegen den jeweiligen staatlichen und rechtlichen Grundlagen.

Daher ist uns wichtig, darauf hinzuweisen, welche gesetzlichen Grundlagen im Rahmen einer Kooperation wirksam werden können. Wir sind beide nicht juristisch ausgebildet und beziehen uns in diesem Kapitel auf Praxiserfahrungen. Im Anlassfall empfehlen wir, die entsprechenden Experten hinzuzuziehen. Da sich unsere Erfahrung mit Kooperationen auf die Länder Österreich und Deutschland beschränkt, betrachten wir auch nur diese beiden Länder. Die rechtliche Situation ist in Deutschland und Österreich durchaus ähnlich.

„Durch einen Vertrag, vermöge dessen zwei oder mehrere Personen einwilligen, ihre Mühe allein, aber auch ihre Sachen zum gemeinschaftlichen Nutzen zu vereinigen, wird eine Gesellschaft zu einem gemeinschaftlichen Erwerbe errichtet." [144]

So lautet der entsprechende österreichische Gesetzestext, wenn zum Beispiel zwei Menschen oder Institutionen beschließen, etwas miteinander zu machen. Wenn im Rahmen der Kooperationsvereinbarungen keine andere Gesellschaftsform festgelegt wird, ist die Kooperation somit automatisch eine Gesellschaft bürgerlichen Rechts (GesbR). Als Gesellschafter einer GesbR können sowohl natürliche als auch juristische Personen, zum Beispiel Organisationen, Institutionen, aber auch wieder eine GesbR auftreten. Eine GesbR hat keine eigene Rechtspersönlichkeit, sie kann daher nicht als Eigentümerin auftreten und hat keine Gewerberechtsfähigkeit. Nur die Gesellschafter können als Miteigentümer bzw. Berechtigte zum Beispiel im Marken- oder Patentregister, sowie bei Gewerbescheinen eingetragen werden. Notwendige Gewerbescheine müssen immer von allen Kooperationspartnern gehalten werden. Da die GesbR keine eigene Rechtspersönlichkeit hat, kann sie nicht als Klägerin auftreten oder geklagt werden; über die Gesellschaft kann auch kein Insolvenzverfahren eröffnet werden. Kläger und Beklagte sind immer alle Gesellschafter.[145] Eine gesetzeswidrige Handlung eines Kooperationspartners im Rahmen der Kooperation kann somit Auswirkungen auf alle Kooperationspartner haben.

Die GesbR ist nur hinsichtlich der Umsatzsteuer ein eigenes Steuersubjekt und hat daher für die getätigten Umsätze die Umsatzsteuer zu entrichten. Einkommensteuerpflichtig ist jeder Kooperationspartner für den auf ihn entfallenden Gewinnanteil.[146]

Die gesetzliche Situation in Deutschland stellt sich folgendermaßen dar:

Gesellschaft bürgerlichen Rechts (GbR) oder auch BGB-Gesellschaft ist in Deutschland eine Vereinigung von (natürlichen oder juristischen) Personen, die sich durch einen Gesellschaftsvertrag gegenseitig verpflichten, die Erreichung eines gemeinsamen Zwecks in der durch den Vertrag bestimmten Weise zu fördern, insbesondere die vereinbarten Beiträge zu leisten (§ 705 BGB).[147]

5.5 Gesetzliche Grundlagen

Eine Gesellschaft bürgerlichen Rechts ist demnach eine Personengesellschaft und keine Firma, führt also keine Firmenbezeichnung, sondern lediglich die Namen aller Gesellschafter. Ein Beispiel ist der Zusammenschluss von Bauunternehmen zur gemeinsamen Durchführung eines Bauvorhabens. Die Gründung erfolgt durch Abschluss eines Gesellschaftsvertrages, der grundsätzlich nicht formbedürftig ist. Er kann schriftlich oder mündlich, aber auch stillschweigend erfolgen.[148]

Alle in diesem Buch vorgeschlagenen Kooperationsformen sind somit automatisch Gesellschaften bürgerlichen Rechts, sofern keine andere Gesellschaftsform (zum Beispiel GesmbH) vereinbart wurde und/oder eine anders lautende Vereinbarung, wie zum Beispiel eine Beauftragung in Form eines Auftragsschreibens, abgeschlossen wurde. Wenn die Kooperation funktioniert, ist diese gesetzliche Grundlage möglicherweise nie ein Thema. Sollten aber Probleme und Schwierigkeiten, wie zum Beispiel Streit der Kooperationspartner auftauchen, kann dieser Umstand entsprechende Folgewirkungen mit sich bringen. Daher sollten aus unserer Sicht im Rahmen einer Kooperationsvereinbarung folgende Fragen diskutiert werden – viele davon sind im Rahmen einer gelingenden Kooperation ohnehin mit dem Kooperationspartner abgesprochen worden:

Fragen für eine Kooperationsvereinbarung
Welche gemeinsame Tätigkeit umfasst die Kooperation?
Wer übernimmt welche Leistungen?
Welche gewerberechtlichen Grundlagen sind dafür nötig?
Welche Tätigkeiten bleiben bei den jeweiligen Ursprungsorganisationen?
Gibt es eine (möglichst schriftliche) übereinstimmende Willenserklärung aller Kooperationspartner, den Zweck der Kooperation zu verfolgen?
In welcher Form wird die Geschäftsführung gehandhabt? Wie werden Beschlüsse gefasst?
Welche Zeichnungsberechtigungen gelten nach außen?
Wer übernimmt welche Kosten?
Welche Umsätze und Gewinne werden angestrebt? Werden damit andere Gesellschaftsformen steuerlich notwendig?
Welche Buchhaltungsgrundsätze/Steuergesetze sind zu beachten?
Wie wird mit Mängeln in der erbrachten Leistung umgegangen?
Wer übernimmt welche Haftung? Wie ist dies in einer GesbR geregelt?
Wie wird der Gewinn/Verlust verteilt?
Wer hat die Urheber- und/oder Nutzungsrechte an erbrachten Leistungen?

> Was passiert am Ende der Kooperation, bei Erreichen des Gesellschaftszwecks, bei Tod eines Kooperationspartners, bei Ausschluss aus wichtigem Grund (wie zum Beispiel Konkurs des Unternehmens)?
> Welche Konsequenzen hat es, wenn einer der Beteiligten (un-)willentlich aussteigt?
> Was passiert, wenn die Beteiligten sich trennen (wollen)?
> Wurde der Vertrag gemeinsam besprochen und errichtet?

Um all diese Fragen mit ausreichender Sicherheit beantworten zu können, sind Gespräche mit Rechtsanwälten und Steuerberatern hilfreich. Musterverträge für Gesellschaften bürgerlichen Rechts können im Internet (oftmals gegen Gebühr) oder auch bei der Industrie- und Handelskammer sowie der Wirtschaftskammer bezogen werden.

Alle Aspekte der Kooperation, die schriftlich fixiert sind, können im Streitfall nicht oder weniger leicht angezweifelt werden. Eine schriftliche Kooperationsvereinbarung ist somit sehr empfehlenswert.

6 Interkulturelle Aspekte: „Red Corner – Labyrinth ohne Ausweg"

Jack Moore (Richard Gere), ein amerikanischer Staranwalt, besucht geschäftlich China. Dort verbringt er die Nacht mit einem einheimischen Fotomodell, das am nächsten Morgen tot aufgefunden wird. Der Mord wird Moore in die Schuhe geschoben und er wird verhaftet. Das Fotomodell war die Tochter eines Generals, der ihm nun den Tod wünscht. Auf Moore werden diverse Mordanschläge verübt, aber er kann entkommen und erreicht die amerikanische Botschaft, in der er Asyl beantragt. Die einheimische Anwältin Shen Yuelin übernimmt die Verteidigung von Moore. In diesem Thriller aus dem Jahr 1997, produziert von Wolfgang Petersen, wird auf der einen Seite sehr schön deutlich, wie gut eine interkulturelle Kooperation (hier in der Filmproduktion) gelingen kann. Auf der anderen Seite sehen wir im Film, wie schwierig sich eine Kooperation (zwischen US-amerikanischer Botschaft, Moore, der chinesischen Regierung und der chinesischen Anwältin Yuelin) gestalten kann.

Sind interkulturelle Kooperationen ein *Labyrinth ohne Ausweg?* Wir meinen nein, aus diesem Grund zitieren wir auch diesen Film, weil er auf so wunderbar spannende Weise zeigt, wie Kooperationen im interkulturellen Umfeld Auswege finden und somit erfolgreich gelingen können.

Wenn wir von interkulturellen Kooperationen sprechen, dann meinen wir Kooperationen, die von Menschen, Organisationen und Unternehmen eingegangen werden, die aus unterschiedlichen Ländern, aus aller Welt stammen. Wir werden lediglich einige Beispiele bringen, weil es unmöglich erscheint, aus allen Kulturen der Welt Beispiele darzustellen, und wir der Meinung sind, dass es um Prinzipien geht, die man mit „Herz, Hand und Verstand", wie Prof. Dr. Schulz von Thun in einem Seminar sagte, auch auf andere Kulturen übertragen kann.

Hinter den Kulturen, die sichtbar werden, stehen Werte. Werte, die aus Traditionen, Religionen, Gepflogenheiten, Gewohnheiten der Völker entstehen. Diese Gepflogenheiten und Gewohnheiten entwickeln sich und sind nicht naturgegeben. Gleichzeitig werden sie jedoch von der jeweiligen Kultur als richtig, normal und selbstverständlich gesehen.[149] Menschen suchen nicht nur eine individuelle Identität, sondern auch eine soziale. Sie finden diese, *„indem sie sich Gruppen zuordnen: einer Berufsgruppe, einem Geschlecht, einer Konfession, ..., und besonders auch einer Kultur. In diesem Sinne ist Kultur ein identitätsstiftendes Orientierungssystem: Es definiert Zugehörigkeit; es reguliert das Verhalten der Kulturmitglieder; und es strukturiert deren Wahrnehmung und Deutung der Umwelt – meist ohne dass es diesen bewusst ist."*[150]

Die Werte sind nicht sichtbar, aber sie zeigen sich, wie in einem guten Film, in Handlungen. Handlungen wiederum können wir beobachten: Was tut die Person, was sagt sie, wie sagt sie es, wie agiert sie körpersprachlich. Auch: Welche Accessoires befinden sich in den Räumen dieser Person, wie sind zum Beispiel die Büroräume gestaltet? *„Nach außen hin sichtbar unterscheiden sich Kulturen in ihren Symbolen, ihren Ritualen und zentralen Verhaltensweisen."*[151] Friedemann Schulz von Thun sagt: *„Wenn Menschen miteinander in Kontakt treten, prallen Welten aufeinander."*[152] Dieses Aufeinanderprallen kann zu wechselseitigen Irritationen führen und auch Befremden auslösen und sogar zu Abwertungen führen.

In einem guten Film geht es darum, dass in den meisten Fällen der Held und der Antiheld mit unterschiedlichen Werten aufeinander treffen, was zu einer besonderen Spannung führt. Einen guten Film macht aus, dass es zu einer großen Spannung kommt. In Kooperationen geht es anders als im Film darum, wie Menschen mit unterschiedlichen Werten (nicht wie bei Held und Antiheld einen maximalen Konflikt, sondern) eine maximale Gemeinsamkeit erreichen. Der Weg zu maximaler Gemeinsamkeit führt nicht darüber, auf der Oberfläche der Sprache oder Körpersprache zu bleiben, sondern wird erreicht, indem die Kooperationspartner die Kultur des anderen ernst nehmen und versuchen, sie zu verstehen. Manchmal bewegen sich Kooperationspartner in ihren eigenen Erfahrungen und damit auch in ihren eigenen Vorurteilen, was zu Schubladendenken, dem Einordnen in Kategorien führt, und vielleicht neigen sie dabei auch zu Übergeneralisierungen.

Was sind die Erfahrungen bei internationalen Kooperationen (deutsch-asiatische Kooperationen)?

Kooperation ist mehr eine Einstellung als eine Technik. Wir Menschen brauchen in internationalen Kooperationen ganz speziell eine „Attitude", die weit über „Behaviour" hinausgeht. So wie in vielen zwischenmenschlichen Beziehungen. Die wichtigste Einstellung ist der Respekt vor anderen, denn Kooperationspartner haben andere Einstellungen, sie haben andere Gewohnheiten und andere Rituale. Die wichtigste Voraussetzung ist, dieses

„Anders sein" anzunehmen, ohne es mit der eigenen Einstellung vergleichen zu wollen.
Genau so wichtig ist, in einer komplexen interkulturellen Umgebung Eigen- und Fremdinteressen zu verstehen. Das ist wohl das schwierigste.
Für den Umgang zum Beispiel mit einem chinesischen Kooperationspartner braucht es:

- Fragen zu stellen
- Diskussionen zu führen
- und versuchen zu verstehen, was die Ziele, die Perspektiven, das Umfeld des anderen sind. Den anderen verstehen in seiner Person, als auch in seiner Rolle als Unternehmensvertreter.

Und dabei nicht zu glauben, was in der Presse steht, sondern selber zu denken.

Zailiang Tang, Intercultural Consultant

Kulturelle Unterschiede mit Hilfe von Kommunikationsmodellen verstehen

Wir wollen im Folgenden kulturelle Unterschiede in Kooperationen mittels verschiedener Modelle beleuchten. Wertehaltungen unterschiedlicher Kulturen können wir unter anderem mit Hilfe des Werte- und Entwicklungsquadrats nach Friedemann Schulz von Thun ansehen. Er hat dieses Quadrat mit seinen Mitarbeitern zur Betrachtung von kulturellen Unterschieden zum so genannten Kulturquadrat weiterentwickelt. Bild 37 zeigt ein Beispiel.

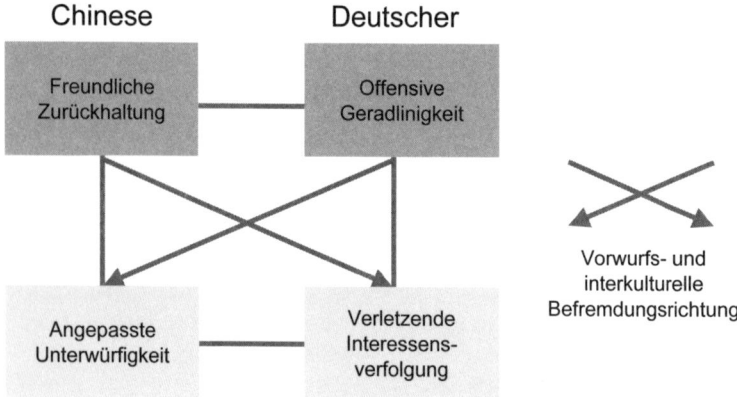

Bild 37 Kulturquadrat am Beispiel der chinesischen und deutschen Kultur

Die beiden Werte, die oben stehen, stellen hier die positiven Ausprägungen dar, die Sichtweise, die ein Mensch in seiner kulturellen Prägung mitbringt. Schulz von Thun spricht hier auch vom „Wertehimmel". Wenn man diese Tugend jedoch übertreibt, tendiert sie zu verkommen (unterer Teil der Grafik), auch als „Keller der Entartung" bezeichnet. *„Die Gefahr der interkulturellen Befremdung liegt nun darin, sich selbst im Wertehimmel der oberen Etage des Wertequadrates zu sonnen und den anderen in der unteren Etage, gewissermaßen im „Keller der Entartung", zu verorten. Was in der zwischenmenschlichen Kommunikation als Vorwurf zutage tritt, ergibt sich aus den Vorwurfsrichtungen im Wertequadrat. Diese können wir im interkulturellen Zusammenhang auch als Befremdungsrichtungen interpretieren."*[153]

Drehen wir die Vorwurfspfeile um, können wir umgedreht auch ein *„gutes und verheißungsvolles Ergänzungsprinzip"*[154] für die eigene Kultur entdecken, das bedeutet, die Werte der anderen Kultur entdecken, verstehen und würdigen. Die Diagonalen zeigen die Gegensätze zwischen den Tugenden und können zugleich die gegenseitigen Vorwürfe aufzeigen. Diese können eine Folge von Interpretationen von Wahrnehmungen, aber auch von Verzerrungen sein.

Bleiben wir weiter dabei, uns Kulturen unter verschiedenen Kommunikationsmodellen anzusehen, und beleuchten wir kulturelle Tendenzen unter dem Riemann-Thomann-Modell (Bild 38, siehe auch Kapitel 5.1). Dabei setzen wir voraus, dass die vier menschlichen Grundstrebungen bei allen Menschen aller Kulturen gegeben sind. *„Unabhängig von seiner kulturellen Zugehörigkeit dürfte jeder Mensch einerseits ein Bedürfnis nach Nähe und Zugehörigkeit haben – und andererseits auch ein Bedürfnis nach Abgrenzung,*

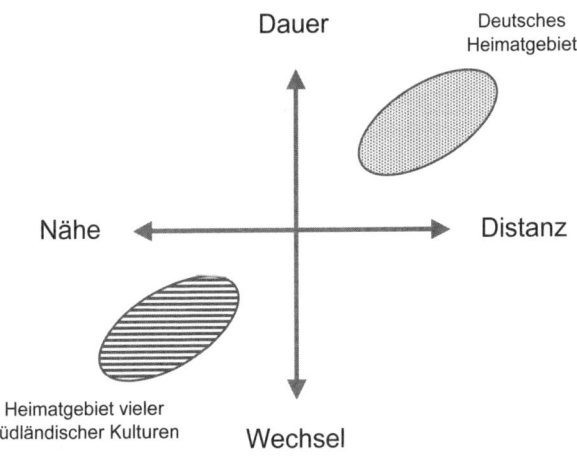

Bild 38 Riemann-Thomann-Modell der Kulturen

6 Interkulturelle Aspekte

Eigenständigkeit und Distanz. Und egal, wo Menschen leben, sie suchen auf der einen Seite nach Sicherheit, Verlässlichkeit und Beständigkeit – und brauchen auf der anderen Seite auch Abwechslung, Entwicklung, Innovation und Lebendigkeit. Was sich dagegen vermutlich sehr stark unterscheidet, ist die Ausprägung dieser verschiedenen Bedürfnisse."[155]

Wenn wir einmal in typischen Vorurteilen denken, könnte man vielleicht sagen, die Deutschen sind mehrheitlich im Dauer-Distanz-Quadranten beheimatet,[156] warum ausländische Mitbürger den Deutschen vielleicht auch nachsagen, dass sie zuverlässig, gründlich, organisiert und strukturiert, aber auch kühl, brüsk und abweisend wirken. Während südländische Kulturen mehrheitlich im Nähe-Wechsel-Quadranten agieren und deshalb bei den Deutschen oft auch als unzuverlässig, wankelmütig und laut gelten. Vielleicht stehen Italiener öfter bei einem Cappuccino zusammen, aber man sagt ihnen auch nach, dass sie geselliger und herzlicher sind. In diesem Modell werden also nicht nur Unterschiede zwischen Kulturen deutlich, sondern es weist damit auch gleichzeitig Konfliktfelder auf. Zur Erinnerung: Nähe, Distanz, Dauer und Wechsel beziehen sich hier auf die Beziehung zu Menschen, nicht auf örtliche Gegebenheiten.

Sir Peter Ustinov sagte zu Vorurteilen: *„Das Vorurteil ist einer der größten Schurken in der Besetzungsliste der Geschichte – es benutzt die blanke Unkenntnis als Waffe."*[157]

Nähe-Distanz-Themen sind gerade im interkulturellen Umfeld besonders schwierig, da sie unter anderem die Voraussetzung für eine offene und klare Kommunikation bieten. Wenn einer der Kooperationspartner nun aus einer Kultur stammt, in der er gewohnt ist, Meinungsverschiedenheiten und mögliche Störungen im Miteinander direkt anzusprechen, zeigt dieses Verhalten bereits seine kulturelle Prägung. Trifft er auf Kooperationspartner aus einer Kultur, die das nicht gewohnt ist, kann das als Herausforderung oder sogar als Konfrontation erlebt werden.[158] Auch das Thema Verbindlichkeit, Detaillierungsgrad von Vereinbarungen, Bestehen auf Umsetzung von Vereinbarungen, Umgang mit Zeitstrukturierung zeigen möglicherweise Tendenzen der Beteiligten im Riemann-Thomann-Kreuz und bieten weit reichendes Konfliktpotential im interkulturellen Umfeld.

Im interkulturellen Miteinander wird häufig von Missverständnissen gesprochen. Friedemann Schulz von Thun beschreibt Missverständnisse in Kommunikation mit Hilfe des Kommunikationsquadrates. Dabei legt er zugrunde, dass ein so genannter Sender eine Nachricht an einen so genannten Empfänger sendet. Die Nachricht kann viele (unterschwellige) Botschaften gleichzeitig enthalten (Modell „die vier Seiten einer Nachricht", Bild 39),[159] die mittels Tonfall, Körpersprache usw. übermittelt wer-

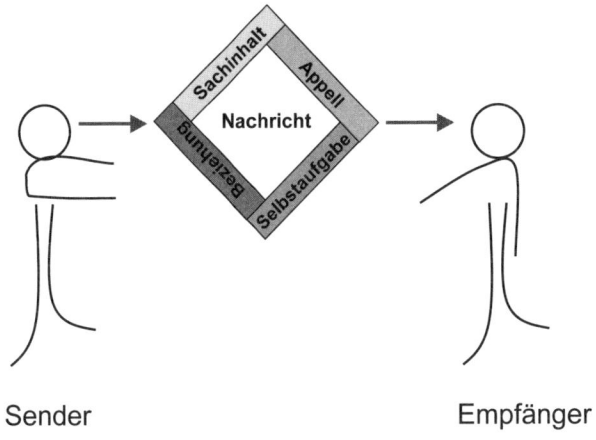

Sender   Empfänger

Bild 39 Die vier Seiten einer Nachricht

den können. Die Botschaften, die mit gesendet werden, können sachlich sein (Sachinhalt), sie können eine Botschaft an die Beziehung sein, sie können etwas über den Sender im Sinne einer Selbstkundgabe aussagen oder eine Aufforderung zur Handlung enthalten (Appell). Bereits durch dieses Modell wird sehr deutlich, dass Missverständnisse entstehen können, wenn der Empfänger die Nachricht anders aufnimmt, als der Sender sie gesendet hat.

Eric Berne ging als Psychotherapeut noch einen Schritt weiter, indem er sagte, Kommunikation kann auf der sozialen Ebene (4 Seiten einer Nachricht bei Schulz von Thun) und zudem auf einer psychologischen Ebene stattfinden.

Psychologische Ebene meint in dem Fall alle Werte, Hintergründe, kulturelle/persönliche Prägungen/Erfahrungen, Bedürfnisse, einschränkende Glaubenssätze, Einschärfungen usw., die uns im Laufe des Heranwachsens „mitgegeben" wurden. In manchen Momenten können in unserer Stimme unbewusst Aspekte mitschwingen, um den Anderen ins Handeln zu bringen. Gerade wenn uns eine Kultur besonders fremd und neu ist, spüren wir eventuell intuitiv, dass „da etwas ist", aber wir können es noch nicht benennen. In solchen Momenten ist es gut, aufmerksam zu bleiben und zu beobachten.

Uns geht es in diesem Kapitel vor allem darum, Gefahren oder mögliche Fallen in interkulturellen Kooperationen zu beleuchten. Und hier steckt eine mögliche Falle, die wir mittels des Kommunikationsquadrates[160] hervorheben wollen. Schauen wir uns erneut ein Beispiel aus dem chinesi-

6 Interkulturelle Aspekte

schen Kulturraum an: Ein deutscher Geschäftsmann geht mit seinem chinesischen Kooperationspartner essen und anschließend sagt der Chinese zu ihm: „Du bist mein alter Freund." Was könnte bei dem deutschen Partner ankommen bzw. was will der Chinese wohl damit sagen?

Zailiang Tang beschreibt dazu in einem Interview auf die Frage „Ist Beziehung zu pflegen in chinesischer Kultur wichtig?" ein sehr anschauliches Beispiel:

„Beziehung ist ganz wichtig, stellt häufig die Grundlage für Geschäfte dar und dient auch als Schutzmechanismus. Man muss solche Begrifflichkeiten immer von beiden Seiten betrachten und den dahinterliegenden Mechanismus sehen, mit dem bei dem jeweiligen Partner gearbeitet wird. Natürlich kenne ich Unternehmen, die nach China gehen. Sie gehen mit dem chinesischen Partner zweimal essen. Anschließend sagt der chinesische Partner „Du bist mein alter Freund", und der Deutsche glaubt, er hätte eine tragfähige Beziehung während dem Abendessen mit dem chinesischen Partner aufgebaut und kann sich darauf verlassen. Wer das täte, hat die Grundprinzipien von Beziehungsaufbau in China nicht verstanden. Also daher denke ich, ist es wichtig, auf Aussagen Acht zu geben. Genauso bedeutsam ist es, Begrifflichkeiten wie Beziehungspflege mit einer kritischen Distanz anzusehen und nicht der Kulturromantik zu verfallen."

Deutsche glauben im Kontakt mit Chinesen zu schnell, eine tragfähige Beziehung hergestellt zu haben, ein bis zweimal Abendessen zu gehen, würde reichen. Während der Chinese sehr schnell sagt „mein alter Freund", aber in Wahrheit das erst einen Anfang für eine tragfähige Beziehung darstellt.

In Spanien und Lateinamerika wird ebenso wie in China großer Wert auf eine gute Geschäftsbeziehung gelegt. Hier bedeutet es allerdings nicht nur aufgrund gemeinsam vereinbarter Ziele, sondern auch aufgrund von gemeinsamen Gefühlen. So bietet ein gemeinsames Essen das Fundament für eine gute persönliche Beziehung, bei einem gemeinsamen Essen fühlt man sich gegenseitig auf den Zahn.[161] Was der chinesische Partner an den deutschen sendet und was dieser wiederum entsprechend seiner kulturellen Prägung empfangen könnte, zeigt Bild 40.

Im interkulturellen Umfeld ist die Gefahr, dass eine Botschaft ihr Ziel nicht erreicht, weil der Empfänger aus seinem kulturellen Hintergrund die Botschaft nicht oder nur verzerrt wahrnimmt, sehr groß. Das wird auch *verlorene Botschaft*[162] genannt oder *imaginierte Botschaft,* wenn der Empfänger lediglich wähnt, diese Botschaft von seinem Partner erhalten zu haben. Daraus leiten Rez, Kraemer, Kobayashi-Weinsziehr ab:

„*Missverständnisse sind verlorene oder imaginierte Botschaften*". Sie sagen aber weiterhin auch: „*... hoffen die Autoren, dass sich nicht ein gefährlich-*

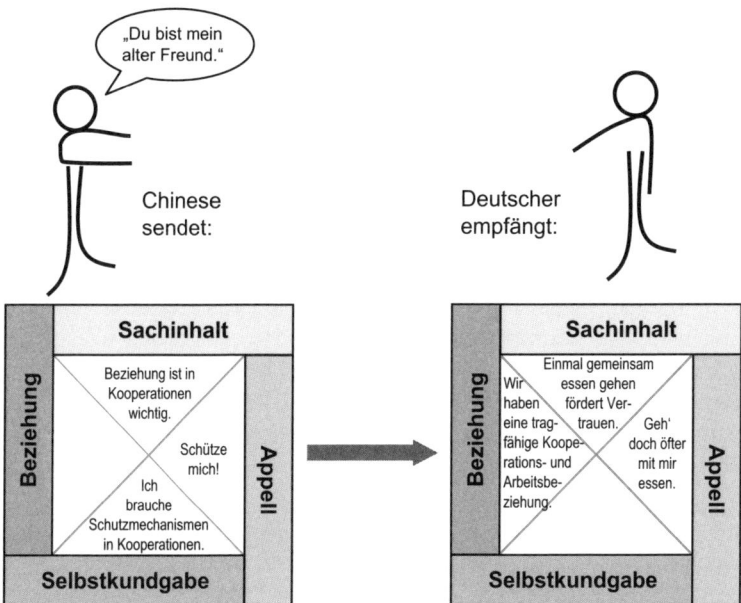

Bild 40 Dynamik in deutsch-chinesischer Kommunikation, dargestellt mittels des Kommunikationsquadrats

abwegiges „Meta-Missverständnis" eingeschlichen hat: dass Begegnungen zwischen Angehörigen unterschiedlicher Kulturen nur eine Quelle laufender Missverständnisse, Verunsicherungen, Verärgerungen und Konflikte wären." [163]

Dieses Zitat wollen wir zum Anlass nehmen, auch aus unserer Sicht hervorzuheben, dass interkulturelle Kooperationen eben nicht nur schwierig sind und Missverständnisse hervorrufen, sondern vor allem bereichernd und wertvoll sind. In der heutigen Arbeitswelt sind sie notwendig, um Geschäftssicherheit zu erreichen.

Was ist bei wissenschaftlichen Kooperationen zu beachten?

Eine wissenschaftliche Kooperation ist ein komplexer Prozess, bei dem die Offenheit der Partner zueinander für den Erfolg genauso entscheidend sein kann wie Flexibilität und Anpassung an neue Gegebenheiten oder die klare Definition der gemeinsamen Ziele. Es ist elementar zu klären, wann die Kooperation abgeschlossen ist und wer die erzeugten Daten verwerten darf, bzw. in welcher Form. Bei internationalen, wissenschaftlichen Kooperationen kann der unterschiedliche kulturelle Hintergrund der Beteiligten zu Missverständnissen führen, zum Beispiel was die Bedeutung einzelner Beiträge für das gesamte Projekt betrifft. Da Wissenschaftler heutzutage an

> der Zahl und Qualität ihrer Publikationen gemessen werden, ist für eine dauerhafte erfolgreiche Kooperation frühzeitig zu klären, wie die einzelnen Beiträge in Publikationen bewertet werden und wie die Personen in der Liste der Autoren berücksichtigt werden.
>
> *Bernhard Baumgartner, Wissenschaftler*

In diesem Kapitel war uns bislang wichtig, interkulturelle Kooperation unter verschiedenen Aspekten zu beleuchten. Dafür haben wir bis jetzt Modelle wie die „Vier Seiten einer Nachricht", das „Kulturquadrat" und das „Riemann-Thomann-Modell" herangezogen. Im Folgenden wollen wir interkulturelle Kooperation unter einem weiteren Modell, nämlich dem Stereotypen-Kreislauf nach Helmut Rez, Monika Kraemer und Reiko Kobayashi-Weinsziehr[164] beleuchten. Im Wesentlichen sagt dieser Kreislauf aus, dass wiederholte Aussagen zur Verfestigung von stereotypen Denkmustern, Vorbehalten und Vorurteilen führen. Ein solches typisches Denkmuster kennen wir alle. Den Deutschen sagt man nach, dass sie geradeheraus und direkt sind, während einem Chinesen nachgesagt wird, dass er sich vorsichtig, lächelnd und zurückhaltend äußert. Umso häufiger man diese Muster beobachtet, desto mehr glaubt man, dass es wirklich so ist; Bild 41 zeigt diesen Stereotypen-Kreislauf. *„Die Mechanismen der „Bestätigung" vorhandener und der Herausbildung neuer Stereotypen sind interkulturell wechselseitig wirksam: wie in einem (positiven und negativen) Kreislauf."*[165]

Die Betrachtung all dieser Kommunikationsmodelle soll verdeutlichen, wie wenig wir diesen Mechanismen auskommen. Sie sollen dazu anregen, eigene Kulturstandards und -muster zu reflektieren, neugierig machen auf die Kulturregeln bei den Kooperationspartnern und somit mehr Verständnis für Verhaltensweisen und Reaktionsmuster beim Partner wachsen lassen.

Wie können sich Kooperationspartner im interkulturellen Umfeld annähern?

So schwierig interkulturelle Kooperationen sich vielleicht auch gestalten mögen, sie können langfristig dazu führen,

- Diskriminierung zu verhindern,
- Vorurteile zu verändern,
- Dominanzkulturen abzubauen, somit
- eine Annäherung der Kulturen zu fördern, und
- den eigenen Entwicklungsprozess zu begünstigen, das bedeutet im Sinne des Kulturquadrats, eine weitere Eigenschaft zu entfalten, um dem „Verkommen in dem Keller der Entartung" vorzubeugen.

Es lohnt sich, internationale Kooperationen einzugehen, weil die Vielfalt, die Mitarbeiter mit ihren Werten, Traditionen, Denkweisen usw. mitbringen, für die Kooperationen eine wirtschaftliche Ressource darstellen können.

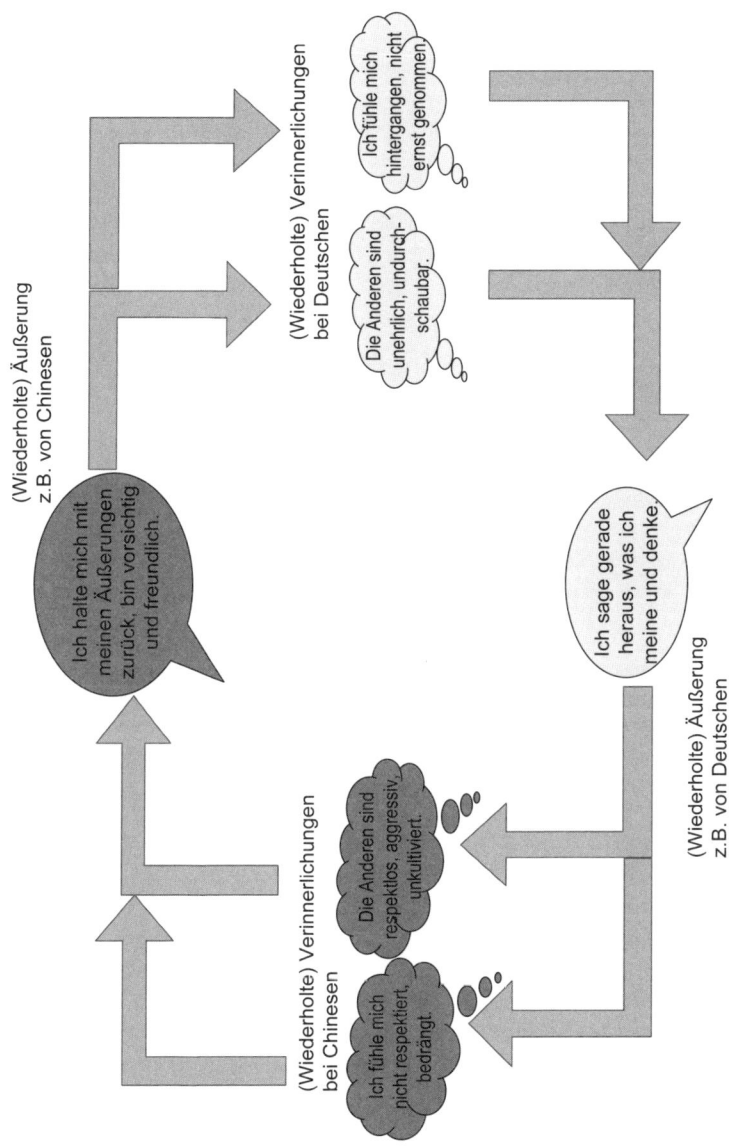

Bild 41 Stereotypen-Kreislauf

Zailiang Tang, aus China stammend und seit Jahren in Deutschland arbeitend und wohnend, sagt:

„*Interkulturelle Kooperationen gilt es aus drei Ebenen zu beleuchten:*
- *Strategie*
- *Interessen*
- *Kommunikation.*

Wenn die Interessen komplementär sind, dann müssen diese kommuniziert werden und mit den jeweiligen Interessen des Partners muss umgegangen werden. In dem Moment kommt die originäre interkulturelle Problematik hinzu. Nicht dass alle Menschen, die miteinander etwas Gutes tun wollen, das auch schaffen.

Ohne eine komplementäre Interessenslage vorher gestaltet zu haben, kann man mit Kommunikation vielleicht manche Sachen verstecken oder verdecken, manche Sachen dadurch vielleicht auch angenehmer machen, aber Kommunikation alleine ist kein Garant für eine erfolgreiche Zusammenarbeit, schon erst recht nicht für eine langfristige erfolgreiche Zusammenarbeit im internationalen Umfeld."

Ein anderes Paradigma könnte lauten: nicht Entweder-Oder, sondern den Ausgleich zu probieren im Sinne von Sowohl-als-auch, je nachdem was die Kooperation benötigt. Damit meinen wir, nicht immer denselben Weg einzuschlagen und in der interkulturellen Kooperation auf diesen eingeübten Weg zu pochen, sondern sich offen zeigen für die Wege des Kooperationspartners und zu überlegen, wie könnte eine Variante aussehen, die beide Wege beinhaltet, wie könnte möglicherweise ein Sowohl-als-auch aussehen.

Worauf ist bei interkulturellen Kooperationen, insbesondere mit Entwicklungsländern, zu achten?

Zusammenarbeit zwischen Organisationen, und damit zwischen Menschen aus unterschiedlichen Kulturen wird von den meisten Praktizierenden zuallererst einmal als spannend, also als eine positive Herausforderung beschrieben. Noch mehr gilt das im Kontext von Entwicklungsländern, sei es nun im Rahmen von Entwicklungsprojekten oder auch in einem profitorientierten Kontext.

In der Entwicklungszusammenarbeit wird als Schlüsselbegriff anstelle der neutralen Kooperation vielfach Partnerschaft verwendet, womit nicht nur eine Methode, sondern ein prinzipieller Wert gemeint ist. Partnerschaft setzt aber ein klares Rollenbewusstsein voraus, weil nur wenn ich weiß, wer ich selber bin, kann ich auch in Partnerschaft treten. Dies gilt erst recht in der Begegnung mit anderen Kulturen. Entwicklung heißt Neues erkunden und schaffen: Dazu sind einseitig entworfene Konzepte nicht hilfreich; viel mehr aber das offene Zuhören und freie Denken, klassische Verhaltenswei-

> sen in der dialogischen Kommunikation. Ansonsten läuft die Zusammenarbeit Gefahr, sofort unter dem Blickwinkel der Macht und Ohnmacht gedeutet zu werden und so an Wirksamkeit zu verlieren.
>
> Friedrich Altenburg, Donau-Universität Krems,
> Department für Migration und Globalisierung

Zudem erscheint uns wichtig, sich die eigenen Vorurteile bewusst zu machen, sie gegebenenfalls sogar transparent zu gestalten, um damit dem Kooperationspartner die Chance zu geben, seine Kultur zu erklären und in ein anderes Licht zu stellen. „*Die Grundannahme hier lautet, dass es uns tendenziell eher zu Menschen hinzieht, die Gemeinsamkeiten (...) besitzen, die uns individuell und persönlich wichtig sind ... Wir kommen sozusagen „nicht aus unserer Haut heraus" und behalten immer einen Rest von Befangenheit und blinden Flecken in Bezug zu unseren jeweiligen Dimensionszugehörigkeiten (vor allem bei den Kerndimensionen Geschlecht/Alter/Kultur/Behinderung/Religion/ Hautfarbe, sozialer Schicht und sexueller Orientierung.*"[166]

Bei allem Miteinander in Kooperationen kommt es vor allem darauf an, wie Schulz von Thun in seinem Stimmigkeits-Konzept fordert, eine doppelte Übereinstimmung zu erreichen, das bedeutet, selbst authentisch sein und sich passend zur jeweiligen Situation zu verhalten.[167]

Alexander Porschke, Senator a.D. und freiberuflicher Consultant, beschreibt einen einfachen und aus diesem Grund so charmanten Dreiklang im Umgang mit verschiedenen Kulturen:

„*Verstehen, Akzeptieren und Respektieren. Zum Verstehen gehört für mich das Verständnis der Situation, verbunden mit dem Versuch, die handelnden Akteure zu verstehen... Zum Akzeptieren gehört für mich nicht nur die Akzeptanz der Unterschiede vom ‚Gesagten' zum ‚Gemeinten', die es bekanntlich überall gibt. Meiner Meinung nach gilt es auch zu akzeptieren, dass zu interkultureller Kommunikation [Kooperation, Ergänzung der Autoren] immer auch Befremdendes gehört und es ein sehr langer Weg sein kann, wirklich ‚dazu zu gehören'. ... Zum Respektieren gehört für mich, kulturelle Unterschiede im eigenen Handeln zu berücksichtigen.*"[168]

Wenn wir zum Abschluss noch einmal einen Blick auf das Kulturquadrat werfen und eine Ergänzung von Friedemann Schulz von Thun[169] addieren (Bild 42), dann könnte sich eine interkulturelle Kooperation dahingehend entwickeln, dass die Kombination der beiden Tugenden zu einer neuen Qualität, der so genannten Regenbogenqualität, führen. Bewusstes und reflektiertes Erleben der eigenen Kultur gepaart mit verständnisvoller Offenheit für die fremde Kultur meines/meiner Kooperationspartner(s) kann zu einer partnerschaftlichen, interkulturellen Kooperation in symmetri-

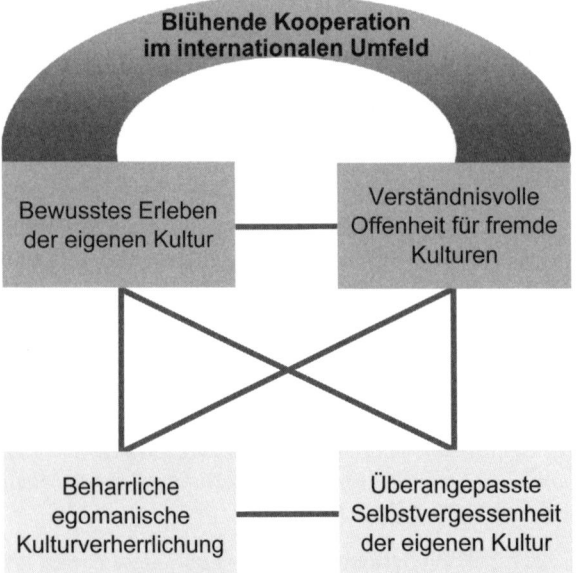

Kulturquadrat mit Regenbogenqualität, entwickelt nach Anregungen
aus einem Seminar zum Werte- und Entwicklungsquadrat bei
Prof. Dr. Schulz von Thun im Dezember 2008

Bild 42 Kulturquadrat mit Regenbogenqualität

scher Beziehung führen. Wenn die beiden oberen Qualitäten nicht miteinander kombiniert werden, dann droht das Verhalten entweder abzudriften in eine Kulturverherrlichung der eigenen Kultur oder in die Aufgabe derselbigen.

Unser Fazit für Kooperation im internationalen Umfeld heißt:

Interkulturelle Kooperationen einzugehen bietet großes Potential, das eigene Unternehmen oder auch die eigene Persönlichkeit weiter zu entwickeln. Hinter jeder Kultur stecken Menschen, Menschen, die kooperieren wollen und gemeinsam etwas auf die Beine stellen wollen, und es sind Menschen, nicht Kulturen, die sich begegnen oder missverstehen.

Um interkulturelle Kooperationen gelingen zu lassen und Weiterentwicklung(en) zu ermöglichen, bedarf es:

- der Schärfung der Eigen- und Fremdwahrnehmung
- einer beobachtenden Haltung
- offener Fragen

- der Analyse verschiedenster Kommunikationsmodelle
- dem Versuch, die Beteiligten aus ihrem kulturellen Umfeld heraus zu verstehen.

All das kann dabei unterstützen, interkulturelle Missverständnisse und Irritationen rückblickend zu verstehen und ggf. sogar vorausblickend zu vermeiden.

7 Besonderheiten virtueller Kooperation: „Das Netz"

Gleich mal die schlechte Nachricht vorweg: Virtuelle Kooperation gibt es nicht, genausowenig, wie es eine virtuelle Welt gibt. Es gibt eine große Anzahl von durch Medien geschaffene Räume, in die wir unsere Welt, unsere Realität hineintragen. Wir Menschen füllen diese Welt mit unseren Inhalten, mit unseren Themen und Interessen, die Medien sind nur die Kommunikationswerkzeuge. Diese mediale Welt ist somit ein Teil unserer realen Welt und daher nicht von ihr zu trennen. Junge Menschen wachsen beispielsweise viel stärker in einer medial durchsetzten Welt auf als noch die Generationen vor ihnen. Viele Autoren sprechen daher in der Zwischenzeit von Digital Natives und Digital Immigrants.[170] Digital Natives sind Menschen, die in die Welt der Neuen Medien hineingeboren sind und mit ihnen so natürlich umgehen wie mit einer Muttersprache. Digital Immigrants, die oftmals ältere Generation, müssen sich den Umgang mit Medien oft mühsam erarbeiten. Die unterschiedlichen Voraussetzungen beeinflussen entsprechend das gemeinsame Handeln über die so genannten „Neuen Medien".

Unter dem Begriff Neue Medien werden ja schon seit geraumer Zeit webbasierte Medien wie Internet, E-Mail, Chatrooms und dergleichen verstanden, aber auch alle Medien, die unter den Begriff Web 2.0 bzw. Social Media fallen. Erstere haben sich Ende der 90er Jahre etabliert, die zweiten Mitte des letzten Jahrzehnts, sind also gar nicht mehr so neu, sondern sind längst Bestandteil unserer Arbeitswelt geworden. Alle diese Medien schaffen die Möglichkeit neuer Kommunikationsformen, verändern aber die prinzipiellen Anliegen und Ziele des gemeinsamen Handelns nicht. Aus diesem Grund sprechen wir hier nicht weiter von virtueller Kooperation, sondern von einer realen Kooperation, die allen in diesem Buch beschriebenen Kriterien entspricht, unter besonderen Vorzeichen. Diese Vorzeichen sind in den meisten Fällen eine größere räumliche Distanz zwischen den Kooperationspartnern, wie wir sie bei Kooperationen auf europäischer und internationaler Ebene oft mit mehr als zwei Partnern vorfinden. Zur Überwindung dieser Distanz und damit zur Vermeidung von kostenaufwendigen Reisen der jeweiligen Personen werden Medien gerne verwendet.

Diese technisch vermittelte, meist webbasierte Kommunikation hat wie die direkte Kommunikation die Herausforderung, dass die Nachricht des Senders beim Empfänger in jener Form ankommen sollte, wie sie der Sender gemeint hat. Jetzt wissen wir aber aus unserer langjährigen Kooperations- und Kommunikationserfahrung, dass dieses Ziel selbst unter der Mithilfe aller Sinneskanäle oft schwierig zu erreichen ist. Die webbasierte Kommunikation funktioniert oft sehr textlastig, nicht immer besteht die Möglichkeit der visuellen Unterstützung zum Beispiel durch eine Webcam oder auch die Übertragung eines Audiokanals. Darüber hinaus arbeiten viele Webwerkzeuge asynchron, also zeitversetzt. Ein direktes, sofortiges Nachfragen ist daher nur schwer möglich. Technisch-vermittelte, meist webbasierte Kommunikation braucht somit eine hohe Disziplin aller Kommunikationspartner und entsprechende Kompetenz im Umgang mit den Kommunikationswerkzeugen.

Neuere Werkzeuge reagieren gerade auf diesen Bedarf, werden einfacher und machen gleichzeitige Kommunikation möglich.[171]

Wichtig ist dabei die Synchronität, das Arbeiten in Echtzeit. Die Schriftform nimmt die Scheu und gibt eine permanente Anregung, wie bei ei-

Tabelle 6   Unterschiede zwischen direkter Kommunikation und Kommunikation über Medien

	Direkte Kommunikation	Kommunikation über Medien
Voraussetzungen	Direkte Anwesenheit	Technische Unterstützung
Sprache	Face-to-face	Über elektronische Kanäle vermittelt
Körpersprache	Sichtbar, direkt nachfragbar, als visuelles Hilfsmittel sofort einsetzbar, Gefühlsäußerungen unmittelbar erfahrbar	Nur über Videokonferenzeinrichtungen (meist verzögert) sichtbar, nur indirekt in Sprache übersetzbar
Visualisierung/ Anschauungsmaterial	Mit Papier, Flipchart, Smartboard, Moderationsmaterial …, Anschauungsmaterial vor Ort anschaubar und greifbar	Visualisierung nur mit technischen Hilfsmitteln möglich (setzt Erfahrung voraus), Anschauungsmaterial nicht einsetzbar
Weitere Sinneskanäle	Riechen und Schmecken unmittelbar möglich	Über Medien nicht transportierbar
Vorteile	Umfassende Kommunikation möglich	Kostenreduzierung (Wegekosten, Reisezeiten, …)

nem guten Brainstorming. Darüber hinaus entsteht das Protokoll des Gesprächs von alleine. Ein weiterer Effekt, die Reduzierung der Sinneskanäle, kann eine Konzentration und Fokussierung bewirken, sowie Schutz bieten. Letzterer ermöglicht ein breiteres Handlungsfeld. Dies zeigen Erfahrungen mit Videotelefonie und Videokonferenzen – auch wenn ein Bild möglich wäre, ist manchmal der Ausschluss der Körpersprache und der Umgebung gewünscht.

Technisch vermittelte bzw. webbasierte Kommunikation kann Distanz überwinden, anregen, fokussieren und auch persönlichen Schutz bieten, sie bietet im Vergleich zur direkten Kommunikation einige Vor- und Nachteile, die wir in Tabelle 6 darlegen.

Beziehen wir diese beiden Kommunikationsformen nun auf unseren siebenstufigen Weg der Kooperation, dann sind je nach Stufe andere Kommunikationsformen und Medien von Vorteil.

Kooperationsphasen und Medien

Tabelle 7 gibt eine Übersicht über die 7 Phasen der Kooperation und die Medien, die für die jeweilige Phase gut eingesetzt werden können.

Technisch vermittelte Kommunikation kann somit durchaus als Alternative zu Face-to-Face-Kommunikation gesehen werden, wenn dabei einige weitere Regeln berücksichtigt werden.

Eine Grundvoraussetzung für Kooperation über Medien besteht darin, dass der Zweck der Kooperation über die technisch-vermittelte Kommunikation schadlos transportierbar ist. Bei dem Ziel, einen gemeinsamen Catering-Betrieb aufzubauen (siehe Praxisbeispiel „Kooperationen verleihen Flügel" Kapitel 8.4), verliert die Kommunikation über Medien schnell an Vorteil.

Um für mögliche Kooperationspartner die richtigen Betätigungsfelder präsent zu machen, ist ratsam, Websites und Webprofile aktuell zu halten. Suchmaschinen reagieren unter anderem auf Aktualität und reihen die aktuellen Ergebnisse weiter oben. Ein zusätzlicher Vorteil ist, schneller gefunden zu werden.

Datenschutz

Der für dieses Kapitel namensgebende Film „Das Netz" wurde zwar schon 1995 gedreht, die Thematik ist aber nach wie vor höchst aktuell: Eine Computerexpertin (mit Sandra Bullock in der Hauptrolle) wird durch und über das Internet ihrer Identität beraubt, indem ihre wahren Daten gelöscht und ein paar Strafdaten hinzugefügt werden. Von der Polizei ge-

Tabelle 7 Kooperationsphasen und Medien

Kooperations-phase	Zweck/Ziel	Medium	Beispiel[172]
Vertrauen	Auf sich aufmerksam machen, Kooperationsleistung und Möglichkeiten darstellen, Reputation präsentieren	Business-Profile, Web-Portfolios, Websites, Blogs	Xing, Facebook, …
Erleben	Kooperationsleistungen von anderen finden und erleben	Diverse Suchmaschinen, Suche in Business-Netzwerken	Google, Yahoo, Bing, Abacho, …
Ideen zur Kooperation	Ideen für gemeinsame Kooperation finden, bestehende Ideen ausbauen	Werkzeuge, in denen gemeinsames schriftliches Arbeiten möglich ist – wie Wikis	Google docs, Etherpad und andere Wikis
Gemeinsames Bild	Ein und dasselbe (Visions-)Bild entwickeln	Werkzeuge, die eine gemeinsame Visualisierung zulassen	Scribblar, Twiddla, Scriblink, skrbl
Vereinbarung und klare Ziele	Eine tragfähige Vereinbarung treffen	Schriftbasierende Werkzeuge	Google docs, Etherpad und andere Wikis
Handeln	Das Vereinbarte aus- und durchführen	E-Mail, Chat, Videokonferenzen, SMS, WhatsApp, Telegram Messenger	Skype, Net-meeting, …
Abschluss	Den weiteren Weg der Kooperation definieren		

sucht, von Killern verfolgt, kann sie trotzdem die Hintergründe der verbrecherischen Machenschaften ausforschen und schließlich aufdecken. Letztendlich erhält sie auch ihre wahre Identität zurück.

Das World Wide Web (www) ist weltweit einsehbar. Aus diesem Grund ist es bedeutsam, genau zu prüfen, welche Informationen zur Verfügung gestellt werden. Eine Publikation im Internet unterliegt allen Gesetzmäßigkeiten einer Veröffentlichung. Für verwendete Materialien sollten Urheber- und Nutzungsrechte am besten schriftlich geklärt und eigene Ideen entsprechend geschützt werden. Einschlägige Urheberrechtsquellen[173] und Rechtsexperten informieren im Zweifelsfall.

7 Besonderheiten virtueller Kooperation

Einige zentrale Fragen für eine sichere Kooperation auf virtueller Ebene sind:

- Welcher Provider hostet die Daten, die mit dem Kooperationspartner ausgetauscht werden?
- Wie öffentlich sind die angebotenen Kommunikationsplattformen?
- Wer liest möglicherweise noch mit?
- Ist der angebotene Dienst auch lokal installierbar und eventuell mit einer Firewall betreibbar?

Neben aller Ausgereiftheit elektronischer Medien kann es sich lohnen, sich in der Anfangsphase der Kooperation persönlich treffen, um auf diesen Erfahrungen aufbauen zu können. Dafür sind die beiden Phasen „Ideen zur Kooperation" und „Gemeinsames Bild" günstig, in denen kreative und visuelle Arbeit im Vordergrund steht. Hier soll ein Gedanke den anderen ergeben, Ideen sollen fließen. Im Vorfeld zu diesen Treffen können webbasierte Werkzeuge genutzt werden, indem Ideen in gemeinsame Dokumente gepostet werden. Um sich diese Überlegungen nicht ständig mailen zu müssen, bieten sich Wikis an. Auch viele der Inhalte zu diesem Buch sind in einer ersten Phase in einem gemeinsamen Wiki entstanden.

Kooperation ist Kommunikation, ob face-to-face oder über Medien technisch vermittelt. Gemeinsam ist beiden: Wenn einige Grundregeln berücksichtigt werden, steht dem Kommunikationserfolg und damit dem Kooperationserfolg nichts mehr im Wege.

8 Best Practices

Kooperationen können sehr unterschiedlich verlaufen, abhängig von Kooperationsvisionen, -zielen, -situationen, aber vor allem auch abhängig von den Kooperationspartnern. Wir Menschen sind sehr unterschiedlich, und so legen wir auch auf unterschiedliche Aspekte in unseren Kooperationen Wert. In diesem Kapitel wollen wir Ihnen einige Best-Practice-Beispiele anbieten, die Sie einladen sollen,

- die Beispiele nachzuahmen,
- zu überdenken,
- kritisch zu hinterfragen,
- mit Ihren eigenen Kooperationen zu vergleichen und Parallelen zu ziehen,
- aber durchaus auch die Ausnahmen in den Kooperationen zu erkennen.

Wir haben uns sehr über die Praxisbeispiele gefreut, denn es war gar nicht einfach, konkrete Beispiele aus verschiedenen Branchen zu bekommen. Während dem Entstehungsprozess für die Praxisbeispiele wurde uns bewusst, dass die Probleme in Kooperationen ähnlich sind, egal ob die Kooperationen in der Wirtschaft oder in Ausbildung und Trainingsbereich stattfinden.

Manche Praxisbeispiele mussten wir zum Schutz von Firmen, Organisationen oder Personen anonymisieren. In jedem Fall war uns wichtig, die wesentlichen Kernaussagen zu erhalten, damit bleibt aus unserer Sicht auch der Nutzen erhalten, dass Sie Anregungen und Ideen für Ihre eigenen Kooperationen daraus generieren können. Gleichzeitig wollen wir Sie daraufhin weisen, dass die Praxisbeispiele leider an Prägnanz und Deutlichkeit verlieren, wenn sie anonymisiert werden. Hier hatte jedoch der Schutz der Firmen und Organisationen Vorrang vor Deutlichkeit.

Drei Beispiele weichen von unserer Definition von Kooperation ab. Wir zeigen sie bewusst auf, um eine möglichst große Vielfalt an Praxisbeispielen zu geben und um darzulegen, dass kooperatives Handeln mit den gleichen Methoden auch außerhalb dieser Definitionsgrenzen möglich und nutzbringend ist.

Folgende Beispiele bilden Ausnahmen für uns:

„Ein Ausnahmefall – innerbetriebliche Kooperation": Innerbetriebliche Kooperationen, hier zwischen dem Betriebsrat und der Geschäftsleitung, ist aus unserer Sicht keine Kooperation in unserem Sinne, weil der Betriebsrat und die Geschäftsleitung oft sehr unterschiedliche Interessen verfolgen, was in einer Kooperation dem Nutzen entgegenlaufen würde. Hier verfolgen die beiden dieselben Interessen, weil der Betriebsrat die Interessen der Arbeitnehmerschaft verfolgt, die auf Entgegenkommen bei der Betriebsleitung stoßen. Aus diesem Grund erschien uns dieses Beispiel als sehr passend für eine Kooperation. Zudem wird hier ein Dreiecksvertrag (siehe Kapitel 4.2) sichtbar – hier zwischen Betriebsrat, Arbeitnehmerschaft und Betriebsleitung – was oft genug in Kooperationen vorkommt und insofern ein sehr hilfreiches Beispiel abbildet.

Ein weiteres Beispiel mit Ausnahmecharakter bildet der Bericht über eine Kooperation in der Medienbranche: „Wie Egomanen im Fernsehbereich Kooperationen eingehen". Dieses Beispiel ist insofern ein Grenzfall aus unserer Sicht, weil es sich um eine Auftraggeber-Auftragnehmer-Situation handelt, die aber wie in diesem Beispiel auch zur Kooperation werden kann – ein schmaler Grat. Für uns ist es daher ein sehr gelungenes Beispiel aus der Praxis, weil es die Komplexität von Kooperation auf leichte Weise aufzeigt.

Einen dritten und letzten Ausnahmefall sehen wir in dem Beitrag: „Wie werden 11 Spielertrainer eine Nationalmannschaft?" Dieses Beispiel stellt für uns eine Ausnahme dar, als es bei Kooperationen in der Regel keine Führung braucht und Entscheidungen im gegenseitigen Austausch stattfinden. Hier sind jedoch 11 Kooperationspartner beteiligt, so dass eine Führung im Sinne eines Moderators oder kollegialer Führung vonnöten ist.

Im Anschluss finden Sie nun elf von uns ausgewählte Beispiele aus der Kooperationspraxis, angefangen von Kooperationen in Großunternehmen, über mittelständische Unternehmen, über Kooperation im Non-Profit-Bereich bis hin zu Kooperationen im universitären Bereich, im Beratungssektor und zum Abschluss in der Film- und Medienbranche. Die Ziele dieser Kooperation spannen sich von ideell über wirtschaftlichen Nutzen bis hin zu Gemeinwohl-Orientierung:

1. Kooperation auf dem Transportsektor
2. Innerbetriebliche Kooperation
3. Wie werden 11 Spielertrainer eine Nationalmannschaft?
4. Kooperationen verleihen Flügel
5. 25 Jahre Gesprächsverhaltenstrainings – Eine Erfolgsgeschichte

6. Die Wirtschaftsordnung von morgen schon heute gestalten
7. Wissenschaftlich kooperieren
8. Aus Konkurrenz wird Kooperation
9. Kooperation oder die Lust, es einfach zu tun
10. Wirtschaftliche Schwierigkeiten lindern
11. Niemand macht einen Job besser als ich selbst – Wie Egomanen im Fernsehbereich Kooperationen eingehen

8.1 Kooperation auf dem Transportsektor
Bodo Kalpen

Ausgangssituation

Ein global agierendes Healthcare-Unternehmen liefert seine Ersatzteile aus 3 zentralen Lagern (Frankfurt, Memphis und Singapore) in die gesamte Welt. Wenn nun ein medizinisches Gerät (zum Beispiel ein Bestrahlungsgerät für die Krebstherapie) ausfällt, wird das erforderliche Ersatzteil bestellt, ein Termin für die Reparatur mit dem Kunden vereinbart, das Teil über Nacht geliefert und am nächsten Morgen erfolgt die Reparatur, so dass das medizinische Gerät schnellstmöglich wieder einsatzbereit ist.

Spezielle Situation „Iberische Halbinsel"

Dieses ausgeklügelte Lieferkonzept „über Nacht" gilt für die gesamte Welt. Am Beispiel „Iberische Halbinsel" sollen hier Problematik und die Lösung aufgezeigt werden.

Bis 19:30 Uhr können von der Iberischen Halbinsel Ersatzteile in Deutschland bestellt werden, damit sie am kommenden Morgen im gesamten Land noch vor 08:00 Uhr verfügbar sind. Die bestellten Ersatzteile werden auf den letzten planmäßigen Linienflug von Frankfurt aus verladen. Aufgrund unterschiedlichen Passagieraufkommens wechseln die Fluggesellschaften kurzfristig ihren Flugzeugtyp, so dass bei einer Kapazitätsverringerung häufig die Gefahr besteht, dass ein Teil der Fracht erst am kommenden Tag mit der ersten Morgenmaschine mitgenommen wird. Sofern dieses Unternehmen davon betroffen ist, hat das zur Folge, dass die Teile zu spät beim Empfänger ankommen und sich der gesamte Reparaturzyklus entsprechend verlängert. Darüber hinaus trägt eine Verzögerung zur Kundenunzufriedenheit bei.

Trotz intensiver Diskussion mit den Fluggesellschaften konnte das Unternehmen keine generelle Verbesserung der Transportzuverlässigkeit erreichen.

Eine für das Unternehmen mögliche Lösung

Für eine hohe Kundenzufriedenheit sind Termintreue und Qualität von entscheidender Bedeutung. Daher suchte das Unternehmen gemeinsam mit einer Luftverkehrsgesellschaft nach einer Lösung, die eine nahezu hundertprozentige Transportzuverlässigkeit garantiert. Es kristallisierte sich nur eine einzige, aber leider auch sehr teure Lösung heraus: Das Unternehmen bucht fest für jeden Nachtflug einen so genannten AKH-Container (ein speziell geformter Frachtcontainer) zu einem fixen Preis – ganz gleich, wie gefüllt der Container ist. Dafür garantiert die Fluggesellschaft die Mitnahme dieses Containers.

Um diese zusätzlichen Kosten nicht alleine tragen zu müssen, hat das Unternehmen nach einem Partner gesucht, der sowohl die gleichen Anforderungen (garantierte Über-Nacht-Lieferung), als auch die gleichen Probleme mit den Flugverkehrsgesellschaften bisher hat. Selbstverständlich durfte es sich nicht um einen direkten Mitbewerber handeln.

Aktuelle Situation

Mit einer Firma für hochwertige Landmaschinen und einem Frachtspediteur wurde 2008 eine Vereinbarung geschlossen, dass die kritischen Ersatzteile auf die Iberische Halbinsel gemeinsam mit den Ersatzteilen des Healthcare-Unternehmens in einem AKH-Container transportiert werden. Hierzu holt der Frachtspediteur bei dem Landmaschinenhersteller die Teile/Pakete ab und liefert sie im Zentralersatzteillager des Healthcare-Unternehmens in Frankfurt ab. Die Sendungen werden in den Container gepackt, die Frachtpapiere werden erstellt, und pünktlich um 20:15 Uhr verlässt die Fracht den Frankfurter Flughafen – im dem AKH-Container an Bord eines Flugzeugs. Auf der Iberischen Halbinsel erfolgt dann wieder die Aufteilung der Sendungen und es beginnt die getrennte Feinverteilung.

Vertragsgestaltung

Das Healthcare-Unternehmen ist der Vertragspartner der Fluggesellschaft und Versender des Containers. Jede Nacht (Montag bis Freitag) wird dieser Container auf die letzte Maschine garantiert verladen.

Der Vertrag zwischen dem Healthcare- und dem Landmaschinenunternehmen beinhaltet eine Kostenaufteilung nach tatsächlich genutztem

Gewicht – und das variiert von Tag zu Tag. Da es sich im Landmaschinensektor um ein stark schwankendes Saisongeschäft handelt, variiert auch die mögliche Gewichtszuladung des Landmaschinenherstellers je nach Winter- oder Sommersaison.

Fazit

In diesem Fall handelt es sich um eine klassische Win-Win-Situation, da beiden beteiligten Partnern geholfen ist und sie darüber hinaus eine bessere Leistung zu geringeren Kosten (da aufgeteilt) bekommen.

Für eine gemeinsame positive Zukunft ist es wichtig, dass die täglichen Gewichte stets korrekt aufgelistet werden, damit die Transparenz der Kostenaufteilung gewährleistet ist. Ferner ist es erforderlich, dass es sich um Partner mit absolut identischen Anforderungen handelt und sie die gleiche IT-Infrastruktur nutzen.

Relevanz für uns: Aus Konkurrenz wird Kooperation (siehe Kapitel 3, Seite 54ff).

8.2 Innerbetriebliche Kooperation
Jürgen Wischhöfer

Wie kommt es zu der Kooperation?

Nicht selten ist es ein längerer Weg, der zu einem vertrauensvollen Zusammenwirken, also zu einer Kooperation führt. Ausgangspunkt ist immer das Zusammentreffen von zwei Personen oder Personengruppen, mit gegenseitigem Vertrauen in die Fachkompetenz der jeweiligen anderen Person bzw. der jeweiligen anderen Gruppe. Dieses Vertrauen muss deutlich gemacht werden, indem die Ansichten und Beweggründe gegenseitige Anerkennung finden. Ganz konkret geht es hier um zwei Gruppen eines Betriebes, deren Interessenlage von Hause aus unterschiedlich ist, die aber als Gestaltungsgrundlage der betrieblichen Entscheidungen den Weg des kooperativen Miteinanders eingehen.

Beweggrund war die Veränderung der starren Arbeitszeit, die vom Firmeninhaber als wichtiger Ordnungsfaktor in seinem Unternehmen mit ca. 2.000 Beschäftigten vertreten wurde. Die Belegschaft dagegen wünscht sich flexible Beginn- und Ende-Zeiten zur besseren und effektiveren Gestaltung von Arbeitszeit und Freizeit.

Die Beteiligten

Wir sprechen hier über die Interessengruppen Geschäftsführung und Arbeitnehmervertretung eines großen Maschinenbauers im Allgäu, einem global agierenden Unternehmen, welches in der Produktion von Fertigungsstraßen zur Herstellung von Motorteilen als einer der Weltmarktführer gilt.

Die Beteiligten der Kooperation sind zwei „Interessenvertretungen", die sehr unterschiedlichen Anforderungen, nämlich den Vorgaben des Eigentümers, den Wünschen der Mitarbeiter, den Vereinbarungen von Tarifverträgen und letztendlich auch der Einhaltung von Verordnungen und Gesetzen gerecht werden sollen.

Der Vertrag

Bezogen auf die Kooperationspartner Geschäftsleitung und Betriebsrat ermöglicht das Betriebsverfassungsgesetz der Bundesrepublik Deutschland den Abschluss von Betriebsvereinbarungen. Diese Art von Verträgen ist von der Wertigkeit und Wirksamkeit unterhalb der gültigen, jeweils wirksamen Tarifverträge angesiedelt. Betriebsvereinbarungen fixieren den Konsens der Vertragspartner, bezogen auf das Unternehmen. Mit Hilfe von Betriebsvereinbarungen sind in diesem Unternehmen unter anderem geregelt:

- Einsatz und Nutzung von Telefonanlagen
- Prämienzahlungen bei Auslandsmontagen
- Nutzung und Anwendung von E-Mail und Internetzugängen
- Mehrarbeitsvergütung
- die Regelungen eines flexiblen Arbeitszeitmodells.

Was ist passiert und welche Konsequenzen ergeben sich daraus?

Diese Kooperation entwickelte sich aus einem bestehenden betrieblichen organisatorischen Spannungsfeld, einer von beiden Kooperationspartnern gewollten Veränderung im Betrieb. Es ging um die Einführung einer Gleitenden Arbeitszeit nach gut 40 Jahren fester Anfangszeiten für alle MitarbeiterInnen. Zum einen wurde der Wunsch nach flexibleren Anfangs- und Endzeiten vom Großteil der Belegschaft an den Betriebsrat herangetragen, dagegen stand der Wunsch oder eher die Forderung des Firmeninhabers an die Geschäftsführung nach weiterhin festen Arbeitszeiten.

Der Betriebsrat agiert als Gremium mehrheitlich demokratisch, und so wurde der Wunsch der Belegschaft nach „Flexibler Arbeitszeit" im Gremium vorgestellt und in Richtung positive Auswirkungen auf die MitarbeiterInnen sowie auf die betriebswirtschaftlichen Aspekte in Bezug auf die positiven Veränderungen betriebsinterner Abläufe herausgearbeitet. Mit diesem Ergebnis ging der Betriebsrat auf die Geschäftsleitung zu und erläuterte die Ergebnisse der internen Gremienarbeit. In diesem sehr wichtigen Gespräch ging es um die im positiven Sinne Gewinnung des Kooperationspartners. Der Vortrag war sachlich und stringent darauf gerichtet, das Interesse des „Gegenübers" zu wecken sowie den Vorteil für jede Seite darzustellen.

Eine solche Balance ist unter allen Umständen in allen weiteren Gesprächen zwischen Kooperationspartnern aufrecht zu erhalten. Im Laufe der Verhandlungen ergaben sich natürlich von jeder Seite weitere konkrete Wünsche, aber auch Ablehnung von Wünschen des anderen Kooperationspartners. Während dieser Phase war Sachlichkeit das oberste Gebot bei den Gesprächen. Extreme Forderungen, wie eine Kernzeit von drei Stunden oder die totale Abschaffung der Zeiterfassung, die es auf Seiten des Betriebsrates durchaus gab, wurden intern besprochen, um sie dann in abgemilderter Form dem Kooperationspartner zu unterbreiten. So haben wir auch die Grenzen des Machbaren ausgelotet. Eine gegenseitige spürbare Achtsamkeit und Empathie im Umgang miteinander ließ auch einmal hitzige Phasen zu, die dann nicht gleich zu einer Klimaverschlechterung führten. Das Ergebnis dieser Kooperation war eine 20 Seiten umfassende Betriebsvereinbarung, die den 2.000 MitarbeiterInnen ein erhebliches Maß an Autonomie, aber auch einen verantwortungsvollen Umgang mit den Festlegungen der Vereinbarung bescherte.

Die Gewohnheiten der letzten 40 Jahre in Bezug auf feste Arbeitszeiten werden sich zukünftig erheblich verändern. Die flexiblen Arbeitszeiten sollen mit der Arbeitsgruppe abgesprochen werden, um den Produktionsablauf nicht zu behindern. Dazu gehört ein neues umfangreicheres Kommunizieren der Mitarbeiter untereinander und damit auch eine bessere Nutzung der Arbeitszeiten, denn notwendige Arbeiten eines Arbeitsflusses werden noch am gleichen Tag erledigt und ermöglichen am nächsten Tag gleich den Start in eine neue Arbeitsaufgabe. Auch die Absprachen zwischen den Vorgesetzten und den Mitarbeitern haben sich verstärkt und sind für einige zu einer neuen Herausforderung in Bezug auf Mitarbeiterführung geworden.

Welche Faktoren ließen die Kooperation gut gelingen?

Da Kooperationen immer von Menschen kreiert, gestaltet und in letzter Konsequenz auch gelebt werden, ist es von großem Vorteil, wenn es außer der fachlichen Akzeptanz auch auf der persönlichen Ebene eine gegenseitige „Ich bin o.k., du bist o.k."-Einstellung gibt.

Nun sind Kooperationen keine Eheschließungen im engeren Sinne, aber dem „Partner" hier und da ein spürbares Signal der Sympathie zu zeigen, das heißt auch mal ein persönliches Thema ansprechen und Verständnis für die Belange der Kooperationspartner zu zeigen, wirkt oftmals wie ein Türöffner in kritischen Situationen. Ein in Jahren aufgebautes Vertrauen zwischen der Arbeitnehmervertretung und der Geschäftsleitung verringert in erheblichem Maße die Erstellungszeiten von Vereinbarungen und dokumentiert gleichzeitig effizientes Arbeiten im Unternehmen. Stimmt erst einmal die Chemie zwischen den „Verhandelnden", ist ein weiterer wichtiger Faktor eine umfangreiche und detaillierte Vorbereitung des Verhandlungsthemas. Auch ein vorhandenes schriftliches Konzept wird gerne von der anderen Seite übernommen und kann mit dem Pflegeangebot des Vertragswerkes noch weiter für die eigenen Belange genutzt werden. Da freigestellte Betriebsräte sich zu etwa 70 % ihrer Arbeitszeit auf die Gestaltung einer solchen Aufgabe konzentrieren können, liegen die Vorteile der hier angesprochenen Kooperation ganz eindeutig auf der Seite der Arbeitnehmervertreter.

Wo steckten Fallen? Was lief schief?

Die größte Falle bei der Gestaltung dieser Kooperation wäre der Einstieg mit einer Regelung auf einer zu geringen Hierarchiestufe gewesen, der aber aufgrund unserer langjährigen Erfahrungen nicht zur Wirkung kam. Der Gedanke, auf unterer Ebene schnell zu einem befriedigenden Ergebnis zu kommen, ist zwar verlockend, führt aber in der Regel zur massiven Verärgerung höher gestellter Führungskräfte und somit auch zu hohem Vertrauensverlust. Gedanken über mögliche eigene Fehler sind oft unangenehm, aber für eine Strategieveränderung unumgänglich.

So war der Betriebsrat nach der Zusage der Geschäftsleitung, zu diesem umfangreichen Thema in Verhandlung zu treten, sehr euphorisch. Dieses Gefühl, „jetzt bewegen wir etwas", führte zu langen und unstrukturierten Diskussionen im gesamten Gremium. Erst die Bildung eines Gleitzeitausschusses, der die Einzelthemen sorgfältig aufbereitete, führte zu einer konzentrierten Aufgabenbearbeitung.

Fazit

Die überwiegende Freude bei den Mitarbeiterinnen und Mitarbeitern über die erreichte Flexibilisierung der Arbeitszeit bestärkte den Betriebsrat, auch zukünftig Kooperationen mit der Geschäftsleitung einzugehen, um so zum Gesamterfolg des Unternehmens beizutragen.

Relevanz für uns: Kooperation braucht exakte Verträge (siehe Kapitel 4, Seite 77ff).

8.3 Wie werden 11 Spielertrainer eine Nationalmannschaft?

Henriette Katharina Lingg

März 2008 – 120 Inhaber und Geschäftsführer von kleinen und mittelständischen IT-Unternehmen trafen sich beim 1. IT-Kooperationstag einer Open-Space-Veranstaltung. Keiner der Teilnehmer wusste so recht, auf was er sich da einließ – außer dem Rahmenthema Kooperation gab es keine Punkte auf der Agenda. Die Teilnehmenden waren aufgefordert, den Nachmittag mit ihren Interessen, Fragen und Ideen zu füllen.

Alfred Münch – Inhaber der ISC GmbH, Puchheim, ergriff die Chance und brachte ein Thema ein, welches ihm schon lange unter den Nägeln brannte. Er wollte andere IT-Unternehmer für eine Bietergemeinschaft in Großprojekten (zum Beispiel der Deutschen Bahn AG) begeistern. Münch hatte es satt, bei interessanten Ausschreibungen keine Chance zu haben, nur weil sein Unternehmen zu wenige Mitarbeiter beschäftigte.

Viele der anwesenden Geschäftsführer waren von der Idee einer solchen Kooperation begeistert – es ging ein Ruck durch die Reihen: Gemeinsam sind wir stärker. Treffen zur Konkretisierung wurden vereinbart. Die Gründung einer gemeinsamen Projekt- und Vertriebsfirma für die mittlerweile 20 Unternehmen wurde angedacht. Dabei wurde schnell klar, welche der Unternehmen tatsächlich ein weitergehendes Interesse hatten. Rückblickend bezeichnet es Alfred Münch als einen sehr wichtigen Schritt, um konkrete Geschäftsmodelle zu entwickeln und entsprechende Firmen zu gründen, dass keine weiteren Interessenten aufgenommen wurden: „Nun konnten wir ins Detail gehen und mussten nicht immer wieder neu die uns schon bekannten Fragen besprechen." Nach der Gründung und einer Stabilisierung der Firma sollte die Anzahl der Gesellschafter gegebenenfalls erweitert werden. Es wurden nun verschiedene Unternehmensformen geprüft und diskutiert. Man entschied sich für die Gründung einer AG. Sie sollte die Aufgaben Vertrieb, Consulting und Projektabwicklung abdecken. Die Ausführung der akquirierten Aufträge würde dann an die Firmen der Gesellschafter vergeben.

Die Krise

Nach knapp einem Jahr war auf der Sachebene alles ausdiskutiert – die Kooperations-Verträge waren vorbereitet, nur das abschließende Ja-Wort fehlte noch. Dadurch steckte die Gruppe in einer handfesten Krise. Sie hatte sich zum Ziel gesetzt, gemeinsam über eine Manpower von mindestens 500 Mitarbeitern zu verfügen, und kurz vor Vertragsunterzeichnung stiegen zwei mitarbeiterstarke Interessenten endgültig aus. Wohin nun, war die Frage für die Verbliebenen. Die AG in Gründung verfügte nun noch über 230 Mitarbeiter. Wir machen auf jeden Fall weiter, war die bekennende Antwort der entschlossenen Mitstreiter von Alfred Münch. Er berichtet: „Wenn es wirklich ernst wird, zeigt sich, wie tragfähig die Basis einer Kooperation ist. Diese Krise hat uns auch zusammengeschweißt. Ja zu sagen und richtig Geld in die Mitte zu legen, das erfordert eine klare unternehmerische Entscheidung für das Mit-Anderen und ist etwas gänzlich anderes, als darüber zu reden, wie gut es wäre zu kooperieren. Konkrete Ängste hinsichtlich der eigenen Selbständigkeit und Autonomie waren noch im Raum. Inzwischen waren wir aber schon soweit miteinander gegangen, dass wir uns gut kannten und gegenseitig sehr schätzten, und so konnten die letzten Vorbehalte gemeinsam ausgeräumt werden."

Regeln und Vertrag

In Vorbereitung der formalen Gründung wurde eine Art Verfassung mit Werten und Regeln im Umgang untereinander, mit Kunden und Mitarbeitern definiert. Die Zuteilung von akquirierten Aufträgen an die Gesellschafter wurde nach Fairness- und Gerechtigkeitsprinzip strukturiert. Als Vorstand bestellten die Gesellschafter Alfred Münch, den Ideengeber und unermüdlichen Vorantreiber.

Nun steht die Süd IT AG vor der Herausforderung, sich im Markt zu etablieren und interessante Kunden und Aufträge zu akquirieren. Doch bei der Süd IT AG geht es noch um mehr! Diese Kooperation lebt davon, dass die Gesellschafter aktiv mitgestalten, dass sie eine gemeinsame Sprache und eine eigene Süd IT Kultur entwickeln.

Die Herausforderung ist: Das unterschiedliche Potential und die vielfältigen Erfahrungen, die dieses Unternehmen in sich birgt, in eine eigenständige Identität hinein zu entwickeln, die auf den Stärken der Gesellschafterfirmen aufbaut.

Vor einer wirklichen Nagelprobe stehen die Geschäftsführer der beteiligten Unternehmen auch bei ihrem Zeit- und Kapazitätenmanagement. Die Süd IT ist gerade in der Start- und Stabilisierungsphase auf die Unterstützung aller Kompetenzträger angewiesen, zum Beispiel bei der Erstellung von Ausschreibungen und Angeboten. Die Gesellschafter, die ja alle auch eigene Unternehmen führen, sind gefordert, ihre Aufmerksamkeit nun „gerecht" zu verteilen. Zuvorderst das eigene Unternehmen zu führen und weiter zu bringen und gleichzeitig die Vertriebsgesellschaft aufzubauen. Es muss wohl eine vergleichbare Herausforderung sein, wenn die besten Spieler aus Bundesliga-Vereinen für die nächste Weltmeisterschaft in der Nationalmannschaft zusammen trainieren und spielen. Es treffen unterschiedliche Stile, Arbeitsweisen und Vereinskulturen zusammen. Und im Falle der Süd IT sind die Gesellschafter nicht nur Spieler aus einzelnen Vereinen, sondern dort gleichzeitig Spielertrainer. Und einer dieser Spielertrainer ist nun der Coach der Nationalmannschaft geworden. Das ist hohe Kunst der Teamarbeit und -führung. Als Belohnung locken Tore, Siege, Gemeinschaftsgefühl und hohe Prämien.

Faszination und Herausforderung zugleich für die Akteure der Süd IT sind: Operativ zu handeln und strategisch zu denken, zwei Unternehmen gleichzeitig zu entwickeln und zu nähren. Sich an den entscheidenden Stellen mit anderen zusammenzutun und die eigene Unabhängigkeit zu bewahren. Aus der Kooperation etwas Neues entstehen zu lassen, das wesentlich mehr ist als die Summe der einzelnen Kooperierenden. Entscheidend wird sein, wie die einzelnen Bundesliga-Spielertrainer ihre Position in der Nationalelf ausfüllen und der National-Coach als Primus inter pares die vereinbarte Spielstrategie durchsetzen kann.

Die Visionen, Ziele und Chancen der Süd IT liegen auf der Hand – der Weg ist herausfordernd und er braucht eine neue Form und Ausrichtung unternehmerischen Handelns. Neben der Absicht, Geld zu verdienen, bedarf es gegenseitigen Vertrauens, wertebasiertes Handeln und die Fähigkeit, offen und ehrlich zu diskutieren – einer Renaissance alter unternehmerischer Tugenden! (Anmerkung der Autoren: Alfred Münch war von 2009 bis Ende 2014 Vorstand der Süd IT AG, die immer noch aktiv ist.)

Relevanz für uns: Kooperation schafft wirtschaftlichen Nutzen (siehe Kapitel 2.2, Seite 29ff).

8.4 Kooperationen verleihen Flügel
Danielle Bidasio

Kooperationsgeist

Kooperationen zwischen Organisationen bieten die Gelegenheit, abseits vom hierarchischen Korsett selbst (mitzu)gestalten und Verantwortung zu übernehmen. Ein sinnvolles Projekt gemeinsam mit einem Partner auf Augenhöhe auf die Beine stellen, was gibt es Schöneres?

Will man den Geist einer Kooperation beschreiben, dann am besten mit folgendem Bild:

- zwei engagierte und kompetente Personen,
- jede Menge Lust am Tun und
- eine Idee, die einen Mehrwert für beide Seiten verspricht.

Wenn die Freiwilligkeit verloren geht

Kooperationen mit engen Koppelungen (zum Beispiel durch große Investitionen) zwischen zwei Partnerorganisationen haben ein höheres Risiko des Scheiterns als lose Koppelungen mit breiter personeller Basis.

„Scheitern" definiert als das Ende des kooperativen Handelns; das kann sowohl der Abbruch der Kooperation als auch das Aufgehen der Kooperation in einer Fusion oder Zwangsehe bedeuten. Nach meinem Verständnis endet mit der Freiwilligkeit auch der kooperative Geist, die Flügel werden gestutzt oder fallen ganz ab.

Sozialbetrieb und Wirtschaftskammer

Personen kooperieren

Eine Mitarbeiterin des Sozialbetriebes hat die Idee, ein Gastronomieprojekt zur Qualifikation und Integration von beeinträchtigten Menschen zu starten. Dazu ist die Kooperation mit einem Wirtschaftsbetrieb notwendig, der die Infrastruktur und den Kundenstock auf Basis eines Pachtvertrages zur Verfügung stellt und bereit ist, sich auf die Zusammenarbeit mit einer Gruppe beeinträchtigter Menschen einzulassen.

Die Kantine eines Großbetriebes oder eines Bildungshauses wäre die ideale Basisstation. Sie trifft auf einen Unternehmer mit Format und Handschlagqualität, der einen potentiellen Mehrwert für seinen Betrieb erkennt und auch bereit ist, den Mehraufwand (an Zeit, Diskussionen, Umbauten, ...) für das Projekt mit zu tragen.

Dass sein Betrieb eine Tochtergesellschaft einer mächtigen Kammer ist, wird nur am Rande wahrgenommen. Dass er in zwei Jahren in Pension gehen wird, löst kurzfristig Unsicherheit aus, aber nicht genug, um auf die verlockende Kooperation zu verzichten. Das Ziel der Geschäftsführerin des gastronomisch-sozialen Projektes ist die soziale Integration, die Qualifikation und Vermittlung der TeilnehmerInnen. Der Geschäftsführer des Bildungshauses will die Qualität der kulinarischen Versorgung optimieren, die Zufriedenheit der Kunden erhöhen und das Lernumfeld durch diese Zusammenarbeit bereichern.

Für das Bildungshaus ist die Aufnahme einer Gruppe von 12 Menschen mit Beeinträchtigung eine völlig neuartige Herausforderung; umgekehrt sind für das sozial-gastronomische Projekt die Anforderungen des Bildungshauses oft an der Grenze zur Überforderung. Die Kooperation verlangt auf beiden Seiten Kompromisse.

Einerseits müssen die besonderen Bedürfnisse der TeilnehmerInnen (Unterrichtszeiten, Sozialräume) berücksichtigt werden, auf der anderen Seite die Bedürfnisse des Bildungshauses (längere Öffnungszeiten, flexibler Personaleinsatz). Das Aufeinanderprallen der unterschiedlichen Kulturen wird zum ständigen Begleiter.

Beide Partner und ihre Teams sind bereit, kurzfristig auf die Durchsetzung ihrer jeweiligen Interessen zu verzichten, die Möglichkeiten und Notwendigkeiten des Partners zu verstehen und zu berücksichtigen. Auftauchende Probleme werden gemeinsam bewältigt. Die Menschen mit Beeinträchtigung, die im Bereich Gastronomie qualifiziert werden, blühen auf. Sie werden erstmals wirklich gefordert, sie erhalten Orientierung seitens des Fachpersonals in der Küche und unmittelbare Wertschätzung seitens der Kunden und sie sind im Haus voll integriert.

Erfolge stellen sich ein. Alle TeilnehmerInnen werden auf einen Arbeitsplatz vermittelt, das Projekt wird mit zwei bundesweiten Preisen prämiert. Die Kundenzufriedenheit steigt. Die Arbeit der Menschen mit Beeinträchtigung wirkt sich wohltuend auf die Atmosphäre im Haus aus. Die Ziele werden gemeinsam erreicht, die Kooperation verleiht Flügel.

Große Ziele – schwere Last

Die nicht ausgesprochenen Ziele der übergeordneten Interessensvertretungen liegen woanders.

Das Ziel des sozialen Vereins ist, zu zeigen, dass Menschen mit Beeinträchtigung in der Lage sind, qualitätsvolle Arbeit zu leisten. Das Ziel für die Kammer ist, zu zeigen, dass die Wirtschaft sozial engagiert und gewillt ist, (kostenneutral) einen wichtigen Beitrag zur Integration zu leisten. Verein und Kammer haben damit mehr gemeinsam als man vermuten würde. Der Wunsch *zu zeigen* verlangt nach viel Öffentlichkeit und das erhöht den Druck. Die Flügel werden kürzer.

Organisationen kooperieren – Der Geist der Freiwilligkeit verfliegt

Ab dem Moment des Erfolges wird die Kooperation für beide Eigentümervertreter zu einer imageträchtigen Angelegenheit. Dann geht der Geschäftsführer des Bildungshauses in Pension und alles wird anders. Ein neuer Geschäftsführer übernimmt das Ruder. Das Klima wird kühl, die Informationen fließen nicht mehr, die Kompromissbereitschaft, das gemeinsame Tun und Tragen haben ein Ende. Fehler passieren, die Kooperation wird zur Chefsache erklärt. Ab jetzt bestimmen Vereinsobmann und Kammervertreter, wie zusammengearbeitet werden soll. Die Arbeit geht weiter, aber die Flügel fallen ab.

Fazit

Organisationen und Personen

Auch wenn Organisationen kooperieren, sind es immer Menschen, die zusammenarbeiten müssen. Für den Start einer komplexen Kooperation braucht es kompetente und begeisterungsfähige Persönlichkeiten, die ihre Teams motivieren können und gewillt sind, Kompromisse einzugehen und auch schwierige Situationen gemeinsam zu meistern. Personen sind in Organisationen Funktionsträger und damit austauschbar und auch wieder nicht; in der Pionierphase einer Kooperation kann der Austausch eines Partners das Ende der Kooperation bedeuten.

Lebensphasen von Personen

Jeder Mensch – die Partner genauso wie die nicht involvierten, aber beobachtenden Kollegen – verfolgt ganz persönliche Berufsziele. Eine nicht unwesentliche Rolle spielt die Lebens- und Berufsphase, in der die Partner gerade stehen. Ein langjähriger Geschäftsführer, zwei Jahre vor seiner Pension, kann in der eben beschriebenen Kooperation eine „letzte" berufliche Herausforderung sehen, fast ein Geschenk, um in seinem Arbeitsleben eine sinnvolle Abschlussnote zu setzen.

Ein neu einsteigender Geschäftsführer hat andere Sorgen. Er muss seinen Betrieb, seine Mannschaft, sein Budget, seine Vorgesetzten erst kennen lernen, seinen Platz einnehmen und behaupten. Mit einer bereits bestehenden und sehr aufwändigen Kooperation kann er keine Federn gewinnen. Sie ist ein Erbe, das er zusätzlich „händeln" muss, das womöglich seine eigenen Gestaltungsvorhaben erschwert.

Chancen und Risiken

Organisationen gehen Kooperationen ein, weil sie sich davon einen Mehrwert erwarten. Genauso wichtig, aber gerne vernachlässigt wird die Frage, welches Risiko das Scheitern, aber auch welche Folgen das Gelingen der Kooperation haben kann. Für die handelnden Personen bleibt immer ein Restrisiko bestehen; der Kooperationsgeist der Pioniere kann für die Nachfolger zu einer Zwangsehe werden.

Relevanz für uns: Gute Beziehung überwindet kulturelle Unterschiede (siehe Kapitel 5.3, Seite 130ff, und Kapitel 4.4, Seite 89ff).

8.5 25 Jahre Gesprächsverhaltenstrainings – Eine Erfolgsgeschichte

Martin Seibt

Christliche Werte und Emanzipatorische Kommunikation

Anfang der 80er Jahre des letzten Jahrhunderts gründen einige an der Verbesserung der zwischenmenschlichen Kommunikation interessierte und engagierte Menschen einen Verein mit dem Ziel, anderen Menschen die Möglichkeit zu geben, ihre sprachlichen Kompetenzen zu verbessern. Die Österreichische Arbeitsgemeinschaft für Kommunikationspädagogik (ÖAK), später umbenannt in Europäisches Aus- und Fortbildungsinstitut für Kommunikation (EAK) bietet Kommunikationsseminare und eine Trainerausbildung an. Auf der Suche nach Plätzen und Häusern in und mit denen diese Seminare abgewickelt werden können, werden die über ganz Österreich, wie auch das angrenzende Bayern und Südtirol, verteilten katholischen Bildungshäuser auserkoren. Die christlichen Werte und die Zielsetzungen des EAK finden gut zueinander. Allen voran steht die Kooperation mit St. Virgil, einer Erwachsenenbildungseinrichtung in Salzburg.

Jeder gewinnt!

Für St. Virgil war das EAK ein wichtiger Kooperationspartner, weil über die Gesprächsverhaltenstrainings neue Zielgruppen angesprochen wurden (junge Menschen, Führungskräfte, ...) und somit erstmals ins Haus kamen. Das EAK besetzte die Seminare aus dem eigenen Trainerpool und garantierte St. Virgil eine einheitliche Qualität und hohe Ausfallssicherheit (die Seminare wurden zum Beispiel immer doppelt besetzt, damit im Krankheitsfalle nicht abgesagt werden musste). Das EAK kümmerte sich um die Qualitätsstandards und die Fortbildung der Trainer. Dafür erhielt es einen größeren Teil der Einnahmen.

Der Verein hatte einen Seminarort, konnte die Trainings und Seminare durchführen, machte demzufolge Werbung für die ebenfalls angebotene Trainerausbildung und hatte ein Praxisfeld für die Ausbildungskandidaten.

St. Virgil bot die Trainings zu einem Preis, den jedermann sich leisten konnte. Das EAK zahlte den Trainern im Vergleich zum Markt ein sehr geringes Honorar. Die Trainer und gleichzeitig Vereinsmitglieder haben sich zu diesen Seminaren bekannt, hatten aber gleichzeitig den Vorteil, über ihre Tätigkeit entsprechende Publicity für sich selbst zu machen.

Die Bewerbung des Angebots erfolgte gemeinsam, jede Institution warb in ihren Zielgruppen und Möglichkeiten, wobei die Hauptlast und Effizienz bei St. Virgil lag.

Der Teich ist ausgefischt.

Der Höhepunkt der Seminarnachfragen wurde Ende der 90er erreicht. Der Großteil der Seminare wurde mit zwei Gruppen durchgeführt, um der Nachfrage zu entsprechen. In Summe wurden rund 5.000 Teilnehmer mit Seminaren versorgt, rund 500 Seminare durchgeführt.

Anfang 2000 waren die Trainings jedoch stark rückläufig, wurden in kleinerer Zahl durchgeführt und vielfach aufgrund zu weniger Teilnehmer abgesagt. Bis in das Jahr 2009 wurden Veränderungen an den Seminaren und der Bewerbung vorgenommen, der Markt wurde noch eine Weile beobachtet und dann die Kooperation nach über 25 Jahren gemeinsam beendet.

Viele der handelnden Personen arbeiten in anderen Zusammenhängen (zum Beispiel Universitätslehrgänge) mit St. Virgil gut weiter.

Ständige Veränderung statt großer Wurf

Bei den ersten Anzeichen der Seminarrückgänge begann das EAK die Seminare leicht zu verändern. Der Name Gesprächsverhaltenstraining wur-de in Erfolgreich Kommunizieren verändert, 7 Seminarthemen wurden auf 16 ausgeweitet, die Inhalte blieben jedoch im Wesentlichen die gleichen. Das EAK betrieb somit Kontinuierlichen Veränderungsprozess, aber entwickelte kein radikales Neudenken. Es bleibt jedoch fraglich, ob dies die Kooperation erhalten hätte können, denn:

Parallel dazu haben sich im Laufe der 20 Jahre Aus- und Fortbildungslehrgänge an Schulen und Pädagogischen Hochschulen entwickelt, zum Teil mit den gleichen Inhalten und Trainern. Emanzipatorische Kommunikation hat den Weg von der Erwachsenenbildung in die Ausbildungsstätten gefunden.

Zusammenfassend kann mit den Worten eines EAK-Trainers festgehalten werden: „Unser ideelles Ziel war, unsere Idee der Emanzipatorischen Kommunikation unter Menschen zu bringen. Wir haben unser Ziel erreicht." 2015 wurde der Verein EAK aufgelöst.

Relevanz für uns: Eine Kooperation endet, wenn das Ziel erreicht ist (siehe Kapitel 9, Seite 207ff).

8.6 Die Wirtschaftsordnung von morgen schon heute gestalten: Die Summer University Alternative Economic and Monetary Systems

Gisela Heindl

Der erste Schritt

Initialzündung für die Wiener Summer University Alternative Economic and Monetary Systems (kurz: AEMS) war die Vision, die klassischen wirtschaftswissenschaftlichen Studieninhalte um alternative Ansätze zu erweitern. Inspiriert durch Christian Felbers Werk „Gemeinwohl-Ökonomie" entstand im Jahr 2013 die Idee, Studierenden unterschiedlicher Studienrichtungen die Möglichkeit zu geben, sich auf wissenschaftlichem Niveau mit Alternativen und Wegen aus der Wirtschaftskrise zu befassen.

Das intensive Engagement einer Handvoll Menschen aus der Zivilgesellschaft ließ die Idee im Jahr 2014 Wirklichkeit werden. Günther Jedliczka von der OeAD-Wohnraumverwaltungs GmbH begeisterte Katharina Kronsteiner, ehrenamtlich tätig für den Verein zur Förderung Gemeinwohl-Ökonomie, und Helga Kromp-Kolb vom Zentrum für globalen Wandel und Nachhaltigkeit an der Universität für Bodenkultur für die Idee. Schon bald fanden die drei InitiatorInnen der AEMS ein verbindendes Element: die Überzeugung „there is no alternative for alternatives" oder, positiv formuliert, „there is always an alternative", weil es nicht nur den einen Weg der Mainstream-Ökonomie gibt, sondern viele Wege zu einer zukunftsfähigen Wirtschaftsordnung.

Motivationsbasierte Kooperation

Im Unterschied zu klassischen Kooperationsprojekten, die Rechte und Pflichten der Mitglieder explizit definieren, basiert die Kooperation der Partnerinstitutionen der AEMS auf keinem schriftlichen Vertrag. Die gewählte Konstruktion ist jedoch nicht mit einem rechtsfreien Raum gleichzusetzen! Vielmehr erfordert die nicht verschriftliche Form der Kooperation ein hohes Maß an intrinsischer Motivation und Entschiedenheit, nach dem gemeinsamen Ziel zu streben und es zu verwirklichen.

Die Teilziele werden situationsbedingt definiert, wie etwa die Auswahl von Lehrinhalten. Sie wurden als Teilpaket einem Team von WissenschaftlerInnen unterschiedlicher Disziplinen überantwortet, die der AEMS ehrenamtlich ihre Kontakte und ihr Know-how zur Verfügung stellten. Ein Teammitglied fungierte als Brücke und leitete die Ergebnisse der Kleingruppe an die InitiatorInnen der AEMS weiter. Im Wesentlichen war die Zusammenarbeit der Kleingruppen mit den InitiatorInnen ein reger und sich gegenseitig gut tragender Austausch, der über eine rein formale Kooperation hinausreichte.

Die verbindende Vision

Das Kooperationsprojekt AEMS zeigt, dass Kooperation zwischen unterschiedlichen Rechtsträgern (einer öffentlichen Universität, einer GmbH und einem Verein) mit unterschiedlichen Zielsetzungen aufgrund des großen Engagements Einzelner und einer die Einzelnen verbindenden Vision gelingen kann.

Auf Hochschulebene will das Universitätsgesetz 2002 die gedeihliche Entwicklung der Gesellschaft und der natürlichen Umwelt im Rahmen der Lehre und Forschung fördern. Die AEMS ist lebendiges Beispiel dafür, dass die Universität über die klassischen wirtschaftswissenschaftlichen Inhalte hinaus auch eine Plattform für die Lehre alternativer Formen des Wirtschaftens bietet. Die sorgfältige Reflexion sowie der Vergleich der Stärken und Schwächen herkömmlicher und alternativer Ansätze hat das Potenzial, den aktuellen Herausforderungen in Wirtschaft und Gesellschaft kraftvoll zu begegnen. Der Beitrag, den die AEMS leistet, ist impulsgebend für eine offene, vielfältige und plurale Lehre. Diese wird ermöglicht, weil VisionsträgerInnen aus Unternehmertum, Zivilgesellschaft und Wissenschaft kooperieren. Dadurch hat die aus der Mitte der Zivilgesellschaft stammende und international großen Anklang findende Gemeinwohl-Ökonomie Eingang in die universitäre Lehre gefunden.

Die Internationalität der Gemeinwohl-Ökonomie spiegelt sich auch in der Zusammensetzung der Studierenden wider: Waren auf der ersten AEMS Studierende aus 14 Ländern vertreten, freuten sich die OrganisatorInnen im Jahr 2015 über Studierende aus 20 Ländern. Das positive Echo gipfelte a) in der Verleihung des Umweltpreises der Stadt Wien an die AEMS, b) in konkreten Bestrebungen der Fachhochschule Burgenland, ab 2017 ein postgraduales Studium „Gemeinwohl-Ökonomie" anzubieten, sowie c) in einer Kooperation der deutschen Cusanus Hochschule mit dem Verein zur Förderung der Gemeinwohl-Ökonomie.

Erfolgsfaktoren

Der Erfolg einer gelingenden Kooperation liegt bei der AEMS im unermüdlichen Engagement der InitiatorInnen sowie in der Geisteshaltung, dass der Beitrag des/der Einzelnen zählt. Die AEMS will die Studierenden in ihrer Rolle als Führungskräfte von morgen erreichen. Deshalb hat sie sich zum Ziel gesetzt, bereits heute die Weichen für die Veränderung zu stellen, die sich laut einer Umfrage der Bertelsmann Stiftung 90% der ÖsterreicherInnen wünscht: Eine alternative Wirtschaftsordnung, die soziale und ökologische Aspekte stärker in den Mittelpunkt stellt. Auf interpersoneller Ebene liegt der Erfolg der Kooperation primär in der Strahlkraft der Vision, dass eine alternative Wirtschaftsordnung möglich ist. Diese beflügelt die ProjektmitarbeiterInnen in hohem Maße und lässt Verbundenheit entstehen.

Die Chance erkennen

Die AEMS lehrt alternative Studieninhalte in Wirtschafts- und Politikwissenschaft. Sie versteht sich als die Studienrichtungen ergänzendes Produkt. Aufgrund der Produktneuheit reagieren bei der Entsendung von Lehrenden viele Hochschulen zurückhaltend. In Studierendenkreisen wird die AEMS verhalten beworben. Die InitiatorInnen und UnterstützerInnen der AEMS haben die Herausforderung erkannt und leisten intensive Überzeugungsarbeit. Alternative Wirtschaftssysteme stellen eine Chance dar, weil die Wirtschaft Teil der Gesellschaft ist. Die Wirtschaft hat dem Menschen zu dienen, nicht der Mensch der Wirtschaft.

Relevanz für uns: Eine gemeinsame Vision verbindet (siehe Kapitel 5, Seite 103ff).

Kooperation gelingt nur mit und durch Menschen. Aus Sicht der Autorin gehört folgenden Personen ein Dank ausgesprochen, dem wir an dieser Stelle gerne nachkommen: Mag. Lisa Bohounovsky, Mag. Christian Felber, Mag. Werner Fulterer, Dr. Ulrich Hoffrage, Mag. Katharina Kronsteiner, Volker Jäger, Mag. Günther Jedliczka, Univ.-Prof. Dr. Helga Kromp-Kolb. Sie sind die tragenden Säulen der AEMS!

8.7 Wissenschaftlich kooperieren
Bernhard Baumgartner

Wie kommt es zur Kooperation? Wer sind die Beteiligten?

Einer wissenschaftlichen Kooperation liegt meist ein wissenschaftliches Interesse zugrunde. Dies erscheint logisch, doch manchmal erhofft man sich durch eine Kooperation bessere Chancen, Fördergelder einzuwerben, oder man erhofft sich Chancen auf eine Publikation, die von mehr Kollegen gelesen und beachtet wird, wenn ein „Großer" der Branche in der Autorenliste rangiert. In den meisten Fällen aber verfolgt ein Initiator ein bestimmtes wissenschaftliches Ziel und benötigt zur Erreichung des Erkenntnisgewinnes einen oder mehrere Partner, die

- schwer zugängliche Proben (zum Beispiel Krebsgewebe; Daten aus einer genehmigten Studie an Patienten; Mondgestein),
- besondere Analysegeräte oder Methoden (zum Beispiel medizinisches Gerät; statistische Testverfahren, zu deren Beherrschung jahrelanges Training nötig ist), oder
- spezielles Fachwissen (zum Beispiel ausgewiesene Experten; Daten aus bis dato unveröffentlichten Studien)

zur Verfügung stellen.

Die Labortätigkeit wird meist von Doktoranden oder Postdocs durchgeführt, also Personen, die ihr Doktorat bereits abgeschlossen haben und sich noch wissenschaftlich profilieren müssen. Man holt sich daher bei einer Kooperation zumindest die ausführende Person und deren Vorgesetzten ins Boot, oft noch weitere Beteiligte, so dass die Anzahl der Beteiligten in größeren Kooperationen sehr rasch ansteigt.

Sucht sich der Initiator Partner, mit denen er bisher nicht kooperiert hat, steht er vor dem Dilemma, anerkannte und somit viel beschäftigte Partner für sein Projekt zu interessieren ohne zu verraten, worum es im Detail geht. Schließlich ist zu verhindern, dass der mögliche Partner die Idee übernimmt und das Projekt alleine durchführt. In einem ersten Schritt der Kontaktaufnahme wird der Hintergrund des Projektes kurz erläutert und erklärt, welcher Nutzen beiden Kooperationspartnern entstehen wird und in welchem Rahmen die Zusammenarbeit stattfinden soll (zum Beispiel gemeinsamer Projektantrag). Es folgt der Hinweis, dass nach der Unterzeichnung einer Vereinbarung die relevanten Ergebnisse und Daten offen gelegt werden, so dass der Partner ein umfassendes Bild der aktuellen Datenlage erhält. Hat der Partner nach der Offenlegung kein Interesse an einer Kooperation, kann er sich unter Beachtung der Schweigevereinbarung zurückziehen. Auch sollte der Fall bedacht werden, dass beide Partner an einer ähnlichen Idee arbeiten und somit eine Konkurrenzsituation entstehen kann. Es sollte vorher geklärt werden, wie in so einem Fall vorgegangen wird.

Wie sieht der Vertrag aus?

Bei großen Verbundprojekten oder geldintensiven Projekten fordern die Geldgeber in aller Regel, dass die Kooperationspartner bei der Einreichung für Fördergelder bereits Kollaborationsverträge abgeschlossen haben und diese vorlegen. Da in Forschungsprojekten mit unvorhersehbaren Daten und Situationen zu rechnen ist, muss ein klar und streng formuliertes Regelwerk von allen Beteiligten unterzeichnet werden. Dieses wird von Spezialisten unter Mitwirkung der beteiligten Wissenschafter verhandelt.

Dazu haben Universitäten Rechtsabteilungen, die eingeschaltet werden und rechtsverbindliche Verträge aushandeln.

Dieses Vorgehen ist für die meisten wissenschaftlichen Kooperationen aber zu aufwändig und nicht praktikabel. In aller Regel werden daher Absichtserklärungen bzw. Vereinbarungen zwischen universitären Partnern verfasst, die den Zweck der Kooperation und die Modalitäten der Umsetzung beschreiben, ohne rechtsverbindlich zu sein. In der Praxis reicht dies für kleinere Projekte durchaus aus. Manche Universitäten unterstützen ihre Mitarbeiter, indem Musterverträge zur Verfügung gestellt werden.

In der Vereinbarung wird zunächst das genaue Ziel der Kooperation festgelegt. Des Weiteren wird bestimmt, worin genau der Beitrag der einzelnen Partner besteht (Proben werden zur Verfügung gestellt, Daten werden generiert, Berechnungen werden durchgeführt usw.). Ein wichtiger Punkt ist die Schweigevereinbarung: Es wird vereinbart, dass mit Dritten nicht über das Projekt und die erzeugten Daten gesprochen werden darf. Es sollte dafür auch ein sinnvoller Zeitrahmen festgelegt werden, meist sind es 5 Jahre.

Ein sehr wichtiger Punkt ist die Publikationstätigkeit. Zu beachten ist in den Naturwissenschaften, dass eine Bewertung der wissenschaftlichen Arbeit einer Person, und somit von deren Karrierechancen, in der Bewertung der Publikationstätigkeit besteht, also in der Anzahl der veröffentlichten Artikel und dem Ansehen der Journale, in denen diese Artikel erscheinen. In der Mathematik ist es üblich, die Autoren entsprechend des Alphabets zu reihen. In den Biowissenschaften und der Medizin hingegen gibt die Reihenfolge der Autoren Hinweise auf deren Beteiligung am Projekt: Als Erstautor erscheint die Person, die die Hauptlast der wissenschaftlichen Tätigkeit trägt und die meisten Daten generiert hat. An zweiter Stelle derjenige, der etwas weniger beigetragen hat und so weiter. Als Letztautor erscheint die Person, die als Mastermind das Projekt koordiniert und leitet. Ähnlich dem Zweitautor kann auch der vorletzte Autor noch eine gewisse Bedeutung für die Entstehung der Arbeit für sich beanspruchen. Je länger die Liste der Autoren, desto bedeutungsloser wird eine Position weiter „innen" in der Autorenliste. Eine unglücklich zusammengestellte Autorenliste kann somit zu gewissen Befindlichkeitsstörungen führen und sogar zum Abbruch oder der Verweigerung weiterer Kooperationen. Daher enthält eine Vereinbarung einen Passus, der regelt, dass der Initiator darüber entscheidet, wann und in welcher Zeitschrift die Daten veröffentlicht werden und nach welchen Regeln die Autorenliste aufgebaut sein wird. Darüber hinaus verpflichten sich die Partner, Kongress- und Buchbeiträge aus der Kooperation nur in Absprache mit den anderen Partnern zu veröffentlichen.

Möglicherweise können aus den erzeugten Daten Patentansprüche abgeleitet werden. Daher empfiehlt es sich, von vornherein festzulegen, wer die Patentanmeldung verfasst und wie die Partner berücksichtigt werden. In der Vereinbarung muss sehr klar geregelt sein, wann die Kooperations-Bedingungen erfüllt sind. Es muss aber auch festgelegt werden, wie die Kooperation frühzeitig beendet werden kann und wie lange die Partner in Folge an die Schweigevereinbarung gebunden sind.

Wo stecken Fallen?

Sind mehrere Partner an dem Projekt beteiligt, obliegt es dem Initiator, das Projektmanagement zu übernehmen und auf die Einhaltung der Vereinbarungen zu achten. In Forschung und Entwicklung ist es sehr schwer vorherzusehen, wie lange die Arbeiten dauern werden. Häufig müssen Experimente wiederholt oder neu geplant werden. Dies wird von unerfahrenen Wissenschaftlern häufig unterschätzt und der Zeitplan wird zu optimistisch angelegt. Eine unklare Strukturierung des zeitlichen Ablaufes sowie mangelnde Durchsetzungsbereitschaft oder zu geringer Kontakt mit den Partnern verzögern die Arbeiten und wirken sich negativ auf den Erfolg der Kooperation aus.

Ein weiterer Stolperstein liegt in der Definition der Ziele: Wann hat der Partner seine Pflicht erfüllt? Müssen weitere Experimente durchgeführt werden? Wenn zusätzliche Experimente durchgeführt werden, ändert das die Bedeutung des entsprechenden Beitrages und muss dann der Ausführende in der Autorenliste besonders bedacht werden (zum Beispiel durch eine Ko-Erstautorenschaft)?

Die Partner haben ein moralisches (oder vereinbartes) Recht auf zeitnahe Publikation. Der Initiator ist gefordert, einen Entwurf zu erstellen und an die Partner zu schicken, damit sie ihren Beitrag formulieren können. Der Initiator erstellt daraus die Publikation, die wieder an die Partner ausgeschickt wird. Erst wenn jeder mit dem Text einverstanden ist, wird die Publikation bei einer wissenschaftlichen Zeitschrift eingereicht. Kommen die verschiedenen Partner aber zu verschiedenen Interpretationen der Daten und sind diese Positionen unvereinbar, kann dies eine Publikation in Extremfällen verhindern, zumindest aber erheblich verzögern. Angesichts des herrschenden Publikationsdruckes eine sehr unangenehme Situation! Jetzt hilft nur diplomatisches Geschick oder das Hinzuziehen einer kompetenten Person, um die Situation zu klären. In einem solchen Fall konnten wir durch Hinzuziehen eines weiteren Kooperationspartners und Wiederholung der Experimente in einem anderen Kontext die Situation klären und erfolgreich bereinigen.

Fazit

Nach meiner Erfahrung wird es von den „Big Shots", also den ganz Großen der Zunft, als gutes Zeichen und vertrauensfördernd gewertet, wenn ein weniger bekannter Kollege in einem Anschreiben bereits den Rahmen der Kooperation sehr klar absteckt. Bisher ist es mir nur einmal passiert, dass eine Kooperation nicht korrekt zu Ende geführt werden konnte und in diesem Fall war keine Vereinbarung mit dem vermeintlich vertrauenswürdigen Partner unterzeichnet worden. Das Einfordern eines „Confidentiality Agreements", in dem die oben genannten Punkte geregelt werden, konnte weitere solche Fälle verhindern und wir arbeiten seither problemlos mit mehreren europäischen Partnern in verschiedenen Projekten zusammen.

Relevanz für uns: Kooperation braucht offene und transparente Kommunikation (siehe Kapitel 5.4, Seite 140ff).

8.8 Aus Konkurrenz wird Kooperation
Stefanie Widmann

Wie kam es zu der Vielzahl an Kooperationen?

Eine Abteilung mit 40 Führungspersonen eines weltweit agierenden Unternehmens hat die Aufgabe, die Projektmanager der Abteilung in Projekte zu vermitteln und damit die Auslastung ihrer Mitarbeiter sicherzustellen. Während ihres jahrelangen Zusammenarbeitens erleben die Führungspersonen zum Teil konkurrente Situationen, weil die Mitarbeiter der einen Führungsperson eine höhere Auslastung haben als die anderen. Bei anderen gibt es Schwierigkeiten, die passenden Projekte zu finden oder auch die Projektmitarbeiter zu motivieren, den Standort zu wechseln, um ein Projekt zu leiten oder in einem Projekt mitzuarbeiten.

Zudem arbeiten die Führungspersonen mit Kollegen aus anderen Abteilungen zusammen, die die Projektmanager disziplinarisch führen und über deren Einsatz mitentscheiden. Beide greifen somit auf dieselben Mitarbeiter zu und müssen sich einigen, welche Mitarbeiter und in welchem Projekt sie eingesetzt werden. Daraus entsteht eine hochgradig konkurrente Situation. Die Kommunikation ist sehr konfliktbelastet und zum Teil finden die Kollegen untereinander kein wertschätzendes Miteinander.

Aus diesem Grund hat der oberste Chef von allen vor 5 Jahren eine Weiterbildungsmaßnahme mit den 40 Führungspersonen begonnen, die zum Ziel hatte, dass alle 40 Mitarbeiter sich besser kennen lernen und vernetzen, aber vor allem eine eindeutige und wertschätzende Kommunikation miteinander einüben. Nach dem ersten Jahr waren sie so motiviert, dass alle einschließlich Chef entschieden, diese Weiterbildung auch im kommenden Jahr durchzuführen, mit anderen Themenschwerpunkten. So wurde an Themen wie

- die Führungskraft als Coach,
- Service in unserem Geschäft oder
- Kooperationen erfolgreich und aktiv gestalten

gearbeitet.

Im Rahmen dieses letzten Trainings kam es nun zu einer Vielzahl an Kooperationen, die von den Teilnehmern angeregt und durch ihren Trainer unterstützt wurden.

Für die 40 Mitarbeiter wurden 3 Trainingstermine angeboten, die jeweils 2,5 Tage lang waren. In dem Training ging es darum, erst einmal ein gemeinsames Verständnis zu schaffen, was alle unter Kooperation verstehen wollten. Es wurden Kriterien diskutiert, die eine gute Kooperation ausmachen, Vertragsformulierungen besprochen, mögliche Stolperfallen erkannt und Schritte erklärt, die bei einer Kooperation gemeinsam gegangen werden können.

Am Ende jedes Trainings hatten die Führungspersonen die Möglichkeit, mit den Projektmanagern gemeinsame Kooperationsideen zu entwickeln, und die Zeit, diese Ideen zu konkretisieren und einen Kooperationsvertrag auszuarbeiten, einschließlich des Trainers als Kooperationspartner. Am Ende unterschrieben jeweils alle drei Kooperationspartner verbindlich den Vertrag.

Wie sahen die Verträge aus?

In den Verträgen wurden folgende Aspekte beschrieben:
- Worum geht es in dem Vertrag?
- Wer sind die beteiligten Kooperationspartner?
- Welche Aufgaben übernimmt jeder von ihnen?
- Wie sieht das s.m.a.r.t.e Kooperationsziel aus?
  (s wie spezifisch, m wie messbar, a wie aktiv beeinflussbar,
  r wie realistisch, t wie terminiert)
- Wie wollen die Vertragspartner genau vorgehen, um ihr Ziel zu erreichen?
- Welche Meilensteine sollen definiert werden?

- Wie soll die Kommunikation gestaltet sein?
- Wie soll die Dokumentation gestaltet sein?
- Wann genau starten wir und wann ist das voraussichtliche Ende geplant?
- Wie wollen die Vertragspartner das Ende gestalten?
- Was genau passiert bei einer außerordentlichen Beendigung und wie wollen die Vertragspartner bei Konflikten umgehen?
- Welchen Nutzen haben alle Beteiligten daraus?

Am Ende aller Verträge wurden das Datum und die Unterschriften dokumentiert.

Wie liefen die Kooperationen?

Anfangs steckten die Führungspersonen sehr viel Energie in ihre Kooperationen. Sie telefonierten, informierten sich gegenseitig über die Fortschritte ihrer Arbeitsergebnisse, luden weitere Betroffene ein und dokumentierten alles sehr strukturiert in Protokollen. Nach ca. einem halben Jahr bekam der Trainer plötzlich keine Informationen mehr und so ergriff er die Initiative, nachzufragen. Die Antworten waren ernüchternd, so schrieb zum Beispiel eine Führungskraft:

„Auch kleine gesteckte Ziele erweisen sich manchmal als fast unerreichbar. Auf alle Fälle sprengt mein gestecktes Ziel alle von mir angenommenen Zeitfenster. Die Fahrt ist aus dem Schiff raus und ich fühle mich eher als Spielball der Wellen. Im Januar habe ich einen weiteren persönlichen Kontakt mit meinem Kooperationspartner. Wenn ich dann mit meinem Schiff nicht in den Hafen gekommen bin, wird es Zeit abzudrehen und sich einen neuen Kurs zu setzen."

Zudem kamen interne Umstrukturierungen, die die weitere Zusammenarbeit in den Kooperationen erschwerte.

Einer jedoch schrieb von seinem Erfolg:

„Wir hatten einige Abstimmungsgespräche, über die du per Protokoll informiert wurdest. Gemeinsam haben wir unser erstes Kooperationstreffen vorbereitet und, wie ich meine, erfolgreich mit den beteiligten Personen am 10.09. durchgeführt.

Protokoll folgt separat. Nächstes Treffen wurde für 07.10. vereinbart. Es geht also voran."

Von manchen Kooperationen gab es keine Rückmeldung mehr, daher gehe ich davon aus, dass sie beendet sind.

Fazit

Obwohl die Kooperationen einen hohen Nutzen für die beteiligten Kooperationspartner hatten und sie sich sehr bemühten, die Kooperationen erfolgreich zu führen, war es schwierig, die Kooperationen am Laufen zu halten, und bei ca. 90% aller geschlossenen Kooperationen gab es ein Ende, das im Sande verlief. Aus meiner Sicht waren der Hauptgrund dafür die sich verändernden Rahmenbedingungen. In der Zwischenzeit wurde im Unternehmen und in den entsprechenden Abteilungen mehrfach umorganisiert, so dass die Kooperationen verändert hätten werden müssen. Aber vermutlich ging damit auch die Motivation verloren.

Langfristig sind weitere Workshops und Trainingsmaßnahmen geplant, um die Kooperation abteilungsübergreifend wertschätzend und zielorientiert zu gestalten, aber dazu muss die derzeit laufende Umorganisation abgeschlossen sein.

Relevanz für uns: Wollen überwindet Konkurrenz (siehe Kapitel 5, Seite 103ff).

8.9 Kooperation – Oder die Lust, es einfach zu tun
Gabriele Wittendorfer und
Holger Schumann

Das etwas andere Kooperationsbeispiel zweier
ExistenzgründerInnen

Hinter der Frage nach erfolgreichen Kooperationen steht die Erkenntnis, dass für uns Selbstständige funktionierende Netzwerke das A und O sind. Und zwar Netzwerke zu potentiellen KundInnen, aber auch zu möglichen KooperationspartnerInnen. Um diese Kernaussage der Existenzgründung herum gibt es zwischenzeitlich eine ganze Profession, die von XING Communities, ERFA-Gruppen über Stammtische bis zu Kongressen reicht und stets in der Frage mündet: Kann aus solchen Netzwerken eine Kooperation entstehen?

Die zunehmende Bedeutung solcher Communities mag ein Indiz dafür sein, dass diese Frage wohl mit „JA" beantwortet werden kann. Das hier dargestellte Beispiel einer Kooperation zweier ExistenzgründerInnen soll einen alternativen Weg aufzeigen. Unsere Erfahrung an dieser Stelle: *Aus den wenigsten dieser aus wirtschaftlichem Kalkül gesuchten Kontakte wird jemals eine Kooperation.*

Die wichtigste Bedingung für jede Kooperation ist die Freiwilligkeit: Wenn der eine den anderen dagegen existentiell braucht, wird jede Kooperation schnell zur Zwangsgemeinschaft.

Aber alles der Reihe nach. Laut Wikipedia ist Kooperation „das Zusammenwirken von Handlungen zweier oder mehrerer Lebewesen, Personen oder Systemen". Und genau darum soll es in diesem Beitrag gehen: Das Interesse am Zusammen und am Wirken ist der Kern unserer Kooperation. Wenn sich entsprechende Gelegenheiten bieten, ergreifen wir sie und haben Spaß am gemeinsamen Erarbeiten eines Ergebnisses. Ganz einfach.

Alles fängt mit der gleichen Wellenlänge an.

Kennen gelernt haben wir uns 2003 im Rahmen eines Personalentwicklungsprojektes, damals beide noch im Angestelltenverhältnis. Das erste Zusammen-Wirken ist schnell erzählt: In der Kombination „eingekaufte Expertin für Personalentwicklung mit internem Business-Excellence-Verantwortlichem" waren wir ausgesprochen erfolgreich. Der AHA-Effekt dabei: Der Erfolg lag gerade in der Kombination. Persönliche Sympathie und ein unausgesprochen ähnliches professionelles Verständnis und die damit verbundenen Werte wie Zuverlässigkeit, Nachhaltigkeit und Vertrauen waren ganz wesentliche Kriterien für den Projekterfolg. Und: Schon damals war unser Projekt auch geprägt vom Spaß an der Zusammenarbeit.

Dann geht es um die Balance von Nähe und Distanz.

2005 entstand „Orga-Improve" in Troisdorf bei Bonn mit dem Schwerpunkt, Unternehmen im Bereich Prozessmanagement zu unterstützen. „Konkret." wurde zwei Jahre später in Frankfurt am Main mit dem Schwerpunkt Change-Management aus der Taufe gehoben. Während dieser Zeit war unser Kontakt nur sporadisch, riss aber nie ab und so war der Gedanke „Können wir in unserer Selbstständigkeit etwas gemeinsam machen und wenn ja, was?" im Jahr 2007 schnell geboren.

Bei der Suche nach einem Kundennutzen für das gemeinsame Tun war die Antwort schnell gefunden: Abläufe in einem Unternehmen können nachhaltig nur dann geändert werden, wenn es gelingt, die Menschen in der Organisation von dieser Änderung zu überzeugen und sie in der Umsetzung mitzunehmen. Der Spruch, „Betroffene zu Beteiligten zu machen" entwickelt hier seine volle Bedeutung, und so ist erfolgreiches Prozessmanagement ohne einen wirkungsvollen Ansatz von Change-Management kaum vorstellbar. Es ging also um die Vermarktung und Produktentwicklung der Kombination von Prozess- und Change-Management. Hier muss betont werden, dass beide Firmen zu der Zeit bereits erfolgreich und unabhängig auf ihren jeweiligen Märkten unterwegs waren. Orga-Improve agierte mit dem Schwerpunkt Prozessberatung im mittelständischen Maschinenbau und Konkret. unterstützte Führungskräfte in Konzernen bei großen Reorganisationen.

Dies ist aus unserer Sicht eine wichtige Bedingung für den Erfolg von Kooperationen zwischen Selbständigen. Um nicht missverstanden zu werden: Die KooperationspartnerInnen müssen nicht dasselbe mit einbringen, aber beide müssen ohne Not in die Kooperation einsteigen und im Prinzip jeden Moment wieder aussteigen können.

Das i-Tüpfelchen: die Kombination von Trennendem & Verbindendem

Hinter Konkret. und Orga-Improve stehen also zwei ExistenzgründerInnen, die nach etlichen Berufsjahren den Schritt in die Selbständigkeit gewagt haben. Dazu gehört zunächst eine gehörige Portion Initiative, Disziplin und Selbstvertrauen. Soviel zur Gemeinsamkeit. Wer uns beide kennt, weiß, dass wir darüber hinaus und auch jenseits der Profession unterschiedlicher kaum sein könnten. Und das ist wichtig, denn die Kombination von Trennendem und Verbindendem ist der Motor dieser Kooperation. Für uns ist es spannend, sich auf das Wissen, die Persönlichkeit und Position des anderen einzulassen. Dabei gelingt es uns ganz gut, diesen Prozess einerseits offen zu halten, ihn aber andererseits auch auszurichten, so dass aus dem Zusammen-Wirken auch ein Ergebnis resultiert.

Schon der amerikanische Psychologe Abraham Maslow hat in seiner Bedürfnispyramide dargelegt, dass dauerhafte Zufriedenheit viel mit immaterieller Anerkennung zu tun hat, mit ehrlichem Interesse aneinander und mit der Chance, sich persönlich weiter zu entwickeln. Hier zeigt sich ein Kern unserer Kooperation. Wir haben Lust am Wachsen in unserem Zusammen-Wirken – auch wenn auf den ersten Blick vom materiellen Output manchmal nur einer von uns beiden profitiert. Wir hatten beide nie den Anspruch, unsere Zusammenarbeit in einem Vertrag zu fixieren, den jeweiligen In- und Output gegeneinander aufzurechnen oder gar irgendwelche finanziellen Erwartungen zu formulieren. Dieses gleiche Verständnis ist sehr wesentlich für das gemeinsame Arbeiten, denn es macht aufwändige Diskussionen und Absprachen untereinander in der Umsetzung von Projekten überflüssig.

Unser ganz persönliches Fazit

Seit 2007 hat sich aus der Kooperation zwischen Orga-Improve und Konkret. auch materiell für uns mehr entwickelt als aus den eindimensional auf wirtschaftliche Kooperation ausgerichteten Netzwerken für ExistenzgründerInnen. Wir haben Ideen und Konzepte bis hin zu konkreten Prozessmanagement-Trainings entwickelt und diese auch in Kunden-Projekten gemeinsam oder einzeln eingesetzt. Das gegenseitige Sparring und der Austausch finden immer noch statt, mal mehr, mal weniger intensiv. Darüber hinaus gelingt es uns immer häufiger, die oben genannte Kombination von Prozess- und Change-Management in konkreten Kundennutzen umzusetzen. Vielleicht liegt die Ursache für den inzwischen durchaus auch vorhandenen wirtschaftlichen Erfolg unserer Kooperation gerade darin, dass wir ihn nie verbissen gesucht haben.

Zusammenfassend ist und bleibt unsere Motivation an dieser Kooperation das Interesse am Zusammen-Wirken. Es ist das Geben im Vertrauen darauf, dass ganz sicher etwas zurückkommt und die Neugier, was es wohl sein wird.

Oder anders ausgedrückt: Kooperation einfach aus Lust, es zu tun.

Relevanz für uns: Mit Sympathie geht's leichter (siehe Kapitel 4.1, Seite 61ff).

8.10 Wirtschaftliche Schwierigkeiten lindern – Durch Kooperation über die Krise
Martin Seibt

In Zeiten von Krisen und Sparpaketen seitens der Öffentlichen Hand können Kooperationen helfen, Engpässe zu überstehen, wenn die entsprechenden Rahmenbedingungen berücksichtigt werden.

Im folgenden Praxisbeispiel geht es um die Kooperation zweier Organisationen mit unterschiedlichen Unternehmensprofilen, ideellen und kommerziellen Zielen: Die MedienBild[174] ist gemeinnützig orientiert, hat den Fokus auf Medienbildung und Bildungs-Medien-Produktion, wie Schulfilme. Die Firma FilmProd ist kommerziell orientiert, hat den Fokus auf Film- und Fernsehproduktion, Imagevideos sowie Dokumentarfilm.

Die Kooperation entwickelte sich durch den Weggang von Mitarbeitern aus der MedienBild. Der von kommunalen Förderungen abhängige Verein erfuhr einschneidende Kürzungen der Fördermittel und musste Personal abbauen. Die Mitarbeiter machten sich mit der Firma FilmProd selbständig, blieben aber der MedienBild räumlich und inhaltlich verbunden, woraus sich eine Kooperation entwickelte.

Ziele der Kooperation

- Gegenseitigen Nutzen schaffen durch gegenseitige Beschaffung und Vermittlung von Aufträgen
- Gegenseitige Beauftragung, um Aufträge abzuwickeln
- Gemeinsame Nutzung von Ressourcen (zum Beispiel Film-Produktions-Equipment)
- Klare Abrechnung, aber gegenseitiges, günstiges Tarifmodell
- Exklusiv-Vereinbarung: Im Bedarfsfalle beauftragen sich die Institutionen jeweils gegenseitig, nur im Falle einer Absage kann ein dritter Partner eingebunden werden.

Eine schriftliche Vereinbarung wurde ausgearbeitet und erste gemeinsame Aufträge erfolgten. Damit war eine anfängliche Win-Win-Situation erreicht.

Wirtschaftlicher Druck

Auf beiden Organisationen lastete hoher wirtschaftlicher Druck und hoher Erfolgsdruck. Die MedienBild kämpfte um den Bestand der kommunalen Förderungen, FilmProd um Aufträge. MedienBild reagierte mit weiterem Mitarbeiterabbau und dem Versuch, Aufträge und Projekte an Land zu ziehen. FilmProd spaltete sich in zwei Organisationen: FilmProd (Film und Fernsehproduktion, Imagevideo) und DocProd (Dokumentarfilm). Die Kooperation wurde daraufhin mit den oben beschriebenen Zielen im Dreieck weitergeführt. Die damit einhergehenden Veränderungen, die Exklusivrechte gingen somit für FilmProd verloren, weil DocProd die gleichen Rechte hat, was zu Konflikten zwischen den beiden Unternehmen führte. Der Streit ging um die Frage, wer in welcher Form auf das Produktions-Equipment zugreifen durfte.

Die Eskalation

FilmProd verwendete Equipment, das im Besitz der MedienBild war, ohne die Institution davon zu informieren, und blieb darüber hinaus mehrere Monate einen hohen Geldbetrag schuldig. Die MedienBild reagierte, indem die Räume und Kästen mit dem Equipment für die Kooperationspartner unzugänglich versperrt wurden und die Geräte nur mehr über vorherige Terminabsprache verfügbar waren. FilmProd wurde von diesem Schritt nicht informiert und stand vor versperrten Türen. Die Eskalation war somit perfekt und brachte die aufgetretenen Probleme an die Oberfläche.

Ein klärendes Gespräch wurde geführt, dabei hat man die Kooperationsvereinbarung neu verhandelt. Dabei wurde der Verlust der Exklusivrechte vereinbart sowie ein Tilgungsplan erstellt.

Auf Klärung folgt Erfolg

Die Kooperationsbereitschaft war auf allen drei Seiten gegeben, die Raten wurden beglichen und auch ein weiterführendes Gespräch mit DocProd geführt, in dem das Unternehmen wiederum in die Kooperationsvereinbarung eingebunden wurde.

In diesem Gespräch wurde jedoch klar, dass durch die Trennung von FilmProd und DocProd die Berührungspunkte der ursprünglichen Kooperationspartner sehr gering waren und sich rein auf das Produktions-Equipment beschränkten. Es gab kein gemeinsames Ziel mehr, kein größeres Ganzes. Die Kooperation blieb zwar aufrecht, die konkrete Zusammenarbeit wurde jedoch weniger. Die wirtschaftlichen Schwierigkeiten der Anfangszeit waren aber von allen Institutionen überwunden und FilmProd investierte nach und nach in eigenes Equipment. Jede Institution hat sich an ihrem Platz im Markt etabliert und verweist gegenüber Kunden auch auf die jeweiligen Leistungen der anderen. Die Kooperation hat über wirtschaftlich schwierige Jahre hinweg geholfen und wird nun auf geringem Niveau weitergeführt.

Relevanz für uns: Das Prinzip Tit for Tat schafft Klärung (siehe Kapitel 3.2, Seite 50ff).

8.11 Niemand macht einen Job besser als ich selbst – Wie Egomanen im Fernsehbereich Kooperationen eingehen

Christian Hardtke

Der Alltag eines Fernsehredakteurs: Alle 14 Tage kommt sein Magazin auf Sendung. Für ihn bedeutet das: Alle 14 Tage ein neuer Kampf um die Gunst der Zuschauer, alle 14 Tage erneutes Ringen ums Produkt. Welche Themen gehen wir an? Wer macht die Filme für die Sendung, wo drehen wir die Moderationen?

Ein Fernsehmagazin entsteht in einem immer arbeitsteiligeren Umfeld. Dies entspricht der Erfahrung, die wir fast überall machen – eine weltweite Entwicklung, die mittlerweile fast alle Arbeitsbereiche erfasst hat: Verantwortungsbereiche in unserer Gesellschaft werden kleinteiliger. Spezialisten sichern ihr Feld immer weiter gegen Außenstehende ab, Generalisten haben das Nachsehen. Beim Fernsehen und seinen Produktionen ist das nicht anders. Man mag das bedauern, doch es hilft nichts. Gehen wir also davon aus, dass der Fernsehredakteur seine Filmbeiträge nicht selber macht, sondern sich dafür Autoren sucht. Diese realisieren ihre Filme gemeinsam mit Kamerateams, Cuttern, Sprechern, aber auch mit Pressestellen, Interviewpartnern oder Behörden, die etwa Drehgenehmigungen erteilen.

Zwischen all diesen Beteiligten gibt es eine Zusammenarbeit. Handelt es sich dabei um Kooperationen, den Gegenstand unseres Nachdenkens? Was ist eine Kooperation? Definiert man Kooperationen als die Zusammenarbeit von Einzelpersonen, Gruppen oder Institutionen mit jeweils erst einmal eigenen Interessen, dann handelt es sich bei der Produktion von Fernsehsendungen ausschließlich um Kooperationen.

Denn: Der beauftragte Autor will „seinen" Film herstellen, ihn hinsichtlich der Inhalte und der formalen Gestaltung so produzieren, wie er allein es sich vorstellt. Der Kameramann interessiert sich vor allem für schöne Bilder. Ist das Licht in Ordnung, stimmt der Schwenk, ist auch die Schärfe richtig gezogen? Der Protagonist, also derjenige, mit dem oder über den ein Beitrag entsteht, hat ebenfalls seine völlig eigenen Interessen: Wie komme ich sympathisch rüber und glaubhaft? Wie vermittle ich meine Botschaft, kurzum – wie komme ich aus einer womöglich als Bedrohung empfundenen Interviewsituation möglichst heil wieder heraus?

Für jeden der Beteiligten lässt sich so ein Eigeninteresse beschreiben. Dies trifft auch und vor allem zu, wenn Redaktionen Filmbeiträge oder ganze Sendungen als so genannte Auftragsproduktionen nach draußen vergeben, also an eine Firma, die erst einmal ein einziges Anliegen hat – sie will Geld verdienen. Es ist schwierig, bei einer solchen Gemengelage den Qualitätsanspruch hoch zu halten. Der einzige Ausweg: Die Drohung, keine weiteren Aufträge zu vergeben.

An dieser Stelle ein kleiner Einschub: Es liegt im Charakter von Fernsehschaffenden, dass sie am liebsten alles alleine machen, getrieben von der Gewissheit, das meiste, wenn nicht alles, besser zu können als andere.

Dies ist ein Ansatz, der Kooperation und Kooperationen selbstredend erschwert, wenn nicht verhindert. Andererseits sollen Sendungen im festen Produktionsrhythmus und mit einer einheitlichen Anmutung entstehen. So gibt es bei Redakteuren zwei verbreitete Verhaltensweisen: Entweder sie verfallen einem Kontrollzwang, was der Kreativität des Autors bzw. Kooperationspartners eher entgegen wirkt. Das andere Extrem: Sie lehnen sich zurück in der festen Gewissheit, sich auf ihre Leute verlassen zu können.

Die wichtigste Voraussetzung für eine gelungene Kooperation ist ein klares Konzept. Wie soll die fertige Sendung schließlich aussehen? Welche

„Erzählhaltung" ist angesagt? So macht es gewiss einen Unterschied, ob man neugierig und unvoreingenommen an ein Thema herangeht oder parteiisch. Will man vielleicht nur staunen oder doch einer konkreten Frage nachgehen? Will man Werte vermitteln oder gar unterhalten? Alles auf einmal wird schwierig.

Die Kunst der Kooperation besteht zweifelsfrei darin, die Kooperationspartner, also auf der ersten Ebene die Autoren, „einzunorden", ihnen die Intentionen der Redaktion glaubhaft zu vermitteln und dies, ohne sie in ihrer Kreativität zu sehr zu beschneiden. Autoren müssen – bildhaft ausgedrückt – genau wissen: Wünscht sich die Redaktion als Ergebnis ihrer Arbeit ein Pferd oder einen Hund? Ein Huhn vielleicht oder ein Kamel? Wenn sie ein Pferd will, dann darf es keinen Ringelschwanz haben und keinen Hahnenkamm. Und ein Pferd hat vier Beine. Aber ob der Autor das Pferd von vorne zeigt oder von der Seite, ob er es im Galopp zeigt oder an der Tränke, das bleibt ihm fürs erste selbst überlassen.

Die hohe Kunst der Kooperation setzt noch eins drauf. Es gilt, ein Auge zu haben für Kooperationspartner mit Potential. Wer hat ein besonderes Talent? Wer hat welche Stärken? Es macht einen Unterschied, ob man ein Rührstück über die Not einer Hartz-IV-Familie in Auftrag gibt oder das System staatlicher Zuwendungen in Frage stellen möchte. Nicht jeder kann alles, beherrscht jeden Stil, dafür aber kann mancher manches besonders gut.

Der Kooperations-„Vertrag", den Redaktion und Autor eingehen, besteht in einem Abkommen: Du lieferst mir einen schlüsselfertigen Beitrag und hast dabei innerhalb der Vorgaben alle künstlerischen Freiheiten. Ich lasse dich in Ruhe und gebe dir Rückendeckung in jeder Hinsicht. Und ich gebe dir Lob und die Gewissheit, dass wir dich brauchen. Und noch eins, vielleicht ist das die Psychologie der Kooperation: Wenn der Kooperationspartner des Fernsehredakteurs, also der Autor, sich an zwei Grundsätze hält, gehört ihm die Zukunft, soll heißen der nächste Auftrag: Der Kooperationspartner/Auftragnehmer muss erstens vermitteln: Ich nehme dir Arbeit ab, statt dir welche zu machen! Und zweitens: Lass den Redakteur deine Arbeit als seinen Erfolg ausgeben. Eitelkeit will schließlich bedient sein.

Man muss sich bei ständig wechselnden Teams darauf verlassen können, dass Minimalstandards eingehalten werden. Man kann schließlich nicht jeden Tag wieder bei Null anfangen. Auch wenn man einen Kameramann noch nie gesehen hat, braucht man eine gemeinsame Sprache. Der Rest ist ein gruppendynamischer Prozess, bei dem es womöglich auch um Kompromisse geht.

Ich sage aus eigener Erfahrung: Manchmal haben die anderen aufgrund ihres Könnens oder ihrer Routine die besseren Ideen als man selbst. Man kann eben doch nicht alles besser, und ohne die Kooperationen mit Kollegen geht gar nichts.

Relevanz für uns: Kooperation ist das Modell der Zukunft (siehe Kapitel 2, Seite 15ff).

9 Das Ende von Kooperationen: „Das Beste kommt zum Schluss"

Wenn Sie die Überschrift dieses Kapitels so lesen, denken Sie vielleicht: „Nein, das Beste kommt nicht zum Schluss, sondern ist in meiner Kooperation schon längst passiert." Oder: „Wie furchtbar, das Ende, das ist das Schrecklichste, damit will ich mich nicht abfinden oder ich will einfach nicht aufhören." So dachten wohl auch die beiden Filmhelden Edward Cole (Jack Nicholson), ein amoralischer Milliardär und Klinikbesitzer und Carter Chambers (Morgan Freeman), ein einfacher Automechaniker, der gerne Geschichtsprofessor werden wollte, aber aufgrund seiner finanziellen Umstände sein Berufsziel ändern musste. Beide sind an Krebs erkrankt und treffen zufällig im selben Zimmer eines Krankenhauses, welches Cole gehört, aufeinander. Beide müssen verschiedene Krebsbehandlungen über sich ergehen lassen, und trotz ihrer großen Unterschiede und häufigen Meinungsverschiedenheiten freunden sie sich an, als sie erfahren, dass sie nur noch sechs bis zwölf Monate zu leben haben. Chambers beginnt eine Liste zu erstellen, die Bucket List, mit den Dingen, die er in seinem Leben noch tun will (zum Beispiel einem fremden Menschen etwas Gutes tun, so fest zu lachen, bis man weint, etwas Majestätisches erleben ...). Doch nachdem er einige Ideen notiert hat, verlässt ihn der Mut, er zerknüllt die Liste und wirft sie auf den Boden, wo Cole sie findet. Anfangs macht er sich über die Punkte lustig, weil er sie für zu wenig materiell hält. Schlussendlich findet er Gefallen an der Idee, ergänzt eigene Punkte (mit einem Fallschirm abspringen, Shelby Mustang fahren, das Taj Mahal und die Pyramiden sehen usw.) und überredet Chambers, die Liste in die Tat umzusetzen. Was haben sie schon zu verlieren? Die beiden schaffen es auf vielen Umwegen, ihre Punkte auf der Liste zu erfüllen und entdecken darüber hinaus noch etwas viel größeres – die Liebe zu den Menschen.

Dieser sehr berührende Film macht nicht nur Mut, die eigenen Wünsche und Träume im Leben zu erfüllen und dabei nicht bis zum Ende zu warten, sondern er steht für uns vor allem für die Art und Weise, eine Kooperation zu beenden. Das Ende zu würdigen als etwas, was dazu gehört, und es vielleicht sogar ein Stück zu genießen, so es denn möglich ist.

Manchen Menschen fällt es ganz leicht, sich zu trennen, sich zu verabschieden, loszulassen und sich einfach nicht mehr umzudrehen und zurückzublicken. Andere jedoch ziehen den Abschied wie einen Kaugummi, sie dehnen ihn, strapazieren ihn, manchmal so lange, bis es weh tut und alles in einem Konflikt, wenn nicht sogar in einem „Drama" endet.

„Beenden" heißt hier nicht automatisch das endgültige Ende, wie „wir kooperieren nie wieder miteinander", sondern soll bedeuten, „wir beenden diese Kooperation mit diesem Kooperationsziel", weil der Vertrag erfüllt ist oder eine weitere Vertragserfüllung wegen veränderter Rahmenbedingungen nicht mehr sinnvoll ist. Durchaus kann es bedeuten, „wir kooperieren wieder zu einem neuen Thema, mit einem neuen Ziel, sowie mit einem neuen Vertrag miteinander".

Wir gehen von einer mitteleuropäischen Kultur aus, gehen von diesen Rahmenbedingungen aus. In anderen Kulturen, wie zum Beispiel in der chinesischen Kultur, stellt sich diese Frage womöglich nicht. Wenn Sie einen Chinesen fragen, wie er eine Kooperation beenden würde, dann würden Sie eventuell diese oder eine ähnliche Antwort erhalten:

„Wenn die Kooperation so gut gelaufen ist, dann würden beide Kooperationspartner ein Nachfolgeprojekt suchen. Aber wenn es wirklich vorbei ist ... in China ist die Gesellschaft sehr schnell, in Deutschland will man vielleicht eher etwas beenden wie eine gute Scheidung, man gleicht etwas aus, man macht noch mal ein Review zusammen, was ist gut gelaufen. Ein chinesischer Partner würde sagen, warum so umständlich. Entweder wir finden ein Nachfolgeprojekt oder ich suche mir den nächsten Partner, das ist gelaufen. Das Bedürfnis, eine verflossene Beziehung mit Anstand abzuschließen, wäre gar nicht da, wozu denn auch? Wenn wir nicht mehr nachkarren, dann ist es schon gut genug. Dann ist es vorbei und der chinesische Partner würde schleunigst nach dem nächsten Projekt suchen. In China ist das Wirtschaftsleben brutal schnell, so beschäftigt den Chinesen das Ende nicht mehr. Weg ist weg. Man hat keine Zeit für solche gut gemeinten, wohltuenden Rituale. Der Chinese würde vielleicht sagen: es reicht, das war's. Mehr Ritual braucht man in China nicht und es besteht dabei auch kein Abschiedsschmerz. Aus der deutschen Perspektive würde man das vielleicht als brutal erleben."[175]

Uns geht es in diesem Kapitel darum, verschiedene Aspekte zu beleuchten, die nützlich sind, wenn es darum geht, Ihre Kooperationen zu beenden. Dabei wollen wir drei Aspekte betrachten:

- Sinn und Zweck von einem Ende
- das Beenden des inhaltlichen Aspekts in Kooperation
- das Beenden des zwischenmenschlichen Aspektes.

Sinn und Zweck von einem Ende

Kooperationen können lange, wenn nicht sogar ein (Arbeits-)Leben lang laufen, Voraussetzung dafür ist, dass alle Kooperationsbeteiligten für sich nach wie vor einen Nutzen in ihrer Kooperation sehen. Wenn jedoch das gemeinsame Kooperationsziel erreicht ist, dann macht es Sinn, eine Kooperation bewusst zu beenden. Es macht Sinn, weil ein klares Ende, ein klarer Abschied die Möglichkeit und den Raum für Neues bietet. Neues in Form einer neuen Kooperation oder Neues in Form von Projekten, Umorientierung oder Neuausrichtung des Geschäftes. Erst durch das Abschließen des Alten kann Neues seine Magie entwickeln.

Ferner können aus unserer Sicht nicht klar beendete Kooperationen einen schalen Beigeschmack bekommen dergestalt, dass einer der Kooperationspartner weiter arbeitet, der andere vielleicht keine oder nur noch wenig Energie hineinsteckt. Dieser schale Beigeschmack kann sich dann in neue Kooperationen hineinziehen und die Atmosphäre von Beginn an mehr oder weniger schwer belasten.

Wenn wir uns das Ende einer Kooperation unter dem Aspekt des Eisberg-Modells (siehe Kapitel 4.1) ansehen, beleuchten wir einerseits die Inhaltsebene und andererseits die Beziehungsebene, und auf beiden Ebenen gibt es aus unserer Sicht für ein gutes Ende etwas zu tun.

Das Ende auf der Inhaltsebene

Am Ende von Kooperationen leisten folgende Fragen guten Dienst, um zu prüfen, was es noch zu tun gibt, bevor die Kooperation abgeschlossen werden kann.

- Soll/Kann die Kooperation wirklich beendet werden?
  - Kann die Kooperation in dieser Form noch von Nutzen sein?
  - Ist das Ziel der Kooperation erreicht?
  - Ist der Vertrag in allen Punkten erfüllt?
  - Gibt es noch Kapital/Gewinn aufzuteilen?
  - Sind noch Abschlussarbeiten zu erledigen?
    (z.B. Konto aufzulösen)
  - Gibt es schon eine Abschlussdokumentation?
  - Sind alle vom Ende der Kooperation informiert?
  - Sind Verträge im Rahmen der Kooperationen neu eingegangen worden, die nun ebenfalls beendet oder gekündigt werden sollen?
    (z.B. Versicherung)
  - Müssen/sollten noch rechtliche Schritte eingeleitet werden?

- Könnte es eine Anschlusskooperation geben? Macht eine solche Sinn?
- Gab es einen Mehrwert/Nutzen durch die Kooperation (im Sinne eines Soll-Ist-Abgleichs)?
- Welche Erfahrungen oder Erkenntnisse sollten für zukünftige Kooperationen festgehalten werden?
  - Gab es Fallen oder Stolpersteine, die nicht vorhersehbar waren oder die Kooperation erschwert haben?
  - Ist beim nächsten Mal auf etwas Besonderes zu achten?
- Was verändert sich durch diese Kooperation am Auftreten der bisherigen Firma?
- Wie können die Ergebnisse der Kooperation gut vermarktet und genutzt werden?
- Gibt es jetzt noch irgendetwas zu tun?

Wenn viele Personen an der Kooperation beteiligt waren, wenn es immer wieder zu schwierigen Situationen in der Kooperation kam oder auch wenn nicht allen Beteiligten deutlich ist, wo die Kooperation steht, dann erscheint es ratsam, das Ende einer Kooperation schriftlich zu fixieren und sicherzustellen, dass alle Beteiligten diese Information erhalten.

Das Beenden auf der Beziehungsebene

Das Beenden einer Kooperation kann bei manchen Menschen, vielleicht auch je nach ihrer kulturellen und familiären Prägung, einhergehen mit dem Gefühl von Verlust und der damit verbundenen Trauer über den Abschied. Viele Menschen sind sich manchmal eines solchen Gefühls gar nicht oder erst spät bewusst. Manche übergehen dieses Gefühl auch einfach, das kann aus Zeitgründen geschehen, weil sie bereits in zuviel weiterer Arbeit stecken, aber auch aus Angst, mit der aufkommenden Trauer nicht umgehen zu können. Aus unserer (deutschen) Sicht erscheint es natürlich, um etwas zu trauern, was einem gut getan hat, und demnach auch respektvoll Abschied zu nehmen. Oder auch aufkommenden Ärger zu spüren, wenn noch Konflikte ungelöst sind, und sich zu überlegen, was noch unterstützende Schritte sein könnten, um die Kooperation gut zu beenden. Aus unserer Sicht kann auch viel Freude über das gemeinsam Geleistete und das Erreichte entstehen. Die Freude und der Platz zum Feiern erscheinen uns genauso wichtig wie der bewusste Umgang mit Trauer, Abschied und Ärger; entsprechend darf auch zelebriert und ritualisiert werden.

Kooperation auf der Beziehungsebene kann besonders gut in einem gemeinsamen Reflexionsgespräch beendet werden:

- Wie wurde die Kooperation erlebt?
- Wie sind die Beteiligten miteinander umgegangen?
- Wo liegt subjektives Entwicklungspotential für die Beteiligten?
- Welche Störungen oder Konflikte wollen noch gelöst werden?
- Was will noch gesagt oder als Feedback gegeben werden?
- Mit welchem Ritual könnte die Kooperation angemessen beendet werden (unter Berücksichtigung interkultureller Unterschiede)?

> **Warum soll ich meine eigenen Erfolge feiern?**
> Vor jedem Erfolg liegt auch ein Weg, der mal kurz, aber auch lang sein kann und in der Regel mit Unwegsamkeiten behaftet ist. Der Umgang damit erfordert mentale und physische Energie, Standhaftigkeit und Willenskraft. Hat sich der erwünschte Erfolg dann eingestellt, ist gut daran getan, diesen auch gebührend zu feiern. Feiern und freuen sind Gefühlsverstärker, die meinem Erfolg Aufmerksamkeit und den richtigen Raum in meiner Persönlichkeitsentwicklung geben. Mit diesem positivem Potential kann ich ehrlich und mit Freude auch die Erfolge meiner Freunde und Mitmenschen anerkennen. Ich erreiche damit auch eine positive Wirkung auf mein berufliches und privates Umfeld und so habe ich ein schönes Gefühl beim Feiern meiner Erfolge.
> Jürgen Wischhöfer, Betriebsrat a.D.

Mit dem letzten Wort in diesem Kapitel endete auch unsere Kooperation. Wir hatten sie ganz beendet und auch über viele Jahre keinen Anknüpfungspunkt mehr erlebt. Erst mit dem Notwendig-Werden der 2. Auflage haben wir wieder Kontakt aufgenommen und konnten direkt an unsere gute Kooperation von früher anknüpfen. So einigten wir uns auf die Teile im Buch, die wir verändern und aktualisieren wollten. Fast wie von alleine ergab sich die Aufgabenverteilung, und der zeitliche Horizont war davon bestimmt, wann wir die 2. Auflage zusammen mit dem Verlag auf den Markt bringen wollten. So nehmen wir erneut bewusst Abschied und bleiben offen für neue Kooperationen, ob in einer „gewöhnlichen" Kooperation, als Ketten- oder auch Kaskadenkooperation. In jedem Fall haben wir beide uns mit diesem Buch einen Punkt auf unserer „Bucket List" erfüllt und freuen uns mit Stolz über die 2. Auflage!

10 Dankesworte

Diesem Buch sind selbst zahlreiche kleinere und größere Kooperationen voraus gegangen. Zuallererst die Kooperation mit dem Verlag, mit dem Ziel, dieses Buch herauszubringen. Ein besonderer Dank gilt deshalb unserem Verleger Dr. Gerhard Seitfudem. Er hat uns nicht nur bei der 1. Auflage unsere vielen Fragen kompetent beantwortet und stand uns jederzeit mit Tat und Rat zur Seite. Sondern diese 2. Auflage maßgeblich ermöglicht.

Weiterhin wollen wir allen unseren Gastautorinnen und -autoren danken, die uns ihre ganz persönliche Sicht als Dialogkommentar oder Interview zur Verfügung gestellt haben, sowie all jenen, die ihre Erfahrungen als Praxisbeispiel sehr anschaulich und praxisorientiert beschrieben.

Gerne wollen wir Prof. Dr. Dieter Frey und Christian Felber danken für ihre unkomplizierte und kooperative Unterstützung.

Und dann möchten wir all jenen Menschen danke sagen, die uns bei dem Buch unterstützt haben, ohne dass wir von einer Kooperation sprechen können.

11 Verzeichnis der GastautorInnen

Dr. Bernhard Baumgartner, Stoffwechselforschung und Koordination Klinischer Studien, Privatklinik Wehrle-Diakonissen, Salzburg

Dr. Danielle Bidasio, Unternehmensberaterin, Salzburg

Christian Hardtke, Fernsehjournalist, Bayerischer Rundfunk, München

MMag. Dr. Gisela Heindl, Senior Lecturer, Universität Salzburg

Bodo Kalpen, Marketing-Manager, Erlangen

Henriette Katharina Lingg, Unternehmensberaterin und Coach, München

Holger Schumann, Prozessberater, Troisdorf

Jürgen Wischhöfer, Betriebsrat a.D., Kaufbeuren

Gabriele Wittendorfer, Organisationsberaterin, Bad Soden

12 Quellennachweis

[1] Kopperschmidt 2005, S. 79
[2] nach Alex Januschewsky, www.Medienwerk.at
[3] Berne 1986, S. 86 ff
[4] Hans-D. Litke 2004, S. 176
[5] Litke 2004, S. 177
[6] Litke 2004, S. 178
[7] Langmaack 1996, S. 15
[8] www.wikipedia.org (6.12.2010)
[9] Felber 2010, S.29
[10] Newsletter von managerSeminare.de, 25.3.2010
[11] Newsletter von managerSeminare.de, 29.4.2010
[12] Nefiodow 2006
[13] Nefiodow – Vortrag bei den Salzburger Management-Impulsen, 18.9.2008
[14] Nefiodow 2006, S. 12 f und 65
[15] Nefiodow 2006, S. 14
[16] Die beiden Fachsymposien, Management-Impulse, fanden am 18. und 19. September 2008 und 15. Oktober 2010 in Salzburg statt.
[17] Albers 2009
[18] Wilke, Matthias – Vortrag bei den Salzburger Management-Impulsen, 19.9.2008
[19] Schultz von Thun 1986
[20] Precht 2010
[21] Bauer 2007
[22] Bauer 2007
[23] Darwin 1964 bzw. 1859, S. 459
[24] Bauer 2008, S. 36 und 33 f
[25] Bauer 2008, S. 52 ff
[26] Eibl-Eibesfeld 1999, S. 497
[27] Wickler und Seibt 1981, S. 153 ff
[28] Wickler und Seibt 1981, S. 155, wörtliches Zitat
[29] Wickler und Seibt 1981, S. 156
[30] Nöllke 2005, S. 214 ff und Nöllke 2008, S. 93 ff
[31] Darwin (siehe oben)
[32] Wickler und Seibt 1981, S. 350
[33] Nöllke 2008, S. 108 f
[34] Wickler und Seibt 1981, S. 353 f
[35] Zaboura 2009, S. 14
[36] Bauer 2009, S. 25 und Zaboura S. 18
[37] Zaboura 2009, S. 60
[38] Bauer 2009, S. 51
[39] Bauer 2009, S. 28
[40] Zaboura 2009, S. 89
[41] Bauer 2011
[42] Bauer 2015
[43] Klein 2010
[44] Bauer 2011
[45] Bauer 2011 und Klein 2010, S. 123f
[46] Axelrod 2005, S. 19
[47] Axelrod 2005, S. 5 ff
[48] Axelrod 2005, S. 8
[49] Axelrod 2005, S. 18 ff
[50] Axelrod 2005, S. 20
[51] Axelrod 2005, S. 131
[52] Axelrod 2005, S. 132 ff
[53] Axelrod 2005, S. 137 f und S. 153 ff
[54] Brandenburger und Nalebuff 2008, S. 26 und 42 ff
[55] Brandenburger und Nalebuff 2008, S. 49 und S.62 ff
[56] Brandenburger und Nalebuff 2008, S. 106 ff
[57] Lynch und Kordis 1992
[58] Lynch und Kordis 1992, S. 17
[59] Lynch und Kordis 1992, S. 27 ff
[60] Lynch und Kordis 1992, S. 29
[61] Watzlawick 1985, S. 53 f
[62] Wohlrapp 2009, S. 15
[63] Ursprungsquelle unbekannt, mündlich überliefert von Rolf Lindemann
[64] Watzlawick 1985, S. 51
[65] Hauser 2004, S. 198
[66] Stewart und Joines 2000, S. 28
[67] Roth zitiert in Storch/Krause 2014, S. 59ff
[68] Hauser 2004, S. 198 f
[69] Vgl. Berne 1967, S. 244 ff; Steward und Joines 2000, S. 380 ff; Lenhardt 1992, S. 79

[70] Lenhardt 1992, S. 81
[71] Stewart und Joines 2000, S. 280
[72] Werner Vogelauer nennt diese Phase in Anlehnung an: Seymoar N. K., „The Dependency Circle", TAJ, Jänner 1977 Wechselseitige Abhängigkeit
[73] Stewart und Joines 2000, S. 177 ff
[74] Lenhardt 1992, S. 79
[75] Ebd. S. 81 f
[76] Lenhardt 1992, S. 82 f
[77] Werner Vogelauer nennt diese Phase in Anlehnung an: Seymoar N. K., „The Dependency Circle", TAJ, Jänner 1977 Wechselseitige Abhängigkeit (siehe oben)
[78] Lenhard 1992, S. 83 f
[79] Stewart und Joines 2000, S. 371 f
[80] English 2003, S. 211
[81] Dörner 2006, S. 66
[82] Dörner 2006, S. 58 ff
[83] Vgl. Rosselet et al. 2007, S. 78 ff
[84] Sparrer 2006, S. 72
[85] Ebd.
[86] Rudi Wimmer, Systemtheoretische Zugänge zum Verständnis von (T)-Gruppen, Vortrag gehalten 2001 im Rahmen einer Tagung der ÖGGO (Öster. Ges. f. Gruppendynamik und Organisationsberatung)
[87] Königswieser und Exner 2001, S. 22 ff
[88] Daimler et al. 2003, S. 211 ff
[89] Beck und Cowan 2007
[90] Beck und Cowan 2007, S. 74
[91] Ziegler 2010
[92] Glasl und Lievegoed 2004
[93] Ebd.
[94] Glasl und Lievegoed 2004, S. 55
[95] Glasl und Lievegoed 2004, S. 55
[96] Rosenberg 2007
[97] Glasl und Lievegoed 2004, S. 55
[98] Glasl und Lievegoed 2004, S. 55
[99] Beck und Cowan 2007
[100] Nöllke 2008, S. 112
[101] Glasl 2002, S. 233 ff
[102] Indianisches Sprichwort von einem unbekannten Apachenkrieger aus: http://www.welt-der-indianer.de/verschiedenes/weisheiten.html
[103] Storch und Krause 2014
[104] Noe 2006, S. 63
[105] Felber 2010, S. 23
[106] Thomann 2009, S. 176 f
[107] Thomann 2009, S. 181
[108] Thomann 2009, S. 182
[109] Thomann 2009, S. 177
[110] Rosenberg 2004
[111] Rosenberg 2004, S. 69
[112] Maslow 2002, S. 62 ff
[113] Ziegler 2010, S. 167
[114] Storch und Krause, 2014, S. 86f
[115] Wikipedia.org (31.10.2010)
[116] Joainig 2010, S. 78 ff
[117] Literaturquelle: Richard Erskine, Beziehungsbedürfnisse. In: Zeitschrift für Transaktionsanalyse, Heft 4, 2008, Junfermann Verlag
[118] Zitiert nach Smulders 2002, S. 41 (Artikel von Gerhard Wunderlich „Versteckte und verborgene Gefühle in Organisationen")
[119] Mündlich überliefert von Almut Schmale-Riedel (Ursprungsquelle unbekannt)
[120] English 2004, S. 121
[121] English 2004, S. 119 f
[122] http://de.wikipedia.org/wiki/Emotion, 25. April 2010
[123] Hamburger Bildungsserver (HBS) wird im Rahmen des Internetangebots der Freien und Hansestadt Hamburg betrieben. Zuständige Stelle ist die Behörde für Schule und Berufsbildung (25. April 2010) http://www.hamburger-bildungsserver.de/
[124] Rosenberg 2007
[125] Watzlawick 2001, S. 62
[126] Steiner 1997, S. 36
[127] Bauer 2009, S. 28
[128] Steiner 1997, S. 122
[129] Bauer 2009, S. 51
[130] Steiner 1997, S. 134
[131] Steiner 1997
[132] Steiner 1997, S. 21
[133] Steiner 1997, S. 10
[134] Thomann 2010, S. 28
[135] Frey 2010, S. 120
[136] Glasl 2004, S. 17
[137] Glas 2004, S. 18
[138] Kreyenberg 2004, S. 25 ff
[139] Kreyenberg 2004, S. 27
[140] Vgl. Glasl 2004, S. 236 (Ausschnitte aus Modell, für Kooperation wesentlich)
[141] mündlich überliefert von Dr. Sigrun Ritzenfeldt-Turner (nach Thomas, Kenneth W.: Introduction to Conflict Management: Improving

12 Quellennachweis

performance using the TKI, Consulting Psychologists Press, 2002)
142 mündlich überliefert von Dr. Sigrun Ritzenfeldt-Turner
143 Watzlawick 1985, S. 80
144 § 1175 Allgemeines Bürgerliches Gesetzbuch, zitiert nach einem Handout eines Vortrags an der Wirtschaftskammer Salzburg, 23.9.2010 (s.u.)
145 Klaus Steinwender, „Erfolgreiche Kooperation". Vortrag an der Wirtschaftskammer Salzburg am 23.9.2010
146 Aus den Unterlagen der Vorträge zum Thema „Erfolgreiche Kooperation", Wirtschaftskammer Salzburg, 23.9.2010
147 www.luebeckonline.com (25.12.2015)
148 www.luebeckonline.com (25.12.2015)
149 Kumbier/Schulz von Thun 2010, S. 10
150 Rez et al. „Missverständnisse und Irritationen ergründen und bewältigen" in: Kumbier/Schulz von Thun 2010, S. 32
151 Hoppe, „So war ich nicht, so bin ich nicht!" 2003, zitiert in: Kumbier/Schulz von Thun 2010, S. 174
152 Kumbier/Schulz von Thun 2010, S. 9
153 Kumbier/Schulz von Thun 2010, S. 15
154 Kumbier/Schulz von Thun 2010, S. 16
155 Kumbier/Schulz von Thun 2010, S. 21 f
156 Vgl. Kumbier /Schulz von Thun 2010, S. 21
157 Zitiert nach: http://www.ustinov-stiftung.org/aphorismen.htm
158 Porschke „Deutsch-peruanische Missverständnisse" in: Kumbier/Schulz von Thun 2010, S. 104
159 Schulz von Thun 1986, S. 26
160 Vgl. Kumbier/Schulz von Thun 2010, S. 50 ff
161 Barrios „Interkulturelle Mediation in Teams mit multinationaler Belegschaft aus Deutschland und Lateinamerika" in: Kumbier/Schulz von Thun 2010, S. 255
162 Rez et al. „Missverständnisse und Irritationen ergründen und bewältigen" in: Kumbier/Schulz von Thun 2010, S. 50
163 Rez et al. „Missverständnisse und Irritationen ergründen und bewältigen" in: Kumbier/Schulz von Thun 2010, S. 66
164 Rez et al. „Missverständnisse und Irritationen ergründen und bewältigen" in: Kumbier/Schulz von Thun 2010, S. 62
165 Rez et al. „Missverständnisse und Irritationen ergründen und bewältigen" in: Kumbier/Schulz von Thun 2010, S. 62
166 Engel 2009, S. 15
167 Rez et al. „Missverständnisse und Irritationen ergründen und bewältigen" in: Kumbier/Schulz von Thun 2010, S. 44
168 Porschke „Deutsch-peruanische Missverständnisse" in: Kumbier/Schulz von Thun 2010, S. 105 f
169 Kulturquadrat mit Regenbogenqualität, entwickelt nach Anregungen aus einem Seminar zum Werte- und Entwicklungsquadrat bei Prof. Dr. Schulz von Thun im Dezember 2008
170 Palfrey und Gasser 2008
171 Für dieses Kapitel wurde mit Stefan Karlhuber ein Recherchegespräch geführt. Stefan Karlhuber ist externer Lektor an div. Hochschulen, sowie Erwachsenenbildner und beschäftigt sich intensiv mit E-Learning und Social Web.
172 Stefan Karlhuber bietet unter: http://edutec.wikispaces.com/Synchrone+Tools eine regelmäßig aktualisierte Liste von Werkzeugen an.
173 Wie zum Beispiel: www.designtresor.com
174 Name geändert
175 Zitiert aus einem Interview mit Zailiang Tang, siehe Kapitel 7.1 Red Corner

13 Verwendete und weiterführende Literatur

Albers, Markus (2009): Mehr Freiheit für Festangestellte – Arbeitswelt im Wandel. In: managerSeminare, Heft 131, S. 36–42. Februar 2009.

Axelrod, Robert (2005): Die Evolution der Kooperation. 6. Auflage. Oldenburg.

Bauer, Joachim (2007): Prinzip Menschlichkeit. Warum wir von Natur aus kooperieren. 5. Auflage. Hoffmann und Campe.

Bauer, Joachim (2008): Das kooperative Gen. Abschied vom Darwinismus. Hoffmann und Campe.

Bauer, Joachim (2009): Warum fühle ich, was Du fühlst. Intuitive Kommunikation und das Geheimnis der Spiegelneuronen. 12. Auflage. Heyne.

Bauer, Joachim (2011): Schmerzgrenze: Vom Ursprung alltäglicher und globaler Gewalt. Blessing.

Bauer, Joachim (2015): Selbststeuerung: Die Wiederentdeckung des freien Willens. Blessing.

Beck, Don Edward und Christopher C. Cowan (2007): Spiral Dynamics. Leadership, Werte und Wandel. Kamphausen.

Bergmann, Ulrike (2002): Start frei zur Kooperation. Financial Times.

Berne, Eric (1967): Spiele der Erwachsenen. Psychologie der menschlichen Beziehungen. Rowohlt.

Berne, Eric (1986): Struktur und Dynamik von Organisationen und Gruppen. Fischer.

Brandenburger, Adam und Barry Nalebuff (2008): Coopetition, Kooperativ konkurrieren – Mit der Spieltheorie zum Geschäftserfolg. 3., vollständig überarbeitete Auflage. Christian Rieck.

Csikszentmihalyi, Mihaly (2003): Flow. Das Geheimnis des Glücks. 11. Auflage. Klett-Cotta.

Daimler, Renate; Sparrer, Insa; Varga von Kibéd, Matthias (2003): Das unsichtbare Netz. Erfolg im Beruf durch systemisches Wissen. Kösel.

Dahlke, Rüdiger (2010): Das Schatten-Prinzip: Die Aussöhnung mit unserer verborgenen Seite. Arkana.

Darwin, Charles (1964): On the Origin of Species, A Facsimile of the First Edition – 1859. Harvard University Press.

Dörner, Dietrich (2006): Die Logik des Misslingens. Strategisches Denken in komplexen Situationen. rororo Science.

Eibl-Eibesfeldt, Irenäus (1999): Grundriss der Vergleichenden Verhaltensforschung – Ethologie. Achte, überarbeitete Auflage. Piper.

Engel, Roland (2009): Die Vielfalt der Diversity-Management-Ansätze: Geschichte und praktische Anwendung in Organisationen. In: Integrative Therapie, Heft 1/2009, S. 9–22.

English, Fanita (2003): Transaktionsanalyse. Gefühle und Ersatzgefühle in Beziehungen. 7. Auflage. Ikopress.

English, Fanita (2004): Transaktionsanalyse. Gefühle und Ersatzgefühle in Beziehungen. 8. Auflage. Gütersloher Verlagshaus.

Felber, Christian (2010, 2012): Gemeinwohl-Ökonomie: Erweiterte Neuausgabe. Deuticke im Paul Zsolnay Verlag.

Felber, Christian (2014): Geld – Die neuen Spielregeln. Deuticke im Paul Zsolnay Verlag.

Frey, Dieter und Irle, Martin (2002): Theorien der Sozialpsychologie. Bd. III. 2. Nachdruck 2010 der 2. Auflage. Hans Huber.

Glas, Friedrich (2004): Konfliktmanagement. Ein Handbuch für Führungskräfte, Beraterinnen und Berater. 8. Auflage. Haupt Verlag Bern. Verlag Freies Geistesleben.

Glasl, Friedrich und Bernhard Lievegoed (2004): Dynamische Unternehmensentwicklung. 3., überarbeitete und erweiterte Auflage. Haupt.

Goleman, Daniel (1995): Emotionale Intelligenz. dtv.

Hartmann, Martin et al. (2007): Zielgerichtet moderieren. Ein Handbuch für Führungskräfte, Berater und Trainer. Beltz.

Hauser, Hans-Georg et al. (2004): Worauf Berater achten. Linde.

Heintz, Steffen (2008): Kooperationskultur projektbezogener Unternehmenskooperation in KMU (Dissertation). Wissenschaftliche Schriftenreihe Heft 73. Technische Universität Chemnitz.

Hüther, Gerald (1997): Biologie der Angst. Vandenhoeck & Ruprecht.

Joainig, Helmut (2010): Deeskalierende Kommunikation. Masterthesis an der Universität Salzburg.

Klein, Stefan (2010): Der Sinn des Gebens. Warum Selbstlosigkeit in der Evolution siegt und uns Egoismus nicht weiter bringt. S. Fischer.

Königswieser, Roswitha und Alexander Exner (2001): Systemische Interventionen. Architekturen und Designs für Berater und Veränderungsmanager. Klett-Cotta.

Kopperschmidt, Josef (2005): Argumentationstheorie. 2. Auflage. Junius.

Kreyenberg, Jutta (2004): Handbuch Konfliktmanagement. Konfliktdiagnose, -definition und -analyse. Konfliktebenen, Konflikt- und Führungsstile. Interventions- und Lösungsstrategien, Beherrschung der Folgen. Cornelsen.

Kühn, Rolf (2008): Macht der Gefühle. Karl Alber.

Kumbier, Dagmar und Schulz von Thun, Friedemann (2010): Interkulturelle Kommunikation. Methoden, Modelle, Beispiele. 4. Auflage. Rowohlt.

Langmaack, Barbara (1996): Themenzentrierte Interaktion. 3. Auflage. Beltz.

Lenhardt, Vincent (1992): Ein Stufenmodell zur Entwicklung der Autonomie. In: Gisela Kottwitz et al.: Integrative Transaktionsanalyse. Wege zur Orientierung und Autonomie, Band 1. Institut für Kommunikationstherapie, Berlin. S. 75–99.

Litke, Hans-D. (2004): Projektmanagement. 4. Auflage. Hanser.

Lynch, Dudley und Kordis, Paul (1992): Delphinstrategien – Managementstrategien in chaotischen Systemen. 2. vollständig überarbeitete Auflage. PAIDA.

Maslow, Abraham H. (2002): Motivation und Persönlichkeit. 9. Auflage. Rowohlt.

Mees, Ulrich und Schmitt Annette (2008): Ziele und emotionale Gründe des Handelns. LIT.

Nefiodow, Leo A. (2006): Der sechste Kondratieff – Wege zur Produktivität und Vollbeschäftigung im Zeitalter der Information. 6. Auflage. Rhein-Sieg.

Nidiaye, Safi (2005): Herz öffnen statt Kopf zerbrechen. Ullstein.

Noe, Manfred (2006): Crash-Management in Projekten. Publicis.

Nöllke, Matthias (2005): So managt die Natur. Haufe.

Nöllke, Matthias (2008): Von Bienen und Leitwölfen. Haufe.

Palfrey, John und Urs Gasser (2008): Generation Internet. Hanser.

Precht, Richard David (2010): Die Kunst, kein Egoist zu sein: Warum wir gerne gut sein wollen und was uns davon abhält. Goldmann.

Rosenberg, Marshall B. (2004): Gewaltfreie Kommunikation – Eine Sprache des Lebens. 5., überarbeitete und erweiterte Auflage. Junfermann.

Rosenberg, Marshall B. (2007): Gewaltfreie Kommunikation. Eine Sprache des Lebens. 6. Auflage. Junfermann.

Rosselet, Claude; Senoner, Georg; Lingg, Henriette K. (2007): Management Constellations. Mit Systemaufstellungen Komplexität managen. Klett-Cotta.

Schmid, Bernd und Christiane Gérard (2008): Intuition und Professionalität. Systemische Transaktionsanalyse in Beratung und Therapie. Carl Auer.

Schreyögg, Georg und Sydow, Jörg (2007): Kooperation und Konkurrenz. Managementforschung 17. Gabler.

Schulz von Thun, Friedemann (1986): Miteinander reden Bd.1. Störungen und Klärungen. Rowohlt.

Schulz von Thun, Friedemann (2000): Miteinander reden Bd.3. Das innere Team und situationsgerechte Kommunikation. Rowohlt.

Seifert, Josef W. (2009): Moderation und Konfliktklärung. Leitfaden zur Konfliktmoderation. Gabal.

Smulders, Angelica (Hrsg.) (2002): Die Macht der Gefühle. Beiträge zum transaktionsanalytischen Symposium. TVT Medienverlag.

Sparrer, Insa (2006): Systemische Strukturaufstellungen. Carl Auer.

Spieß, Erika (1998): Formen der Kooperation, Bedingungen und Perspektiven. Verlag für Angewandte Psychologie.

Spieß, Erika (2003): Effektiv kooperieren. Wie aus lauter Solisten ein erfolgreiches Orchester wird. Beltz.

Steiner, Claude (1997): Emotionale Kompetenz. Hanser.

Stewart, Ian und Vann Joines (2000): Die Transaktionsanalyse. Herder.

Storch, Maja und Krause, Frank (2014): Selbstmanagement – ressourcenorientiert: Theoretische Grundlagen und Trainingsmanual für die Arbeit mit dem Zürcher Ressourcen Modell (ZRM). Huber.

Thomann, Christoph (2010): Klärungshilfe 2. Konflikte im Beruf: Methoden und Modelle klärender Gespräche. 4. Auflage. Rowohlt.

Thomann, Christoph und Schulz von Thun, Friedemann (2009): Klärungshilfe 1. Handbuch für Therapeuten, Gesprächshelfer und Moderatoren in schwierigen Gesprächen. 5. Auflage. Rowohlt.

Thomas, Alexander et al. (2003): Handbuch Interkulturelle Kommunikation und Kooperation. Band 1: Grundlagen und Praxisfelder. Vandenhoeck & Ruprecht.

Thomas, Alexander et al. (2003): Handbuch Interkulturelle Kommunikation und Kooperation. Band 2: Länder, Kulturen und interkulturelle Berufstätigkeit. Vandenhoeck & Ruprecht.

Watzlawick, Paul (1985): Menschliche Kommunikation. Formen, Störungen, Paradoxien. 7. Auflage. Watzlawick, Paul (2001): Lösungen. Zur Theorie und Praxis menschlichen Wandels. Hans Huber.

Weber-Guskar, Eva (2009): Die Klarheit der Gefühle. Walter de Gruyter.

Wellhöfer, Peter R. (1993): Gruppendynamik und soziales Lernen. Ferdinand Enke.

Wickler, Wolfgang und Uta Seibt (1981): Das Prinzip Eigennutz – Ursachen und Konsequenzen sozialen Verhaltens. dtv.

Wohlrapp, Harald (2009): Der Begriff des Arguments. Königshausen & Neumann.

Zaboura, Nadja (2009): Das empathische Gehirn. Spiegelneuronen als Grundlage menschlicher Kommunikation. Verlag für Sozialwissenschaften.

Ziegler, Gerald (2010): Inspiration. Menschlichkeit im Unternehmen leben. Signum.

14 Stichwortverzeichnis

A
Abhängigkeit 71
Akzeptanz 63
Antreiber 127
Ausgleich 88, 120
Ausgleichsprinzipien 86
Autonomie 69, 70, 73, 96
Autonomieentwicklung 71
Axiome 61

B
Bedürfnispyramide 124
Bedürfnisse 101, 125, 127
Best Practice 173
Bewusstheit 69, 108
Bewusstseinsebene 93, 95, 101
Beziehungsebene 63

C
Controllingsystem 110

D
Datenschutz 170
Dauer 122
Defektion 51
Delfinstrategie 59
Distanz 121

E
Eisberg 136, 209
Eisbergmodell 62
Emotionen 131
Empathie 48, 138
Endosymbiose 42
Ersatzgefühl 134
Eskalationsstufen 146

G
GbR 151
Gefangenendilemma 51
Gefühle 124, 133

Gegenabhängigkeit 75
Gemeinwohlökonomie 16, 113, 115
GesbR 151
Gesellschaftsform 151
Gesetzliche Grundlagen 151
Gewaltfreie Kommunikation 96, 124, 137
Grenzen 81, 83, 98, 106
Grundhaltung 67
Grundtendenz 121, 123
Gruppe 23
Gruppenarbeit 24

H
Handlung 106
Handlung/Gefühl-Technik 139

I
Imaginierte Botschaften 160
Interkulturelle Kooperationen 154, 162
Intimität 69
Intuition 47, 138

K
Kaskadenkooperation 28
Kettenkooperation 27
Klarheit 108
Kommunikation 42
Kommunikationsquadrat 158
Komplementär 55, 113
Komplexität 22, 80, 89
Kondratieffzyklen 35
Konfliktarten 143
Konflikte 140, 142
Konkurrent 56
Konsequenzen 108
Kooperation 15, 27, 42, 45, 53, 58, 69, 101, 104, 147
Kooperationsbereitschaft 106

Kooperationsende 207
Kooperationsfähigkeit 36
Kooperationskriterien 31
Kooperationspartner 107, 113, 119
Kooperationspartner-Suche 116
Kooperationsverhalten 105
Kooperationsziel 110, 208
Kooperativer Handlungsprozess 65
Kooperatives Handeln 61
Kreativitätstechniken 107
Kultur 208
Kulturelle Unterschiede 156
Kulturquadrat 156, 165
Kundennutzen 97

M
Motivation 124

N
Nähe-Tendenz 121
Networking 22
Neue Medien 168
Normen 106
Nutzen 76, 86, 146

O
Organisationsentwicklungsphasen 91
Organisationsphase 95

P
Prinzipien 46
Projekt 26
Projektkooperation 26
Projektmanagement 85, 109

Q
Quid pro quo 15

R
Reputation 53
Riemann-Thomann-Modell 120, 157
RINO-Modell 127, 129
Risikoanalyse 109
Rolle 21

S
Schlüsselkompetenz 38
Schutz 78
Sieben Phasen 104
Sozialer Konflikt 142
Soziobiologie 42

Spiegelneuronen 47, 138
Spieltheorie 34, 55, 105
Spiral Dynamics 90
Spontaneität 69
Stakeholder 86
Stereotypen-Kreislauf 162
Stimmigkeits-Konzept 165
Stimmung 134
Störungen 140, 141
Symbiose 43, 72, 76, 106
Systeme 82
Systemgrenze 85

T
Team 17, 20, 24
Teamarbeit 25
Themenzentrierte Interaktion 31
TIT FOR TAT 51
Transaktionsanalyse 66, 106

U
Unabhängigkeit 76
Unvereinbarkeiten 143

V
Verantwortung 108
Verbindlichkeit 21, 108
Vernetztheit 80
Verständnis 107
Vertrag 77, 153
Vertrauensvorschuss 106
Virtuelle Kooperation 168
Vision 107
Vorleistung 104
Vorurteile 158

W
Wechsel 123
Wechselseitige Beeinflussung 77
Werte 89, 125, 154
Wertenetz 55

Z
Ziel 86, 110

Sven Voelpel, Anke Fischer

Mentale, emotionale und körperliche Fitness
Wie man dauerhaft leistungsfähig bleibt

2015, 199 Seiten, gebunden
ISBN 978-3-89578-450-7, € 24,90

Nicolai Andler

Tools für Projektmanagement, Workshops und Consulting
Ein Kompendium der wichtigsten Techniken und Methoden

6. Auflage, 2015, 512 Seiten,
154 Abbildungen, 77 Tabellen, gebunden
ISBN 978-3-89578-453-8, € 49,90

Stefanie Widmann (Hrsg.),
Andreas Wenzlau (Hrsg.)

Moderne Parabeln
Eine Fundgrube für Trainer, Coachs und Manager

2. Auflage, 2014, 226 Seiten, gebunden
ISBN 978-3-89578-427-9, € 22,90

Elke Meyer, Stefanie Widmann

FlipchartArt
Ideen für Trainer, Berater und Moderatoren

4. Auflage, 2014, 216 Seiten,
158 farbige Abbildungen, gebunden
ISBN 978-3-89578-433-0, € 34,90

www.publicis-books.de